한국의 과학기술과 시민사회

"이 저서는 2010년도 대한민국 교육부와 한국학중앙연구원(한국학진흥사업단)을 통해
한국학 특정분야 기획연구(한국과학문명사) 사업의 지원을 받아 수행된 연구임."(AKS-2010-AMZ-2101)

한국의 과학기술과 시민사회

ⓒ 전북대학교 한국과학문명학연구소 2022

초판 1쇄	2022년 1월 27일
지은이	이은경

출판책임	박성규	펴낸이	이정원
편집주간	선우미정	펴낸곳	도서출판 들녘
편집	이동하·이수연·김혜민	등록일자	1987년 12월 12일
디자인	한채린·김정호	등록번호	10-156
마케팅	전병우	주소	경기도 파주시 회동길 198
경영지원	김은주·나수정	전화	031-955-7374 (대표)
제작관리	구법모		031-955-7376 (편집)
물류관리	엄철용	팩스	031-955-7393
		이메일	dulnyouk@dulnyouk.co.kr
		홈페이지	www.dulnyouk.co.kr

ISBN	979-11-5925-712-4 (94910)
	979-11-5925-113-9 (세트)

값은 뒤표지에 있습니다. 잘못된 책은 구입하신 곳에서 바꿔드립니다.

한국의 과학과 문명 023

한국의 과학기술과 시민사회

이은경 지음

들녘

지은이 **이은경** 李恩京

서울대학교 물리학과를 졸업하고 같은 대학원 과학사 및 과학철학 협동과정에서 석사·박
사학위를 받았다. 과학기술정책연구원(STEPI)에 3년간 부연구위원으로 있는 동안에 과학
기술인력과 과학기술문화 분야 정책연구를 주로 했다. 이 시기에 과학기술학 연구를 과학
기술정책에 연결하는 문제에 관심을 가지게 되었다. 2004년에 전북대학교 자연과학대학 과
학학과로 옮겨 지금까지 일하고 있다. 과학기술인력과 과학기술문화에 여전히 관심을 가지
고 가르치고 연구하고 있다. 특히 과학기술과 여성, 근현대 한국 과학기술의 발전과 과학기
술정책의 형성 과정, 과학과 문화의 관계를 탐구하고 있다. "이공계 기피 논의를 통해 본 한
국 과학기술자 사회의 특성", "Boundary Agenda between Gender Equality and Human
Resource", "사용후 핵연료 재처리 정책의 변화와 그 요인들"(공저) 등의 논문을 발표했고,
동료들과 함께 『사회·기술시스템 전환』(한울아카데미), 『근대 엔지니어의 탄생』(에코리브르),
『과학기술과 사회』(전북대학교 출판문화원) 등의 책을 썼다.

일러두기

■ 명사의 붙여쓰기는 이 책의 키워드를 이루는 단어는 붙여쓰기를 원칙으로 했지만, 경우에 따라서는 가독성을 위해 띄어쓰기를 했다.

■ 주석은 각 장별로 미주로 한다.

■ 인용 도판은 최대한 출처를 밝히고 저작권자의 허락을 얻었으나 일부 저작권자를 찾지 못하여 게재 허가를 받지 못한 도판에 대해서는 확인되는 대로 통상 기준에 따른 허가 절차를 밟기로 한다.

〈한국의 과학과 문명〉 총서를 펴내며

우리나라는 현재 세계 최고 수준의 메모리 반도체, 스마트폰, 디스플레이, 철강, 선박, 자동차 생산국으로서 과학기술 분야의 경이적인 발전으로 세계의 주목을 받고 있다. 그것을 가능케 한 요인의 하나가 한국이 오랜 기간 견지해온 우수한 과학기술 문화와 역사 속에 있다고 우리는 생각한다.

문명이 시작된 이래 한국은 항상 높은 수준을 굳건히 지켜온 동아시아 문명권의 일원으로서 그 위치를 잃은 적이 없었다. 우리는 한국이 이룩한 과학기술 문화와 역사의 총체를 '한국의 과학문명'이라 부르려 한다. 금속활자·고려청자 등으로 대표되는 한국 과학문명의 창조성은 천문학·기상학·수학·지리학·의학·양생술·농학·박물학 등 과학 분야를 비롯하여 금속제련·방직·염색·도자·활자·인쇄·종이·기계·화약·선박·건축 등 기술 분야에서도 다양하게 분명히 드러난다.

우리는 이런 내용을 종합하는 〈한국의 과학과 문명〉 총서를 발간하고자 한다. 이 총서의 제목은 중국의 과학문명에 대한 새로운 인식의 지평을 연 조지프 니덤(Joseph Needham)의 『중국의 과학과 문명』을 염두에 두고 만들었다. 그러나 니덤이 전근대에 국한한 반면 우리는 전근대와 근현대를 망라하여 한국 과학문명의 총체적 가치와 의미를 온전히 담은 총서의 발간을 목표로 한다. 나아가 한국의 과학과 문명이 지닌 보편적 가치를 세계에 발신하고자 한다. 지금까지 한국은 세계 과학문명의 일원으로 정당한 가치를 인정받지 못한 채, 중국의 아류로 인식되어왔다. 이 총서에서는 한국 과학문명이 지닌 보편성과 독자성을 함께 추적하여 그것이 독자적인 과학문명이자 세계 과학문명의 당당한 일원임을 입증하고자 한다. 우리는 이 총서에서 근현대 한국 과학기술 발전의 역사와 구조를 밝힐 것이며, 이로써 인류의 과학기술 발전사를 새로이 해명하는 데에 기여할 것이다.

이 총서에서는 한국의 과학문명이 역사적으로 독자적인 가치와 의미를 상실하지 않았던 생명력에 주목한다. 이를 위해 전근대 시기에는 중국 중심의 세계 질서 아래서도 한국의 과학문명이 독자성을 유지하면서 발전을 지속한 동력을 탐구한다. 근현대 시기에는 강대국 중심 세계체제의 강력한 흡인력 아래서도 한국의 과학기술이 놀라운 발전과 성장을 이룩한 요인을 탐구한다.

우리는 이 총서에서 국수적인 민족주의나 근대 지상주의를 동시에 경계하며, 과거와 현재가 대화하고 내부와 외부가 부단히 교류하는 가운데 형성되고 발전되어온 열린 과학문명사를 기술하고자 한다. 이 총서를 계기로 한국 과학문명에 대한 관심과 이해가 더욱 깊어지기를 기대한다.

마지막으로 〈한국의 과학과 문명〉 총서의 발간은 교육부와 한국학중앙연구원 한국학진흥사업단의 지원에 크게 힘입었음을 밝히며 이에 감사를 표한다.

〈한국의 과학과 문명〉 총서 기획편집위원회

한국에서 과학기술은 언제나 국가발전과 연결된 어떤 것이었다. 그것을 나타내는 표현은 한국 사회가 마주한 상황과 발전 정도에 따라 달라졌다. 일제강점기에는 과학조선 건설, 산업화 시기에는 과학기술입국(科學技術立國), 세기 전환기에는 과학기술 중심국가 또는 제2과학기술입국이었다. 사회 지도자들과 역대 정부는 식민지 조선의 독립을 위해서, 부국강병을 위해서, 선진국으로 도약하기 위해서 과학기술발전이 핵심이라고 주장했다. 이 주장은 오랫동안 반복되면서 사람들의 마음속 깊은 곳에 튼튼히 뿌리내렸다.

　동시에 과학기술은 전문가들을 중심으로 하는 자신만의 고립된 영역에 남게 되었다. 과학기술은 매우 중요하지만 동시에 어렵고 힘든 분야라고 생각하는 사람들은 과학기술을 전문가들의 손에 맡기고 한 발 물러섰다. 개발독재, 군사독재에 저항하던 시기, 민주화운동이 뜨겁던 시기에 사회 모든 영역에서 변화와 개혁을 위한 활동이 이루어졌다. 그러나 과학기술은 예외였다. 과학기술은 독자적인 전문성에 바탕하는 영역이므로 비전문가들이 간섭하거나 문제제기를 할 수 없다고 여겼기 때문이다. 또한 과학기술자들이 고학력 엘리트임에도 불구하고, 사회는 그들의 전문성을 높이 살 뿐 그들에게 지식인의 역할을 기대하지 않았다. 기대하지 않는 정도가 아니라 경계가 분명했다. 비전공자가 과학기술 문제에 의견을 말하면 '모르면 가만있어라'는 반응이, 과학기술자가 사회문제에 의견을 말하면 '가서 연구나 하라'는 반응이 돌아온다.

2000년대 이후에는 과학기술과 사회의 이 단단한 영역 구분에 균열이 생기기 시작했다. 엄격하고 당연했던 문과, 이과의 구분이 마침내 폐지된 것처럼 과학기술에 대해서 사회가 당연시하던 것들에 의문을 던지는 새로운 시각이 등장하기 시작했다. 과학기술이 국가발전의 핵심 요소 중 하나이고, 과학기술의 전문성을 존중해야 한다는 생각은 여전히 유효하다. 그러나 현실에서 과학기술의 문제는 정치, 경제, 사회, 문화 요소와 밀접하게 연결된 형태로 나타나기 때문에, 이에 접근하기 위해서는 과학기술 전문성 외에 다른 분야의 전문성도 필요하다. 동전의 양면처럼 서로 분리되지 않는 편익과 기술위험을 가진 현대 과학기술의 문제에서 옳고 그름을 판단할 절대적, 과학기술적 기준이 있다고 보기 어렵다. 오히려 어떤 형태의 편익을 누릴 것인가, 어떤 형태의 기술위험을 피할 것인가를 선택하는 문제로 보는 것이 타당하다. 예를 들어 이해관계가 충돌하는 과학기술의 문제에 대한 해결 방안을 찾을 때, 사회적 가치에 따라 서로 다른 과학기술 방안 중 선택해야 할 때 과학기술 전문성만으로 충분하지 않다.

  그럼에도 불구하고 근현대 한국의 과학기술에 대한 학자들의 관심은 과학기술의 전문성이 중심이다. 즉, 근현대 한국의 과학기술과 관련하여 경제성장에 기여한 과학기술 성과와 인물들, 그리고 과학기술정책의 역할에 대한 연구가 많이 이루어졌다. 이 총서 시리즈 중 근현대 한국의 과학기술을 다룬 여러 권의 책은 아주 촘촘하게 한국 과학기술의 전개를 보여주고 있다. 독자들은 저자들의 통찰력에, 저자들이 분석한 자료의 방대함에, 저자들의 연구 덕분에 밝혀진 과학기술자들의 고군분투에 감탄하게 된다. 나도 그중 한 명이다.

  한편 과학기술의 사회적 문제를 다루는 연구들에서는 과학기술자의 전문성 외에도 과학기술 민주화의 관점을 택한다. 이 연구들은 국가발전에서 과학기술의 역할을 인정하지만 동시에 과학기술발전의 방향 설정, 자원 배분 기준, 기술위험 수용 여부 등의 문제의 해결 방안을 찾을 때 인문사회 분야 전문가,

지역 주민, 일반 시민 등 여러 주체의 참여에도 관심을 기울인다. 또한 사회와 격리되지 않고 여러 사회운동의 참여 주체로서 과학기술자들의 존재에 대해서도 탐구한다. 우리는 이 연구들을 통해 더 이상 과학기술입국이나 과학기술중심사회의 주역이 아님을 깨닫게 된 과학기술자들, 독재에 저항하고 새로운 사회질서를 모색한 과학기술자들, 전문가 주의에 문제 제기하면서 시민 참여를 추구한 시민단체와 대항전문가들, 강력한 능력주의 앞에서 젠더 불평등 문제를 제기한 여성 과학기술자들, 지역 주민과 연대하여 기술위험 관리 정책에 영향을 미친 과학기술자들을 볼 수 있다. 이들의 활동이나 존재는 한국의 전체 과학기술에서 아직 소수에 불과하다. 그러나 이들은 오래되고 뿌리 깊고 강력한 과학기술 국가주의 또는 기술관료주의에 작은 틈을 만들려고 시도했고, 일부 성과를 거두었으며, 법제화를 통해 안정성, 정당성을 더했다.

이 책은 총서 시리즈의 다른 책들처럼 근현대 한국 사회의 전개 과정을 기본으로 하되, 그 역사적, 사회적 맥락에 한국의 과학기술 민주화 관련 활동들을 자리매김해 보려는 시도다. 한국과학문명학연구소에서 이같은 책을 써볼 것을 제안했을 때, 나는 한국의 과학과 문명에서 과학기술 시민운동, 환경운동, 여성 과학기술인 정책 같은 내용도 포함되면 좋겠다, 기존 연구들만 잘 정리해도 될 것이다, 라는 말에 설득되었다. 그리고 곧 이 일을 하기에는 내 역량이 한참 못 미친다는 것을 깨달았다.

그럼에도 불구하고 이 기획을 계속 붙잡고 있었던 것은 세대, 전공, 경력, 연구 분야 기준으로 볼 때 이 책에 포함되면 좋을 내용에 대한 참여, 관찰, 연구 경험이 있었기 때문이다. 나는 1960년대 중반에 태어났고 산업화 시기에 매우 보수적인 지역에서 청소년기를 보냈다. 이때는 과학조선 또는 과학기술입국에 딱 맞는 과학자 상을 가지고 있었다. 물리학 전공 대학생일 때 6월 민주화 항쟁을 겪었지만 내 주변에 있던 동료, 선후배들의 과학기술운동에 대해서는 대학원에 진학한 뒤에 알게 되었다. 2000년대 초반 첫 직장이었던 과학기술정책

연구원에서 과학기술정책 연구와 행정 현장을 경험했다. 당시 김대중, 노무현 정부의 영향으로 과학기술정책에서 새롭게 시작된 정책 담론과 의제들에 대한 연구에 참여했다. 이때 정책에서 법제화의 중요성과 지속적인 영향력을 깨달았다. 그리고 현재 몸담고 있는 전북대학교로 옮겼을 때 이웃의 부안, 군산의 중저준위 방폐장 건설 관련 사회운동을 목격했다.

이 경험을 살려, 과학기술 국가주의와 기술관료주의가 자리잡은 한국에서 과학기술 민주화 담론과 의제가 등장하고 정책으로 제도화되는 과정을 소개하고자 했다. 과학기술정책은 과학기술 국가주의와 시민사회의 과학기술에 대한 요구가 만나는 장이다. 특히 법제화 사례에 주목한 것은 기술관료주의가 강력한 환경에서는 법적 근거를 가지는 것이 해당 정책의 지속성, 안정성, 확장성에 중요하기 때문이다. 그러느라 과학기술 시민운동과 관련해 중요한 다른 사례들, 예를 들어 가습기 살균제 사건, 4대강 개발, 삼성 백혈병, 황우석 사태 등의 사례를 포함하지 못했다. 아쉽다. 한국의 과학기술과 시민사회에 대해 누군가가 더 짜임새 있고 훌륭한 연구를 할 때 이 책이 출발점이 되었으면 좋겠다.

한국과학문명학연구소의 신동원 교수님은 집필을 제안해주셨고 연구소의 문만용 교수님, 신미영 박사님은 집필 과정을 관리하고 지원해주셨다. 또한 일일이 이름을 말할 수 없는 나의 STS 친구, 선후배 학자들의 연구에서 많은 것을 배웠고 집필에도 큰 도움을 받았다. 그리고 나의 가족, 김성환, 김이다로부터 마음의 응원을 받았다. 모두 감사드린다.

2021. 12. 28
이은경

들어가는 말

1장 과학기술 국가주의 형성

2장 시민사회의 도전

3장 참여의 제도화

들어가는 말

해방 이후 한국의 과학기술에 대한 과학기술학 연구는 최근 활발하게 이루어지고 있다. 이 연구들은 근현대 한국 과학기술자의 생애와 업적을 발굴했고, 주요 과학기술 연구기관과 과학기술단체의 형성과 활동을 고찰했고, 과학기술정책의 역사, 내용, 함의를 분석했다.[1] 또한 한국의 근현대 사회 전개 과정에서 대중들은 과학기술을 어떻게 받아들였는지, 과학기술은 사회발전에 어떤 영향을 미쳤는지를 살펴보았다. 이 책은 지금까지의 연구 성과들을 기초로 한국이 산업화, 민주화 과정을 통해 시민사회로 나아가는 동안 주류 과학기술 담론으로서 과학기술 국가주의와 기술관료주의가 형성되고, 시민사회에 의해 도전받고, 그 상호작용의 결과 변화하는 과정을 살펴본다. 그리고 그 과정에서 과학기술에 대한 시민사회의 참여적 전환이 시도되었음을 보이고 그 한계도 짚어본다.

1. 과학기술 국가주의와 기술관료주의 형성

2000년대 이후 한국에서는 과학기술과 사회의 관계에서 전에 볼 수 없던 현상이 나타났다. 시민들이 과학기술에 대해 전폭적인 신뢰를 보였던 이전과 달리 과학기술에 대한 비판, 불신, 규제를 요구하는 목소리가 커졌다. 과학기술과 관련된 공적 의사결정을 할 때 민주주의 절차를 따를 것을 요구한다는 점에서 이런 목소리를 과학기술 민주화의 요구라고 할 수 있을 것이다. 예를 들어 황우석의 배아 복제 연구에서 촉발된 생명윤리 논쟁과 연구윤리 제도화, 중·저준위 방사성 폐기물 처분장 부지 선정 과정에서 드러난 지역 주민의 의사결정 참여 요구, 남성 중심의 과학기술에서 여성의 참여 확대 촉구 등이 있다.

이러한 시민사회의 요구는 정부가 새로운 정책을 도입하고 관련 법령을 제정 또는 개정하는 등의 제도적인 대응을 하게 만들었고 과학기술 거버넌스에 대한 논의를 촉발했다. 경제발전을 위한 과학기술, 국가발전에 기여하는 과학기술의 중요성을 인정하지만 동시에 시민의 삶에 영향을 주는 과학기술 관련 의사결정을 정부와 전문가에게만 맡겨두지 않겠다는 움직임도 등장했다. 이를 위해 새로운 과학기술 거버넌스가 필요하다. 2017년에 시행된 신고리 5, 6호기 건설 재개와 관련된 공론화 실험은 그 한계에 대한 지적에도 불구하고 이러한 변화의 흐름을 뚜렷이 보여주었다.

과학기술과 사회의 관계를 볼 때 2000년대는 1970년대와 극적인 대비를 이룬다. 1970년대에 과학기술은 경제발전과 국가발전의 중요한 수단이었다. 그러므로 국민들에게 과학기술은 배우고 따를 내용이자 발전시켜야 할 대상이지 비판하고 규제하고 거부할 수 있는 대상이 아니었다. 근대화를 위해서, 그리고 외세에 대항할 수 있는 국력을 가지기 위해서 무엇보다 과학기술이 중요하다는 생각 자체는 개화기와 일제강점기에 이미 존재했다. 그러나 본격적으로 산업화를 시작한 1960년대 이후에 한국의 정치권력은 이런 생각을 과학기술 국가주의로 확장했다. 분단과 체제경쟁이라는 당시 한국의 특수한 조건 아래 정부는 경제발전이라는 국가 목표를 달성하기 위한 수단으로서 과학기술을 강조했다. 나아가 과학기술의 성과가 국가와 민족의 우수성을 상징하는 것으로 받아들이게 만들었다. '과학기술로 나라를 세운다'는 과학기술입국(科學技術立國)과 전국민 과학화는 조국 근대화의 핵심 구호였고 산업화 시기 한국의 과학기술과 사회의 관계를 분명하게 보여준다. 과학기술 국가주의는 빠른 산업화와 경제성장에 힘입어 한국 사회에 깊게 뿌리내릴 수 있었다.

그리고 과학기술 국가주의와 그것을 떠받치는 강력한 정치권력 아래서 기술관료주의 방식의 과학기술 거버넌스가 자리잡았다. 기술관료주의는 기술관료들과 민간의 과학기술 전문가들이 중요 의사결정 과정을 지배하는 행정체계다. 1960년대 한국에서는 과학기술 분야 전문가 집단이 취약했다. 과학기술 활동을 담당하는 대학, 공공연구소, 민간기업 중 어느 하나도 제대로 연구활동을 하지 못하는 상태였기 때문에 과학기술 전문가 집단이 성장할 수 없었다. 극소수의 엘리트 과학기술자들은 과학기술관료가 되거나 업무를 추진하는 과정에 참여하면서 과학기술정책의 전문가가 되었다. 이들은 박정희 시대 정치권력의 강력한 후원 아래 과학기술 활동의 방향성, 자원 배분, 제도 구축 등의 모든 면을 주도했다. 최형섭, 오원철이 대표적인 예다.[2]

과학기술 국가주의 담론과 그것을 실현하는 방식으로서 기술관료주의 과학기술정책이 자리잡은 한국에서 과학기술 민주화 요구는 생겨나기도, 널리 확산되기도 어려웠다. 눈앞에 닥친 산업화의 과제를 해결하기 위해 응용·개발연구 중심으로 국가의 자원이 배분되었고, 기술위험에 대한 우려보다는 기술발전에 따른 혜택이 강조되었다. 과학기술은 독립적이고 자율적인 활동이므로 사회문제로부터 한 발 떨어진 영역, 즉 비정치적, 비사회적 영역으로 간주되었다. 과학기술과 관련된 사회문제, 예를 들어, 공해 같은 문제는 산업발전에 따른 불가피한 부작용이므로 과학기술이 좀더 발전하면 해결될 것이라는 기대가 지배적이었다.

그러나 정치 민주화 이후 시민사회의 성장에 힘입어 이렇게 견고했던 과학기술 국가주의에 균열이 생기기 시작했다. 1987년 민주화 이전에는 사회의 모든 비판과 저항의 역량이 군사독재 해체와 절차적 민주주의 확립에 집중되었다. 노동, 빈곤, 농촌 문제와 같이 비판하고 해결해야 할 사회문제가 많았지만 그 어떤 사회문제보다 정치 민주화 요구가 앞섰다. 그런 상황에서 전문성과 자율성이 인정되고 국가발전에 기여한다고 믿는 과학기술을 비판하거나 문제삼기는 어려웠다. 과학기술과 관련이 깊은 공해와 환경 파괴에 대해서도 비판하거나 저항하지 못했다. 6월 항쟁으로 절차적 민주주의가 이루어진 이후에야 비로소 사회문제 해결을 위한 여러 요구들이 독자적인 목소리를 내기 시작했다. 또한 6월 항쟁에서 대거 사회변혁운동에 참여했던 지식인, 화이트칼라, 중산층, 자영업자 등 중간층에 의해 새로운 사회운동 의제가 발굴되기 시작했다. 과학기술 때문에 생긴 사회문제를 제기할 수 있는 공간도 이때 열리기 시작했다.

과학기술 민주화에 대한 요구는 시민사회의 성장을 배경으로 하고, 그 주된 내용, 전개 과정, 특징은 한국의 시민사회, 시민운동의 전개와 밀접하게 연결되어 있다. 그러므로 과학기술과 사회의 문제를 논의하기 전에 한국 시민사회에 대해 먼저 살펴보아야 한다.

2. 한국 시민사회의 성장과 특징

1987년 민주화 이후 한국의 시민사회가 어떤 상황에 있는지, 어디로 가야 하는지에 대해서는 많은 논의와 논쟁이 있었다.[3] 송호근에 따르면 한반도에서 시민의 탄생과 시민사회의 싹은 개화기에 시작되었다. 서구에서 근대 시민사회의 전제조건은 신분질서에서 벗어난 독자적 개인, 혈연·지연 등 전통적 이해관계에서 벗어난 개인, 그리고 마지막으로 공익성의 가치를 가진 개인이라는 조건을 만족하는 시민들의 등장이다. 이러한 시민들이 자신의 지위와 정체성을 인식하고 이를 공유하는 결사체를 자발적으로 만들어 전체 사회의 보편적 이해관계를 추구할 때 시민사회가 형성되기 시작한다. 한국에서는 이와 유사한 결사체가 근대 이행기에 생겼으나 곧바로 일제강점기가 이어졌기 때문에 국가에 대한 비판과 저항이라는 국가와의 대결 구도를 경험할 수 없었다. 또한 해방 후에는 정권이 주도한 반공과 경제성장 이데올로기 속에서 비판과 저항, 시민의 자율성은 제한되었다. 이 시기에 한국의 시민은 자율성과 시민의식을 가지지 못하고 빈곤을 면하는 것이 더 급한 소시민, 또는 국가를 모든 가치에 앞세우는 사회 구성원으로서의 국민이었다.[4]

국가 가치를 중심으로 동일하게 간주되는 국민과 달리 정치적, 경제적 피지배 집단을 나타내는 개념은 민중이었다. 민중운동은 모든 정치적, 경제적, 사회적 억압의 근원으로 지목된 권위주의 유신체제에 저항했다. 유신체제 붕괴 이후에 전두환 정권의 제한적인 개방조치 국면에서 민중운동 조직은 전에 비해 활기를 띠었다. 동시에 일반적인 의미의 민중이 아닌 대학생, 교수, 언론인, 종교인 등이 자율적인 결사체를 조직하는 등 저항운동 참여자들의 폭이 넓어졌다. 이들은 거리에서의 동원을 통한 투쟁을 조직했고, 여기에 중산층이 가세하면서 6월 항쟁이 직선제 개헌으로 이어졌다. 임혁백은 이를 각각 출현적(신생) 시민사회(emergent civil society)와 동원적 시민사회(mobilizational civil society)로 보면서 민주화 이전 시기의 시민사회의 특성을 분석했다.[5]

6월 항쟁 이후 이전까지의 정치 민주화 투쟁에 가려 있던 수많은 쟁점들이 폭발적으로 나타났고 이 쟁점들을 다루는 다양한 자율 결사체들이 조직되는 등 시민사회가 급성장했다. 기존의 민중운동 진영 외에도 6월 항쟁을 통해 새롭게 시민 정체성을 경험한 이들이 사회의 전 영역에서 자신들의 다양한 관심과 이익을 방어하고 실현할 수 있는 결사체를 조직했다. 이 지점에서 노동자, 농민, 빈민, 지역 주민 중심의 민중운동과 새롭게 열린 정치사회 공간에서 시민사회를 위한 공간에서 등장한 시민운동이 구분되기 시작했다. 민중운동은 경제 불평등과 정치적 배제를 해결할 근본적인 구조 개혁을 요구했고 파업, 시위, 농성 등 급진적인 방식을 취했다. 반면 화이트칼라, 지식인, 자영업자, 학생, 종교인 등이 중심이 된 시민운동은 점진적인 제도 개혁을 요구하는 온건하고 합법적인 방식을 취했다.[6] 임혁백은 이 새롭게 등장한 시민단체와 시민운동이 공공영역에서 시민들의 공적 이익과 국가를 중재하고 매개하려는 시민 결사체라고 파악하고 한국 사회가 이들로 구성된 제도적 시민사회(institutional civil society)가 되었다고 보았다.

시민들의 자율적인 결사체가 반드시 공익을 위한 활동을 하는 조직만을 뜻하지는 않는다. 시민사회의 행위자로서 시민 결사체는 4가지 유형이 있다. 첫째, 제3자 이익, 또는 공익을 추구하는 운동형 단체다. 비정부기구(non-governmental organization, NGO), 보통 시민단체라고 부르는 시민사회단체, 평화운동단체, 주민운동 조직 등이 있고 비판, 감시, 집회, 조사, 홍보, 청원 등의 활동을 주로 한다. 둘째, 제3자 이익을 추구하지만 현장활동 중심의 봉사형 단체인데, 복지활동단체와 공익재단 등이 이에 속한다. 셋째, 구성원 스스로의 이익을 위해 활동하는 권익형 단체다. 노동운동단체가 대표적이지만 노동조합 아닌 노동운동단체는 운동형 단체의 성격도 가진다. 넷째, 구성원 스스로의 이익을 추구하지만 현장 활동에 치중하는 자익형(自益形) 단체로 연고 집단이나 동호회 등이 이에 속한다.[7]

한국 시민사회의 특징은 시민운동을 중심으로 이해되고 조직된다는 것이다. 노동운동같이 민중운동을 포함하거나 민중운동과 중첩되는 영역이 있음에도 불구하고 한국에서 시민운동은 민중운동의 급진적 의제가 아닌 부패, 환경, 복지, 평등 같은 생활정치 의제를 중심으로 이해된다. 따라서 한국의 시민운동은 앞서 말한 시민 결사체 중 운동형 결사체, 그중에서도 NGO나 평화운동단체보다는 시민(사회)단체를 중심으로 하고 한국의 시민사회는 시민운동형 특성을 보인다.[8] 또한 한국의 시민사회에는 개별 시민단체들의 귀속의식을 넘어서는 범시민운동적 지향이 존재한다. 각 시민단체의 주요 활동 영역이 아니더라도 중요한 사회 의제에 대응하기 위해 많은 시민단체들이 연대하는 모습은 한국 시민사회의 특징 중 하나다. 왜냐하면 한국의 시민사회단체들은 국가, 정치사회에 비판적으로 관여하면서 발전한 공통의 경험을 가지고 있기 때문이다. 이같은 특성은 자원단체, 자선단체 또는 비영리단체를 중심으로 성장한 서구의 시민사회와는 다른 모습이다.[9]

제도적 시민사회의 성장 초기에는 전문가와 일반 시민들이 결합한 전국 규모의 시민단체가 중심에 있었다. 대표적으로 경제정의실천시민연합(이하 경실련), '참여민주사회와 인권을 위한 시민연대'(이하 참여연대), 환경운동연합을 들 수 있다. 경실련은 부동산 투기가 사회문제가 되었던 1989년에 경제정의 실현을 목표로 창립되었다. 경실련은 민중운동과 거리를 두는 대신 경제정의 관련 의제를 발굴하고 입법 등 합법적 공간에서 관련 활동을 펼쳤다. 이를 통해 경실련은 정부에 상대적으로 덜 위협적으로 보이면서 일반 시민들의 참여도 이끌어낼 수 있었다. 참여연대는 1994년 시민들에 의한 권력 감시 운동을 기치로 내걸고 창립되었다. 참여연대는 정치 지향적이지 않은 시민운동을 펼치고 다른 시민단체와 연대하겠다는 점을 강조했다. 이 두 단체는 활동 영역과 방식에서 기존의 민중운동과 다른 길을 택했지만 시민운동의 큰 틀에서는 연대를 표방했다.[10] 환경운동연합은 1993년 기존에 활동 중이던 환경운동단체들이 연합하여 전국 통합조직으로 새롭게 출범했다. 환경운동연합에 참여한 환경단체들은 1980년대를 통해 공해 피해지역 주민들을 위한 반공해운동을 해왔다. 그러나 환경운동연합으로 출범할 때에는 이전 소수 활동가 중심의 환경운동을 범시민운동으로 확산시키고 개발에 대한 반대를 넘어 과학적이고 합리적인 대안을 제시하겠다고 방향성을 설정했다.[11]

이 단체들은 공통점과 차이점을 가지고 있었다. 세 단체의 공통점은 다음과 같다. 첫째, 전국 규모의 시민단체였고 많은 활동을 통해 전국에 걸쳐 대중적 인지도를 얻었다. 둘째, 해당 분야 명망가와 전문가들이 근간을 이루는 조직에 다수의 시민들이 참여하여 함께 활동했다. 셋째, 민주화 이후 생활정치의 의제를 발굴하고 제도 개혁에 집중하여 눈에 보이는 성과를 거두었다. 환경운동연합은 환경문제에 집중하는 전문단체인 반면 경실련과 참여연대는 경제 정의와 권력 감시라는 지향성 아래 여러 영역의 문제들을 폭넓게 다루었다. 예를 들어, 경실련에는 환경과 과학기술 관련 하부 조직이, 참여연대에는 과학기술 관련 하부 조직이 결성되어 활동했다.

연구자들은 한국의 시민사회가 성장했다는 점을 인정하지만 시민사회에 대한 평가와 전망에 대해서는 다양한 의견을 내놓았다. 먼저 긍정적인 평가를 보면 시민사회가 양적, 질적으로 성장했고, 정치사회(정당, 국회)가 민주화 이후 변화된 환경에 적응하지 못하고 지체 현상을 보일 때 시민사회가 나서서 개혁과 사회 변혁을 이끌었다. 시민사회의 이러한 성과는 민주화 이후 정부들의 시민사회 정책에 영향을 주었다. 문민정부를 표방한 김영삼 정부는 급진적 민중운동 또는 계급 지향적 시민운동을 억압했지만 제도 개혁을 주장하는 시민단체들을 재정적으로 지원하고 이들의 비판과 제안을 일부 수용했다. 김대중 정부와 노무현 정부는 개혁 정책을 실현하는 과정에서 시민사회와 협력 관계를 맺는 등 좀더 적극적인 노력을 기울였다.[12]

이러한 성과에도 불구하고 2000년대 이후 시민사회에 대해 세 측면에서 문제 제기가 이루어졌다. 그중 첫째는 시민사회의 토대가 굳건하지 못하다는 점이다. 민주화 이후 급성장을 보였던 시민사회가 2000년 이후 정체 또는 침체되는 모습을 보였다. 그 배경 원인으로, 그간의 시민운동이 명망 있는 개인이나 단체 중심이었기 때문에 대중 기반이 약하다는 점이 지적되었다. 시민사회가 내실을 미처 갖추기도 전에 외환위기가 닥쳤기 때문에 개인 생존의 문제가 절박해졌고 따라서 시민사회의 자율성, 공익의 가치와 공익을 위한 활동이 튼튼하게 뿌리내릴 기회를 가지지 못했다는 입장이다.[13]

둘째는 2000년대 이후 시민사회가 변화하고 있다는 점이다. 2000년대 이후 정보통신기술이 발전하고 사회가 글로벌화, 네트워크화됨에 따라 다원주의와 개인주의 경향이 커졌다. 시민들의 의사소통 방식과 사회적 의제 참여 방식도 달라졌다. 특히 2002년 월드컵 때 강렬한 광장의 경험을 한 후 한국에는 자발성과 개방성을 가진 새로운 시민들이 등장했다. 촛불집회, 탄핵반대운동, 황우석 연구에 대한 찬반 집회, 광우병 사태에서 나타난 대규모 집회는 1980년대의 민주화 집회와 많은 점에서 달랐다. 구체적으로 참여자들을 동원한 주체가 없다는 점, 축제와 같은 문화적 성격을 보인다는 점, 참여자들의 계급, 계층, 연령, 성별이 매우 다양하다는 점 등을 들 수 있다. 이는 한편으로는 참여자들이 정치 소비자라는 수동적 시민에서 벗어나 자발적이고 참여 지향의 시민으로 변화하는 과정으로 평가되었다. 그러나 다른 한편으로는 참여가 개인화된 시민사회에서 시민운동의 지속성과 책임성이 취약해질 수 있다는 점이 지적되었다. 개인화된 시민이 시민단체와 같은 결사체를 통하지 않는 방식으로 시민사회의 매개 역할을 안정적으로 계속 해나갈 수 있을지 불확실하기 때문이다. 또한 제도화된 시민사회에서 배제된 이들의 권리를 위한 민중운동, 예를 들어 송전탑 건설 반대 시위, 농산물 개방에 반대하는 농민 시위 같이 축제 형식이 되기 어려운 영역에서의 공익을 위한 활동 방식도 숙제로 남았다.[14]

셋째는 사회운동형 시민사회라는 특징 때문에 시민사회와 정부의 관계 설정이 어렵다는 점이다. 한국의 시민사회는 보수적 정부에 대해서는 비판하고 혁신을 촉구하는 활동을 주로 하면서 대립각을 세웠기 때문에 정부와의 매개와 협상에서 한계를 보였다. 반면 상대적으로 시민사회에 호의적인 정부와는 협력과 비판이라는 모순적인 두 역할을 동시에 수행해야 하는 어려움이 있었다. 김대중, 노무현 정부에서 시민단체는 다양한 정부위원회 참여를 통해 제도 개혁을 촉진하는 활동을 했다. 동시에 정부 정책을 둘러싸고 정부와 대립하거나 정부에 저항하는 활동도 펼쳤지만 시민사회가 정부에 포섭 당했다거나 정부와 공모한다는 비판과 우려를 피할 수 없었다.[15]

한국의 시민사회 성장은 민주화 이전(~1987), 민주화 이후(1987~1997), IMF 외환위기 이후(1997~)의 세 단계로 나눌 수 있고, 다음과 같은 특징을 가진다. 첫째, 한국의 시민사회는 1987년 민주화 이후에 급성장한 시민운동형 시민단체들이 주축을 이루었고 이들이 연대를 통해 사회 전반의 시민운동에 참여했다. 둘째, 시민운동이 사무직 노동자, 지식인, 대학

생, 자영업자 등 중간층으로 확대되었고 제도 개혁에 중점을 둠으로써 제
도적 시민사회의 성격을 가지게 되었다. 셋째, 동원되는 국민이자 억압받
는 민중에서 자율적인 시민으로의 전환이 일어났지만 제한적이었다. 시
민사회로의 급격한 전환과 IMF 외환위기 이후의 정세 변화의 영향 때문
에 자율성, 공공선, 공익과 같은 시민 가치의 내재화가 약하고 국가주의,
민족주의 영향이 남아 있다. 넷째, 시민사회의 관심과 요구가 다양해지고
사회가 네트워크화됨에 따라 기존의 시민운동형 시민단체 외에 NGO,
비영리단체 등 다양한 형태의 시민 결사체가 활성화되어야 하는 과제를
안고 있다.

3. 시민운동으로서 과학기술 민주화

과학기술이 발전하고 사회에서의 역할과 영향이 커짐에 따라 과학기술과
사회의 관계에 대한 연구도 활발해졌다. 서구 사회는 1960년대 이후 과학
기술로 인한 사회문제들, 예를 들어 대기오염, 공해병, 자원고갈 등의 문
제가 커졌을 때 사회발전을 위한 과학기술이라는 긍정적이고 낙관적인
기대와 전망에 의구심을 가지기 시작했다. 과학기술은 무한히 발전하는
것이 맞는지, 과학기술로 인한 문제들은 과연 일시적인 부작용일 뿐인지,
시간이 지나면 과학기술이 해결책을 찾을 수 있는지 등의 질문이 제기되
었다. 벡(Urlich Beck)의 위험사회론은 그 답 중 하나로서 과학기술과 관련
된 불확실성과 기술위험(risk)은 부작용이 아니라 근대사회의 피할 수 없
는 특징이라고 해석한다. 벡에 따르면 사회가 과학기술을 잘 관리하거나
과학기술자들이 연구개발을 통해 해결책을 찾을 때까지 기다리는 것만
으로 과학기술의 불확실성이 일으키는 문제가 해결되지 않는다. 단지 사

회는 기술위험을 감수할 것인지 여부 또는 어떤 기술위험을 감수할 것인지 선택할 수 있을 뿐이다.

누가 주도적으로 그 결정과 선택을 할 것인지의 문제가 새롭게 제기된다. 과학기술 국가주의는 기술위험을 감수하고라도 과학기술을 발전시켜 국가발전에 기여해야 한다는 인식이고 기술관료주의는 기술관료 또는 과학기술 전문가들이 이를 위한 의사결정을 해야 한다는 입장이다. 이와 달리 시민들이 과학기술의 불확실성과 위험에 노출되는 것을 피할 수 없음에도 불구하고 그와 관련된 의사결정에서 시민들이 배제된다면 이는 민주적 절차가 훼손된 것으로 보는 입장이 있다. 특히 과학기술 전문가들에 대한 사회의 신뢰가 깨지거나 기술위험에 대한 인식이 강화되면 시민들이 직접 개입하여 스스로 결정하려는 참여적 전환이 이루어진다. 과학기술 시민운동은 이러한 인식에서 출발하여 과학기술 위험과 혜택의 선택과 수용 여부 결정권, 과학기술정책 참여를 통한 시민사회의 과학기술 통제권 등을 추구한다.[16]

한국의 정치민주화운동에서 기술위험 같은 과학기술의 사회적 문제는 주변부 문제로 간주되었다. 그만큼 과학기술 국가주의와 기술관료주의가 군건하게 자리잡고 있었기 때문이다. 과학기술자는 산업발전을 위한 정부의 과학기술정책에 공감했고 그 실현 과정에 전문가로서 기꺼이 참여했고 국가발전에 기여하는 집단으로서 사회적 우대와 보상을 받았다.[17] 국민들 역시 이러한 생각과 믿음을 공유했기 때문에 과학기술을 문제삼는 일은 별로 없었다. 게다가 시민사회의 모든 역량은 민중운동 또는 민주화운동에 집중되었기 때문에 1987년 민주화 이전에는 과학기술을 민주적으로 통제할 수 있다는 생각 자체도 퍼지기 어려웠다. 혹시 그런 생각을 하는 집단이 있었다 해도 전체 민주화운동 진영에서 그들의 목소리와 과학기술의 문제가 우선순위에 놓이기는 어려웠다.

그럼에도 1980년대의 민주화운동에서 과학기술과 관련된 두 흐름이 나타났고, 이 둘은 민주화 이후 과학기술 시민운동의 기원 중 하나가 되었다. 하나는 반공해운동이었다. 반공해운동은 공해 피해지역 문제를 다루는 민중운동 성격이 강했기 때문에 과학기술 문제를 직접 다루지는 않았다. 그러나 과학기술 전공자들이 주축을 이루었다. 반공해운동 중 특히 반핵운동은 국가가 주도하는 원자력기술 확대를 반대하는, 즉 과학기술에 대한 사회의 통제 문제와 맞닿아 있었다. 서구와 달리 한국에서는 핵무기 이슈가 없었기 때문이다. 다른 하나는 이보다 늦게, 6월 항쟁 이후에 나타난 과학기술운동이었다. 1987년에 공공연구소 단위로 과학기술자들이 참여하는 노동조합이 설립되기 시작했다. 그리고 같은 해에 이공계 출신 직장인과 대학원생들 중심의 단체로서 청년과학기술자협의회가, 뒤이어 1989년에 한국과학기술청년회(이하 한과청)가 결성되었다. 이 단체들은 과학기술 연구개발 현장에서 노동운동 가능성을 탐색하고 민중을 위한 과학기술 또는 과학기술정책 참여 같은 의제를 다루었다.[18]

민주화 이후 시민사회의 성장 속에서도 과학기술 시민운동은 상대적으로 느리고 규모도 작았다. 1987년에 설립된 연구소 노조들은 1994년에 소산별(小産別) 노조의 형태로 전국과학기술노동조합(이하 과기노조)을 결성했다. 1993년에는 일선 현장의 과학기술자들로 구성된 과학기술위원회가 설치되었다. 한과청, 과기노조는 노동운동에 머무르지 않고 경실련의 과학기술위원회와 함께 자신들의 전문성을 살려 과학기술정책을 비판하고 감시했고, 제도 개혁을 위한 대안을 제시하는 등의 활동을 했다. 그밖에 환경, 여성, 보건의료, 정보통신 등의 영역별 시민단체에서 사안에 따라 관련된 과학기술의 문제를 다루기도 했으나 개인정보 보호, 유전자 변형 식품(genetically modified organism, GMO), 유전자 검사 등 대중들의 관심이 큰 몇몇 주제에 국한되었다.

과학기술 전문성이 없는 일반 시민들에게까지 과학기술 시민단체의 문호가 개방된 것은 1997년 참여연대 과학기술시민모임이 결성된 뒤였다. 이 모임의 참여자 중 한 사람이었던 이영희는 자신이 속한 과학기술정책연구원에서 1988년에 발간한 정책연구 보고서, 『과학기술과 시민단체』에서 과학기술에 시민 참여를 정당화하는 서구의 논의와 제도들을 소개했다. 이 모임은 그 후 과학기술에서 시민 참여의 필요성을 주장하고 시범 프로그램 운영에 직접 참여했으며 〈과학기술기본법〉과 〈생명윤리기본법〉 제정 과정에 참여했다.[19]

시민사회의 성장과 함께 나타난 과학기술 민주화 요구의 핵심은 과학기술에 대한 시민사회의 통제와 참여 확대의 제도화였다.[20] 시민단체들은 과학기술정책의 의사결정 과정에 폭넓게 참여하여 과학기술 자원 배분, 연구개발 방향 설정, 과학기술 규제 방안 등을 감시하고 시민사회의 요구를 반영할 수 있는 제도화를 요구했다. 그 결과물 중에는 GMO 표시제, 〈과학기술기본법〉에 새롭게 도입된 시민 참여와 과학기술의 여성 참여 확대 같은 법제도, 과학기술 전문가가 아닌 일반 시민들이 과학기술 연구개발 규제 정책에 참여하는 생명윤리자문위원회 운영이나 지역 주민 직접 투표에 의한 방사성 폐기물 처분장 선정과 같은 정책 결정 사례가 있다.

그러나 시민사회와 협력 관계를 맺었던 김대중 정부, 노무현 정부에서도 과학기술 국가주의와 기술관료주의는 영향력을 유지했다. 시민단체들은 시민 참여를 형식적으로 제도화하는 데는 성공했지만 그 제도의 세부적인 실행 방안을 만들고 이를 실천하는 과정에는 관여하지 못했다. 그 결과 기술관료주의 문제를 넘어서기 위해 시민사회가 요구한 참여 제도와 규제 제도가 기존 기술관료주의 행정 체제의 틀 안에서 운영되는 제한적인 형태로 남았다. 과학기술 국가주의 역시 약해졌다고 보기 어렵다. 노무현 정부의 과학기술 의제 중 하나는 제2과학기술입국이었고 황우석 사태에도 불구하고 인간 배아 복제 연구는 완전히 금지되지 않았다. 여전히 국가가 과학기술을 지원하는 가장 중요한 이유와 근거는 산업발전과 경제발전이다.[21] 예를 들어, 과학기술 진입에서 성차별을 완화하기 위한 여성 과학기술인 채용목표제는 제도적 혁신으로서 의의를 가지지만, 현실에서는 젠더 평등이 아니라 역시 국가경쟁력을 위한 인력 확보의 용어로 정당화되었다.

이처럼 과학기술 시민운동 또는 과학기술 민주화는 시민사회 성장의 맥락에서 전개되었다. 그 과정에서 과학기술 시민 참여 방안이 제도화되거나 일반 시민이나 시민단체가 과학기술정책 결정에 참여하는 등의 변화와 진전이 있었다. 또한 시민사회의 요구에 의해 과학기술에 대한 규제제도가 도입되기도 하고, 경제발전이 아니라 사회문제 해결을 위한 과학기술 연구개발이 강조되기도 한다. 그럼에도 사회의 다른 변화, 예를 들어 독재와 권위주의 사회질서가 민주화 이후 시민사회의 질서로 변하고, 정치·경제·사회·문화 영역에서 가치관의 변화가 역동적으로 일어나고 있는 것과 비교하면 과학기술 국가주의와 기술관료주의는 여전히 강하게 유지되고 있음을 알 수 있다.

한국 시민사회의 성장과 과학기술의 관계를 다룬 지금까지의 연구는 몇 갈래 흐름이 있다.

첫째, 정부가 산업, 문화 정책을 위한 수단으로서 과학기술을 어떻게 활용했는가에 대한 연구가 있다. 주로 대통령 또는 각 정부의 과학기술정책의 내용, 배경 그리고 성과를 분석한다. 최근에는 박정희 시대 연구에서 그동안 상대적으로 소홀히 취급되었던 과학기술과 관련된 다양한 연구가 이루어지고 있다. 이 연구들에 따르면 1970년대-1980년대에 과학기술은 정부의 강력한 통제와 지원 아래 제도적으로 안정되고 성장하고 보상받았지만 동시에 정부 시책에 동원되었다. 이 시기에 과학기술 국가주의가 제도와 국민들의 인식에 내재화되었고, 이 과정을 주도한 기술관료주의가 정착되었다.[22]

둘째, 환경운동의 역사를 반독재 민주화운동에서 전문화, 세분화된 시민운동으로 변화하는 과정으로 이해하는 연구가 있다. 이 연구들은 개발독재 시대의 환경운동 진영의 공해문제 제기는 정부가 추진하는 산업화에 대한 비판, 나아가 정치운동의 성격을 가졌다고 보았다. 그리고 민주화 이후 환경운동은 전문화, 세분화된 시민운동이 되었고 원자력 발전, 수질 관리, 환경생태, 식품 안전 등의 문제에서 과학기술 전문성이 동원되었다.

셋째, 과학기술의 사회적 문제를 직접 제기하는 과학기술운동의 등장과 활동에 관해 분석한 연구들이 있다. 이 연구들은 과학기술과 연관된 여러 사회문제를 비판하던 집단이 민주화 이후 시민운동 차원에서 기존 과학기술을 비판하고 시민사회가 참여하는 과학기술 체제를 주장하고 있다고 파악한다. 그리고 이들의 과학기술 거버넌스의 민주화를 위한 제도 개선 주장과 노력을 소개하고 평가한다.

넷째, 과학기술과 대중의 관계를 다룬 연구들이 있다. 이들에 따르면 과학기술 대중화는 계몽운동의 일부로 간주되다가 2000년대 이후 문화활동의 속성이 강조되었고 그에 따라 과학기술문화 관련 시책이 증가했다. 그 배경으로는 민주화와 경제 수준 향상, 위험사회에 대한 논의 확산, 과학기술의 융합 경향, 과학기술 대중화에 미디어 활용 등이 지적되었다.

이 책은 지금까지의 연구 성과들을 바탕으로 1960년대 이후 시민사회의 진전에 따라 변화하는 과학기술과 시민사회의 관계를 살펴본다. 주된 관심은 과학기술 국가주의와 기술관료주의에 대한 시민사회의 도전과 극복 과정에서 나타난 특징을 정리하는 것이다. 먼저 1980년대 이전에 확립된 과학기술 국가주의와 기술관료주의 때문에 과학기술에 대한 시민사회의 통제 시도가 다른 분야의 시민운동에 비해 지체되었다. 또한 1990년대 후반에서 2000년대에 과학기술에 대한 시민사회의 통제가 일부 제도화되었으나 그 실천 과정에서는 여전히 기술관료와 전문가들이 주도적인 역할을 했다. 정부가 일방적으로 결정한 과학기술 관련 정책에 대해 시민사회가 저항하고 그 결과로 시민사회의 요구를 관철한 사례는 환경운동에서 나왔는데, 이는 시민운동과 민중운동이 결합된 형태였기 때문이다.

2000년대 이후 일부 영역에서 시민운동은 과학기술 민주화의 새로운 가능성을 보여주었다. 전문가에 기대지 않고 스스로 공부하고 참여하고 나아가 자신들의 문제에 대한 해결책을 스스로 찾아나가는 '지민(知民)'[23]이 등장했다. 젊은 생명공학자들은 황우석의 연구논문에서 데이터의 문제를 지적하여 결국 그의 데이터가 조작되었음을, 그리하여 황우석 사태라는, 과학기술 경쟁력에 경도된 과학기술관료와 연구자들의 비윤리적 행위가 있었음을 밝혀내기에 이르렀다. 삼성 백혈병 사례에서는 시민과 대항전문가들이 전문가들의 확립된 권위에 맞서 스스로를 지키는 새로운 지식을 만들어냈다. 또한 리빙랩(LivingLab)같이 실생활의 문제를 스스로 해결하는 방안을 찾는 시민과학의 시도도 등장했다. 이러한 활동과 성과는 한국의 과학기술과 시민사회의 관계를 이해하는 데 중요한 단서를 제공하며 앞으로 더 많은 연구가 이루어져야 할 영역이다.

이 책에서는 과학기술 시민운동 중에서도 법 제정, 지원정책, 규제 장치 도입 등 제도적인 수단을 통해 문제 해결을 시도한 움직임들을 주로 다룬다. 왜냐하면 경제성장, 민주화, 시민사회 성장 등의 요소에도 불구하고 한국에서 가장 강력한 과학기술 담론은 과학기술 국가주의와 국가 경쟁력이고 공공부문에서 과학기술에 대한 자원 배분 및 의사결정은 기술관료주의 영향력 아래 있기 때문이다. 시민사회의 과학기술에 대한 민주적 통제는 아직 초기 단계, 즉 그들을 견제하고 시민 참여의 공간을 확보하여 새로운 과학기술 거버넌스로 나아가는 단초가 될 만한 제도적 방안을 마련하는 단계에 있는 것으로 보인다.

4. 구성

이 책은 3장 10개의 절로 구성되었다. 각 장은 과학기술 국가주의/기술관료주의와 시민사회의 과학기술과의 관계를 보여주는 인식, 도전, 상호작용의 측면을 주로 다룬다.

1장은 과학기술 국가주의 형성과 내재화, 그리고 시간이 지남에 따라 그중 일부가 더 이상 유효하지 않게 되는 과정을 다룬다. 개발독재 시기에는 산업화와 경제성장을 위해 모든 자원이 집중되고 동원되었다. 1절은 과학기술 국가주의가 뿌리내리는 과정을 다룬다. 과학기술을 사회발전, 국가발전의 핵심으로 보는 인식은 일제강점기에 전개되었던 1930년대 과학운동에서 찾아볼 수 있다. 과학운동을 주도한 과학기술자와 지식인들이 내건 구호와 수사(修辭), 미래 비전은 1970년대에 산업화와 유신체제라는 다른 사회적 맥락 속에서 박정희 정부에 의해 과학기술 대중화라는 방식으로 재해석되었다. 그 과정에서 일제강점기의 실체 없는 국가, '과학조선'의 비전은 국가가 전 국민을 동원하여 추진하는 '과학기술입국', '과학한국'으로 변화했음을 보일 것이다. 2절은 과학기술 국가주의가 내재화되는 과정에서 과학기술자들은 어떻게 대응했는지 살펴본다. 과학기술자들은 과학기술에 기반한 근대화와 산업화의 아이디어를 주도적으로 형성하고 확산했다. 특히 해방 이후 현실 세계에서 이를 위한 지원과 제도를 실현하는 과정에서 과학기술자들은 스스로 조직화하고 능동적으로 참여하려고 노력했다. 그러나 이러한 시도들은 강력한 정치권력이 주도하는 현실의 흐름에 밀려 기여, 동원, 협력, 보상의 방식으로 제도화되는 결과를 낳았다. 과학기술자들 중 일부는 관료가 되어 스스로 이 흐름을 주도했다. 이 역사적 경험은 이후 기술관료주의와 시민사회의 과학기술 통제 움직임이 대립할 때 과학기술자들이 보여준 대응 방식을 이해하는 단서가 될 것이다. 3절은 과학기술 국가주의 시기에 형성된 과학기술자의 사회적 위상과 지위에 대한 기대치가 더 이상 작동하지 않게 된 사회에서 나타난 문제의 하나로서 2000년대 초반의 이공계 기피 논쟁을 다룬다. 이 논쟁은 과학기술 국가주의에 근거한 기대치와 현실의 차이에서 발생했음에도 불구하고 사회의 대응이나 제시된 해결 방안은 과학기술 국가주의를 크게 벗어나지 못했음을 보인다.

2장은 과학기술 국가주의에 맞서 새로운 시도를 모색한 과학기술운동의 흐름을 다룬다. 과학기술의 범위는 넓기 때문에 이 책에서는 과학기술 시민운동이 가장 활발했던 자연과 환경, 생명과 안전, 과학기술 노동운동을 선택했다. 과학기술 전문성이 어느 정도 필요하고, 따라서 상대적으로 과학기술자들의 참여가 활발한 영역이기 때문이다. 4절은 반공해운동과 환경운동을 다룬다. 환경운동이 과학기술운동에 국한된다고 보기는 어렵다. 그러나 민주화 이전에 이미 과학기술 전문성을 내걸었던 민중운동이고 1990년대 이후에는 가장 저변이 넓은 시민운동으로 성장하여 생명공학 관련 제도화 등 과학기술 시민운동으로 이어지는 계기를 제공했기 때문에 그 기원으로서 살펴볼 가치가 있다. 5절은 환경운동보다 조금 늦게 과학기술(전공)자들이 기존의 과학기술 국가주의에 대한 대안을 모색한 활동을 다룬다. 이들은 반공해운동처럼 사회적으로 눈에 띄는 성과를 내지는 못했지만 사회운동 의제를 중심으로 과기노조와 같은 새로운 과학기술자 조직을 만들었다. 이들의 활동은 과학기술 관련 사회문제에 대한 대응의 첫 단계에 해당하고, 이들의 논의, 조직, 인물 중 상당수가 이후 과학기술 시민운동에 이어졌기 때문에 살펴볼 가치가 있다. 6절에서 다루는 GMO 표시제 도입은 환경 이외 분야에서 시민사회가 과학기술에 대한 규제를 시도한 첫 사례다. 이 사례는 2000년대 이후 나타날 과학기술 민주화운동의 전형과 한계를 동시에 보여준다.

3장은 2000년대 이후 과학기술 시민운동의 의제가 특히 연구개발 영역에서 제도화 되는 사례를 다룬다. 과학기술 연구개발의 규모가 급성장했고 사회적 영향과 중요성도 커지는 등 과학기술을 둘러싼 사회적 맥락이 달라졌다. 이 환경에서 과학기술 국가주의와 기술관료주의는 어떤 모습으로 변화했는지, 성장한 과학기술 시민단체와 새로운 요구를 가진 과학기술자사회는 이에 어떻게 대응했는지를 살펴본다. 과학기술에 대한 시민사회의 요구를 제도화 사례는 두 세력이 만나는 지점이다. 7절은 과학기술에 대한 시민사회의 참여와 통제를 원칙적으로 천명하는 내용이 〈과학기술기본법〉에 포함되는 과정을 다룬다. 8절은 복제 연구에서 촉발된 〈생명윤리법〉 제정 과정에서 과학기술 국가주의와 생명윤리 의제가 충돌하고 갈등한 모습을 그린다. 9절은 과학기술 국가주의 가치관에서는 전혀 고려되지 않았던 과학기술에서 성별의 문제와 여성 인력의 진출 같은 의제가 과학기술 분야에서 제도화된 사례로서 여성과학기술인 지원정책의 전개 과정을 다룬다. 다만 제도화 단계에서 과학기술에서 젠더 평등보다는 국가경쟁력을 위한 과학기술인력 활용이 부각되었다는 한계를 분명히 할 것이다. 10절은 형식적 제도화를 넘어 과학기술정책 결정 과정에 시민사회가 직접 참여하려는 시도에 관해 다룬다. 기술영향평가, 합의회의, 주민투표, 공론화 등 여러 방식이 논의된 바 있고 실험 수준에서 시도된 바 있다. 이 절에서 다루는 방사성 폐기물 처분장 건설 과정은 이러한 정책 결정에서 처음으로 주민투표 방식을 도입한 사례다. 이후 원자력

발전 관련 의사결정에서 공론화 같은 시민 참여 방식이 거론되고 실험되는 계기가 되었다. 3장의 각 절에서 다루는 사례들은 시간이 지나면서 과학기술에 대한 시민사회의 참여와 규제 정도가 점점 구체적이고 직접적인 방식으로 바뀌어왔음을 보여준다. 그리고 그 과정에서 강력하게 형성되었던 과학기술 국가주의와 기술관료주의가 어떻게 대응하고 변화했는지도 보여준다.

科學朝鮮

創刊號

＝＝目　次＝＝

發明學會出版部編輯

1장

과학기술
국가주의
형성

한국의 과학기술 담론은 서구 과학기술 전파, 식민지 경험, 한국전쟁, 분단과 체제경쟁의 영향이 복합적으로 반영된 결과로서 과학기술 국가주의다. 국가발전을 위해서는 과학기술발전이 필요하고 중요하다는 인식은 개화기부터 있었다. 다만 국가발전이 구체적으로 무엇을 뜻하는 지는 시기마다 달랐다. 1960년대 이후에는 산업화와 경제발전이 국가발전의 핵심 내용이 되었고 경제에서의 성과를 바탕으로 과학기술 국가주의는 강한 사회적 기반을 가지게 되었다.

과학기술 국가주의에서는 정부, 즉 기술관료가 주도적인 역할을 하는 주체다. 과학기술자는 중요한 과학기술의 주체이지만 기술관료가 주도하는 사회에서 그들의 역할은 현장의 실천으로 제한되었다. 그 결과 한국 과학기술자사회는 기획, 자원 배분과 관련된 의사결정, 엘리트 지식인으로서 사회적 위상과 존재감 대신 국가발전에 기여하는 존재로서의 자부심과 그에 따른 사회경제적 보상을 특징으로 하는 전문가 집단이 되었다.

그런데 1990년대를 지나면서 한국의 정치, 경제, 사회 문화적 환경은 과학기술 국가주의가 형성되던 때와 비교해 많은 변화를 겪었다. 1980년대 이후 과학기술자 수가 급증하고, 국가 경제에서 기업의 역할이 커지고, 외환위기 이후 노동유연성이 커졌다. 그 결과 과학기술 국가주의에 기초한 과학기술자의 사회적 기대와 그들의 현실 사이에 간극이 생겼다. 2000년대 초반의 이공계 기피 논쟁에서 제기된 문제들은 이 간극을 잘 보여주었으나 사회적 대응 방안을 보면 과학기술 국가주의의 영향이 여전함을 볼 수 있다.

과학조선 건설에서 과학입국까지

근대 이후 모든 사회는 각각의 역사적 경험과 맥락에 따라 형성된 과학 기술관을 가지고 있다. 과학혁명과 산업혁명을 거치면서 과학기술은 보편성을 얻었다. 또한 과학기술은 인류 문명을 위한 지적 자산이자 동시에 경제, 국방, 환경 등 사회 모든 영역의 발전을 위해 동원될 수 있는 중요한 자산이다. 이러한 공통점에도 불구하고 근대국가들은 국가와 과학기술의 관계에 대한 비전, 가치, 제도화 등에서 인식의 차이를 보인다. 각 사회의 역사적 경험이 과학기술의 사회적 인식 형성에 영향을 주었기 때문이다. 예를 들어, 사회가 성공을 거두었을 때 가졌던 특정한 인식은 그 성공과 연관 관계가 있는 것으로 설득될 수 있다. 각 사회는 이와 같은 경험을 통해 사회적으로 형성되고 강화되는 고유한 형태의 "과학기술에 대한 사회적 상상"을 가지고 있다.[1]

한국 사회의 과학기술에 대한 사회적 상상을 한마디로 보여주는 구호는 '과학입국(科學立國)'이다. 과학이 나라를 세운다, 또는 과학을 이용해 나라를 세운다는 뜻이다. 같은 뜻을 가진 더 고전적인 표현으로 부국강병이 있다. 과학입국 구호는 1970년대에 널리 사용되었다. 이 구호는 과학과 기술을 어떻게 보는가, 어떤 부분에 더 강조점을 두는가, 최종 목표를 무엇으로 잡을 것인가, 그 목표를 어떻게 달성할 것인가에 따라 과학입국 외에 기술입국, 과학기술입국 등으로 변형되었다. 남북의 군사긴장이 높을 때에는 군사력 강화가, 산업화 시기에는 기술 자립이, 선진국 기술 모방에서 벗어나고자 했을 때에는 기술경쟁력과 첨단기술 개발이 '과학'의 함의였다. 황우석 사태는 노벨상으로 상징되는 국가의 명예와 세계적인 인정이 과학의 함의에 더해졌음을 보여주었다.

이 인식의 변치 않는 핵심 아이디어는 과학기술을 통한 부국강병이며 다음과 같은 가정을 전제로 한다. 첫째, 강한 경제와 군사력은 민족과 국가의 생존 조건이자 목표다. 둘째, 과학기술은 산업과 경제발전을 위한 실질적인 수단이다. 셋째, 과학기술은 가치중립적인 전문가의 영역이다. 넷째, 국가는 과학기술발전을 위한 자원 배분과 제도 개선에 힘을 기울여야 한다. 그러므로 정부는 과학기술발전에 우선순위를 두어 자원을 배분하고, 장기 지원 계획을 세워야 하고, 과학기술 이외의 요소가 과학기술의 '발목을 잡는' 일이 생기지 않도록 해야 한다. 그 결과 국가와 국민은 세계 질서 속에서 존재감, 위상, 권력을 가지게 된다. 과학기술 국가주의, 발전민족주의 등의 개념은 과학기술에 대한 한국 사회의 인식을 나타내기 위해 선택되었다.[2]

개발독재는 박정희 집권 시기의 특징을 압축적으로 나타내는 말이다. 개발과 독재 중 어디에 방점을 찍는가는 박정희 대통령에 대한 평가의 기본 방향을 결정한다고 해도 과언이 아니다. '과학대통령'으로서 그의 이미지는 개발을 중심으로 만들어졌다. 그가 집권했던 기간의 경제성장은 과학대통령으로서 그의 성공이고 과학입국이라는 인식의 가치를 증명한 것으로 여겨졌다. 또한 대통령과 기술관료들이 과학기술과 관련한 수

많은 의사결정 권한을 독점적으로 행사한 것은 국가의 주도적 역할 또는 리더십의 성공으로 보였다. 최근에는 이와 관련해 다양한 재평가와 재해석이 시도되고 있다.[3]

동시에 산업과 경제의 양적 성장을 과학기술의 성과로 받아들이도록 만든 사회문화적 인식, 즉 과학기술 국가주의 인식이 형성되었다. 박정희 정부는 개발독재를 정당화하고 사회의 비판을 잠재우기 위해 새마을운동과 같은 위로부터의 사회계몽운동을 조직하고 민관 기관을 통해 국민들을 동원했다. 과학기술과 관련해서는 '전국민 과학화'를 내세워 비슷한 일을 했다. 전국민 과학화 활동을 위한 문화 공간과 상징을 만들고 미디어와 과학기술자들과 국민들을 동원했다.

부국강병을 위한 과학기술이라는 인식 자체는 1970년대에 새롭게 등장한 것이라고 보기 어렵다. 서구의 과학기술을 받아들여 서구 열강과 일본에 대항할 수 있는 힘을 키워야 한다는 생각은 구한말부터 있었다. 오랑캐의 과학기술을 수용하기 위해 타협적으로 내세운 동도서기(東道西器)나 일제강점기에 과학운동 진영에서 내건 과학조선 건설이 그 예다.[4] 박정희 정부의 과학기술 국가주의 인식은 이러한 역사적 경험과 관련 있으면서 동시에 새로운 발명품이기도 하다. 무엇이 연속적이고 무엇이 새로운 것인지, 그리고 그 결과는 한국 사회에서 과학기술의 전개에 어떻게 영향을 주었는지 살펴보자.[5]

1. 과학기술 국가주의의 기원

일제강점기 초기에 식민지 조선에서 과학을 전문으로 공부한 사람은 드물었지만 일본에 대항할 힘을 기르기 위해서 과학이 중요하다는 인식은 있었다. 다만 이같은 인식은 구체적인 내용을 담고 있다기보다는 인상에 더 가까웠다. 과학을 제대로 공부할 기회가 거의 없었던 조선에서 과학이 무엇인지, 과학이 어떻게 힘을 길러줄 수 있는지에 대해 잘 알기 어려웠다. 다만 그것이 새로운 사회 또는 힘 있는 사회로 나아가는 길이라고 생각하는 사람들이 생겨났다. 1917년에 발표된 이광수의 소설, 『무정』에는 이러한 상황을 엿볼 수 있는 구절들이 나온다.

> "과학(科學)! 과학!" 하고 형식은 여관에 돌아와 앉아서 혼자 부르짖었다. 세 처녀는 형식을 본다. "조선 사람에게 무엇보다 먼저 과학(科學)을 주어야겠지요. 지식을 주어야겠어요" 하고 주먹을 불끈 쥐며 자리에서 일어나 방 안으로 거닌다. "여러분은 오늘 그 광경을 보고 어떻게 생각하십니까?" 이 말에 세 사람은 어떻게 대답할 줄을 몰랐다. 한참 있다가 병옥이가, "…불쌍하게 생각했지요" 하고 웃으며 "그렇지 않아요?" 한다. 오늘 같이 활동하는 동안에 훨씬 친하여졌다.
> "그렇지요. 불쌍하지요! 그러면 그 원인이 어디 있을까요?"
> "무론 문명이 없는 데 있겠지요… 생활하여 갈 힘이 없는 데 있겠지요"

이이서 주인공들은 장차 무엇으로 조선 사람을 구제할 것인지에 대한 자신들의 소망을 서로 밝히는데 작가는 다음과 같이 묘사했다.

> "나는 교육가가 될랍니다. 그리고 전문으로는 생물학(生物學)을 연구할랍니다."
> 그러나 듣는 사람 중에는 생물학의 뜻을 아는 자가 없었다. 이렇게 말하는 형식도 무릇 생물학이란 참 뜻을 알지 못하였다. 다만 자연과학

(自然科學)을 중히 여기는 사상과 생물학이 가장 자기의 성미에 맞을 듯 하여 그렇게 작정한 것이다. 생물학이 무엇인지도 모르면서 새 문명을 건설하겠다고 자담하는 그네의 신세도 불쌍하고 그네를 믿는 시대도 불쌍하다. (이광수, 『무정』, 1917, 강조는 필자.)

그러나 1920년대 이후 극소수지만 과학기술 전문가들이 나타나기 시작했다. 3·1만세운동은 힘을 길러야 한다는 의식을 조선 사람들에게 심었다. 그 수단으로 과학을 선택한 이들은 크게 두 부류로 구분된다. 한 부류는 유학을 통해 전문성을 얻은 과학기술자들이었다. 1943년 경성제국대학 이공학부가 설치되기 이전에 조선인은 대학 수준의 고등교육을 받지 못하고 전문학교 교육만 허용되었다. 그래서 제대로 과학을 공부하려는 사람들은 유학을 선택할 수밖에 없었다. 생물학을 전문으로 공부하겠다던 『무정』의 주인공 형식이 미국 시카고 대학에 유학 가는 것으로 묘사되었다. 1920년대 이후 자비 유학생이 증가했다. 다만 『무정』의 주인공들과 달리 유학생들의 대다수는 일본을 선택했다. 법학, 문학 일색이던 이전과 달리 3·1만세운동 이후에는 자강의 필요성에 눈뜬 사람들이 과학, 공학, 농학 분야를 선택하는 경우가 증가했다. 해방 직후 유학생 출신들은 한국 과학기술 전문가 집단의 중추를 이루었다. 다른 한 부류는 전문학교 수준의 교육을 받고 과학기술 현장에 뛰어들어 전문성을 쌓은 과학기술자들이었다. 이들은 각자의 분야에서 학회, 협회의 형태로 조직화를 시도하여 사회적인 존재감을 얻었다. 어떤 경로를 통해서든 과학기술에 전문성을 가진 이들은 식민지 조선의 좁은 지식인 사회에서 서로 교류했을 뿐 아니라 다른 분야의 지식인 집단과도 교류했다.

이들은 과학기술을 통한 공업화와 민족의 자강을 꿈꾸었다. 이들은 『무정』의 주인공 형식과 달랐다. 형식은 생물학의 참뜻은 모르지만 힘없는 조선 사람에게 과학을 주어 새 문명을 건설하겠다고 했다. 그러나 이들은 과학기술이 무엇인지 알았고 조선 사람들에게 과학을 주기 위해 적극적으로 움직였다. 그 결과 1930년대에는 이전까지 산발적으로 이루어지던 과학계몽운동이 하나의 통합된 조직을 중심으로 하는 체계적이고 대중적인 방식의 전국적인 계몽운동으로 성장했다.

일제강점기에 일반적인 의미의 계몽운동, 또는 문화운동에서 과학기술과 관련된 움직임은 1920년대의 민족 공업을 주장하는 운동이었다. 아직 과학기술 분야 유학이 본격화되기 이전, 조선의 공업계는 경성고등공업학교(이하 경성고공)와 공업전습소 출신 인물들이 주축을 이루었다. 이들은 1920년대 초에 근대적 민족 공업의 필요성을 주창하고 이에 직접 기여하기 위한 조직활동을 벌였다. 1920년에 창립된 공우구락부(工友俱樂部)와 1924년에 창립된 발명학회(發明學會)가 그것이다. 두 단체는 민족 공업의 중요성을 주장했고 기술 전문성을 통해 스스로 이에 기여하기를 표방했다. 두 단체는 공통으로 발명, 기술교육을 강조하고 연구소나 시험소같이 공업 발전을 위해 필요한 인프라의 필요성을 주장했다. 그러나 두 단체 모두 과학기술을 통한 민족 공업 발전이라는 인식을 확인했을 뿐 이를 구현하기 위한 자원, 회원들의 참여, 자금 등을 확보하지 못했다. 공우구락부의 활동은 오래가지 못했고, 발명학회는 존속했으나 1932년에 재건을 논의해야 할 수준으로 명맥만 유지되었다.[6]

1930년대 과학운동은 발명학회의 재건과 민족 공업을 실질적으로 구현할 기반을 확보하기 위한 노력에서 시작되었다. 김용관은 두 운동의 연결 지점에서 가장 두드러진 역할을 했다. 경성고공 졸업생인 김용관은 공우구락부에 관여했고 발명학회 창립에 주도적인 역할을 했다. 발명학회가 1920년대에 미약하게나마 명맥을 유지한 것은 김용관의 개인 활동 덕분이었다. 공업화 진전, 조선인 산업가 성장, 유학 출신 과학자들의 귀국과 국내 과학기술자들의 증가 등을 바탕으로 1930년대 초 발명학회 재건 움직임이 생겼다. 발명학회 재건 시기에도 여전히 발명학회가 내세우는 민족 공업을 위한 기반을 마련할 현실적인 수단은 없었다. 김용관을 비롯한 발명학회 재건 주도자들은 사회 명사들이 폭넓게 참여하는 방식으로 조직을 개편하고 대중들에게 과학기술의 중요성을 알리는 활동으로 전환했다.

그 결과 1930년대 계몽운동의 성격을 띤 과학운동이 체계를 갖추었다. 김용관을 비롯한 과학기술자들 외에도 각계 사회 지도자들이 이 운동에 참여했고 나중에 과학지식보급회 결성을 추진할 출발점이 되었다. 이들이 추진한 과학운동은 과학계몽의 아이디어를 전파할 매체와 스피커를 확보하여 상시적인 대중 접촉이 가능하도록 했다. 그리고 일반 대중과 더 폭넓은 접촉을 위해서, 그리고 대중의 관심과 참여를 독려하기 위해 대규모 대중 행사를 기획했다. 4월 19일로 정한 과학데이가 포함된 주간에 대중 행사를 집중하여 어린이, 주부에 이르기까지 모든 대중의 이목을 끌고, 이를 통해 대중에게 과학의 중요성을 강조하고 과학을 통해 민족의 발전을 이룰 수 있다는 주장을 확산했다.[7]

과학데이를 전후한 과학주간에는 자동차 행렬같이 대중이 관심을 가질 만한 이벤트, 대중들이 과학기술 문물을 체험할 기회, 강연 등의 지식 전수 활동 등 다양한 행사가 진행되었다. 과학기술 문물 체험을 위해서는 공장이나 과학기관 견학이 조직되었고 과학박물관에서 영화가 상영되었다. 과학 계몽을 위한 현장 강연, 라디오 연설 등의 행사는 전국에서 개최되었다. 사실 이러한 형식 자체는 1920년대 이후 문화운동에서 많이 활용되었으므로 새로울 것이 없었다. 예를 들어, 방정환 등이 주도한 어린이 관련 대중운동이 이미 비슷한 방식으로 이루어졌다. 어린이 운동의 주장을 담은 잡지 『어린이』가 발간되었고 5월 1일을 어린이날로 정해

〈그림 1〉 1933년 과학데이 포스터. (출처: 서울SF아카이브)

기념식, 선전지 배포, 시가행진, 축하회 등이 전국에 걸쳐 시행되었다. 당
시 가장 대중적이었던 매체인 신문에 포스터 광고를 했고 1925년부터 어
린이날 노래를 만들어 기념식 등에서 함께 부르면서 문화적인 공감대를
만들었다.[8] 그러나 이러한 문화운동 방식이 과학기술의 영역에서 처음으
로 시도되었다는 점과 참여 규모가 꽤 커서 사회적으로 눈에 띄는 운동
이었다는 점에서 의의가 있다. 과학지식보급회의 자체 평가에 따르면 제1
회 과학데이 강연회 참석자가 800~900명, 견학단 100여 명, 활동사진회
(영화상영회) 입장객이 약 9,000명이었다. 또한 전국의 약 43만여 가구가
신문, 라디오를 통해 이 행사의 취지를 접했다. 이같은 당대의 평가가 과
장되었을 가능성을 감안해도 첫 행사에 상당히 많은 인원이 참여했음을
알 수 있다(〈그림 1 참조).[9]

　과학운동의 비전은 "과학조선 건설"이고 핵심 구호는 "생활의 과학화,
과학의 생활화"였다. 과학 행사가 이 운동의 존재감을 사회에 인식시키
고 대중의 즉각적인 관심을 촉발하기 위한 것이었다면, 과학운동의 담론

〈그림 2〉 『과학조선』 창간호 표지. (출처: 국가문화유산포털)

을 지속적으로 전개하는 수단은 신문, 잡지 등을 통한 저술 활동이었다. 특히 1933년 6월 창간된 『과학조선』은 과학운동의 중심 매체였다. 발명학회의 이전 주장들과 『과학조선』에 드러난 과학운동의 취지를 정리해보면 다음과 같다. 과학조선이 그리는 사회는 미신에서 벗어나 근대화된 사회, 공업화된 사회, 그리하여 민중이 힘을 가진 사회다. 그리고 과학조선을 건설하기 위해서 대중들은 생활 방법을 과학적으로 개선하고, 사회문화운동의 기초를 과학으로 쌓아올리는 생활의 과학화, 과학의 생활화를 실천해야 한다고 주장했다. 당시 만들어진 '과학의 노래'는 이를 압축적으로 보여준다(〈그림 2〉 참조).

1. 새못되야 저하늘 날지못하노라 그옛날에 우리는 탄식햇으나 프로펠라 요란히 도는 오늘날 우리들은 맘대로 하늘을 나네
2. 적은몸에 공간은 넘우도널고 이목숨에 시간은 끗업다하나 동서남북 상하를 전파가 돌며 새기별을 낫낫이 알녀주거니

3. 두다리라 부시라 헛된 미신을 이날와서 그뉘가 미들것이랴 아름답
은 과학의 새론탐구에 볼지어다 세계는 맑아지거니

[후럼] 과학과학 네 힘의 높고 큼이여 간데마다 진리를 캐고야마네[10]

대중 행사에서는 덜 강조되었지만 발명가를 위한 연구기관의 설립이
필요하고, 과학자에 대한 대중의 태도가 당시의 냉정함에서 벗어나 그들
의 활동을 지원하고 생활 안정을 보장해주어야 한다는 주장이 등장했
다.[11] 당시에는 과학조선의 비전을 실현할 현실의 주체와 수단이 없었기
때문에 이는 주장에 머물렀고, 과학운동은 아래로부터 민중의 자각과 개
인들의 역량에 기대는 대중운동 중심이었다. 그러나 과학기술 활동과 과
학기술자들을 지원해야 한다는 과학운동의 주장은 해방 후 새로운 사회
건설이라는 다른 맥락에서 다시 등장했다.

2. "과학조선 건설" 담론의 부활

1930년대의 과학조선 건설 담론은 해방 후 국가 건설의 시기에 사회에
구현될 수 있는 새로운 계기를 맞았다. 적어도 과학운동을 이끌었던 과
학지식보급회의 과학기술계 인사들과 해방 후 유학에서 돌아온 과학기술
자들은 그렇게 생각했다. 이들은 과학기술이 곧 산업과 경제발전, 신국가
건설의 기초이고, 과학기술을 통해 실현할 수 있다고 주장했다. 내용은
1930년대의 과학조선 건설 담론과 크게 다르지 않았다. 다만 이들은 더
이상 대중을 상대로 하는 계몽운동에 머무르지 않고 구체적인 실천 방
안을 만들어서 새로 세워질 국가와 정부에 제안하기에 이르렀다. 이들은
"과학존중, 기술건국"으로, 과학조선 건설 담론을 새롭게 쓰고 실천 전략

을 제시했다. 그중 과학교육에 관한 내용은 1947년 미군정의 경세, 교육 정책의 이해와 통하는 면이 있어서 반영되었다. 그러나 계몽과 교육을 넘어서는 수준의 과학기술발전을 위한 제도와 지원 방안은 당시에는 구현되지 못했다.[12]

해방 후 과학기술자들은 그들의 경험과 이념에 따라 새로운 국가 건설을 위한 과학기술의 역할에 대해 다양한 목소리를 냈다. 일본 제국주의를 경험한 과학기술자들은 국공립 시험연구기관을 재정립하고 정부가 이를 일원화하여 관리하고 운영하는 행정 제도의 필요성을 제기했다. 대표적 인물로 서울대 문리대 학장 이태규와 중앙공업연구소장 안동혁을 들 수 있다. 이들은 과학존중, 기술건국을 내세웠다. 이들은 이태규를 통해 미군정의 조선교육심의회에 과학, 실업교육체제를 정비하고 확대할 것과 문교부, 상무부와 대등한 과학기술부를 설립하여 과학행정을 일원화하고 과학기술 관련 최고 의사결정기구로 과학심의회를 만들 것을 제안했다. 이 제안은 일본의 과학행정 체제를 모델로 했다. 과학기술부 조직에는 기술행정, 특허 관리, 연구 지원, 과학박물관과 기술자 양성 등 기술교육을 포함한 과학진흥을 담당할 조직을 각각 두도록 했다.[13]

한편 소련식 사회주의에 영향을 받은 일부 과학기술자들은 보다 중앙 집중 방식의 계획에 의한 과학기술 제도를 주장했다. 예를 들어, 경성대학 이공학부 교수 김봉집은 과학기술 재건을 위해 과학기술을 자유방임으로 두지 말고 중앙기구가 계획을 세우고 그에 따라 인력을 양성하고 배치하는 과학기술 계획론을 주장했다.[14]

경험과 이데올로기의 차이에도 불구하고 이러한 주장들은 과학조선 건설의 담론과 맥을 같이한다. 즉, 새로운 국가 건설에서 산업과 경제발전이 시급하고 이를 위해서는 과학기술을 발전시켜야 한다는 것이다. 1930년대 과학운동과 다른 점은 과학기술발전을 주도적으로 이끌어갈 주체가 정부 또는 국가라는 점을 분명히 하고 있다는 것이다. 대중들에게 생활의 과학화, 과학의 생활화를 계몽하는 것이 아니라 과학, 실업교육을 체계화하고 확대할 필요성을 강조했다. 또한 1930년대 과학운동에서는 실체가 없었던, 정부 또는 국가가 주도하여 종합적이고 제도적으로 과학기술을 발전시켜야 한다고 주장했다. 과학기술자들은 세부 내용에서는 목소리가 달랐지만 적어도 국가가 전체 과학기술을 통제하고 관리하고 지원할 필요성에는 모두 공감했다.

그러나 현실에서 이들의 주장은 구현되기 어려웠다. 미군정의 정책 방향, 이데올로기 대립, 곧이어 발발한 전쟁과 복구의 맥락 속에서 과학기술발전을 위한 자원을 확보할 수 없었기 때문이다. 그 결과 제기된 과제 중 극히 일부만 구현될 수 있었다. 원조에 중점을 두었던 미군정은 기술인력 수요가 없을 것이라고 전망하고 비용 문제를 들어 한국에서 실업교육 확대에 부정적이었다. 그러나 미군정의 정책이 재건으로 전환된 뒤 1948년 11월 대통령령 제22호에 의해 문교부 직제가 개편되었다. 직업교육을 담당할 부서로 과학교육국(1951년에 기술교육국으로 변경)이 설치되었고 물리학자 최규남이 초대 과학교육국장, 물리학자 박철재가 초대 과학교육부국장으로 임명되었다. 이들은 기술교육 확대를 위한 실무 외에도 과학기술자사회의 제안을 받아들여 구현하려고 노력했다. 예를 들어, 최규남은 독자적인 과학기술정책을 담당할 과학기술원 설립을 시도했으나 실패했다.[15] 1950년대에도 과학기술자들은 여전히 국가발전을 위해 과학기술을 지원할 제도를 구축할 것을 요청했다. 과학기술자들은 1959년 과학기술진흥협의회를 만들고 '과학기술진흥'을 위해 〈과학기술진흥법〉 제정, 과학기술센터 건립 등을 제안했다. 그러나 이전의 여러 시도와 마찬가지로 실현되지 못했다.

이처럼 일제강점기에 형성된 과학조선 건설 담론은 해방 후 대한민국

건국 과정에서 과학존중, 기술건국의 형태로 다시 등장했다. 국가 건설을 위한 정치질서와 행정제도를 만들고 권력과 자원을 배분하는 과정에서 과학기술자들은 과학기술을 근간으로 산업, 경제발전을 이룩한다는 주장을 펼쳤다. 1930년대의 과학운동과 달리 실재하는 국가의 미래 비전으로서 과학기술을 근간으로 하는 발전된 국가를 내세웠다. 그러나 과학계몽을 위한 대중운동이 초중등학교의 과학교육과 실업교육의 제도화로 구현된 것을 제외하면 과학존중에 포함된 과학기술자에 대한 사회적 인정이나 과학기술 행정제도 확립은 실현되지 못했다. 전후 복구와 재건이라는 시급한 국가의 과제 앞에서 과학기술발전의 필요성은 인정되었을지 모르지만 이를 위한 자원 배분은 어려웠던 것이다.

3. 과학기술 국가주의의 내재화

1960년대는 한국 사회에서 처음으로 성장 속도와 규모가 눈에 보일 만큼 급속한 산업화와 경제성장을 경험한 시기였다. 제1차, 제2차 경제개발 5개년 계획 기간에 1인당 국민소득은 1960년의 890달러에서 1969년에는 1,568달러로 증가했다. 수출 중심의 산업화 추진으로 수출은 1961년 4천만 달러에서 1969년 6억2천만 달러, 그리고 1972년에는 16억2천만 달러로 증가했다.[16]

또한 1966-1967년 사이에 한국에 현대적 과학기술체제가 성립되었다. 이 시기를 상징하는 두 개의 사건은 한국과학기술연구소(KIST)의 설립과 과학기술처의 설치였다. 국가가 지원하고 운영하는 과학기술 연구소와 과학기술 행정 전담부서, 이 두 가지를 실현하기 위해 과학기술자들은 해방 직후부터 많은 노력을 기울였다. 먼저 KIST는 한국에서 번듯하게 설비를 갖추고 제대로 된 연구를 할 수 있는 첫 번째 연구소였다. 이전의 연구기관으로는 국방연구소를 제외하면 원자력연구소가 거의 전부였다. 미국의 지원과 협조에 힘입어 설립된 원자력연구소는 실제로는 원자로를 이용한 일부 연구 외에 연구활동에 필요한 인력, 자금, 장비 등 모든 면에서 부족했다. 특히 KIST는 해외의 한국인 과학기술자를 유치하여 파격적으로 대우했다. 과학기술자들이 오랫동안 꿈꾸어왔던, 연구개발을 위한 환경이 비로소 실현된 것이다. 그러나 이는 KIST에 국한된 것이었을 뿐 과학기술자들의 연구활동 전반의 상황은 별로 나아지지 않았다.[17]

또한 과학기술처가 설립됨으로써 과학기술 분야의 행정과 정책은 독자성을 띠고 체계적으로 추진될 기반이 마련되었다. 과학기술 진흥을 목적으로 하는 독자 법률로서 〈과학기술진흥법〉이 제정되었고 이 법에 따라 과학기술 진흥을 위한 기본 정책과 계획을 수립하고 이를 시행할 전담기구로 과학기술처가 설치되었다. 〈과학기술진흥법〉에 따라 과학기술 진흥을 위한 장기 계획도 수립되었다. 예를 들어, 1969년에 확정된 '과학기술개발 장기종합계획(안)'은 1980년대까지 우리나라 과학기술이 자주적으로 발전하여 중진 공업국가들 중에서 최상위 수준에 도달할 것을 목표로 했다. 이 계획은 실현 가능성을 생각하지 않고 목표를 너무 높게 설정했다는 비판을 받기도 했다. 그러나 이 계획은 경제개발계획과 연동되는 하부 영역으로서 과학기술발전이 아니라 과학기술을 중심으로 기획되었다는 점, 기술교육국에 이어 과학기술자들이 장관에 임명됨으로써 과학기술관료(테크노크라트) 집단 형성의 출발이 되었다는 점을 주목할 만하다.

당시 언론에서 '과학기술 붐'이라고 불렀을 정도로 전에 없던 과학기술 진흥 분위기가 생겼지만 실제로 일어난 일은 과학기술자들의 기대에 미치지 못했다. 오랫동안 주창했던 과학조선 건설이나 과학존중, 기술건국 담론에 바탕한 여러 요구들이 사실상 실현되지 않았기 때문이다. 과학기술처는 과학기술행정 전담기구로서의 위상에 비해 자원과 권한이 제한적이었다. 특히 설립 이후 몇 년간은 KIST 운영을 제외하면 예산 확보의 어려움 때문에 이렇다 할 과학기술 진흥 방안을 추진하지 못했다. 따라서 과학기술 행정체제, 연구개발 수행체제, 기타 과학기술 관련 기구로 과학기술체제가 구성된다고 본다면 이 시기에 한국의 현대적 과학기술체제가 형성되었다는 평가는 타당한 측면이 있다. 그러나 이 체제가 실질적으로 작동하기 위한 재정적, 사회적, 정치적 자원과 인식은 충분하지 않았다.[18]

이러한 상황에 대한 정부, 과학기술자, 대중의 대응은 1970년대에 대대적으로 벌어진 전국민 과학화운동에서 잘 드러난다. 전국민 과학화운동은 1973년 1월 대통령 연두기자회견에서 중화학공업화 선언과 함께 제안되었다. 이 연설에 따르면 "모든 사람들이 과학기술을 배우고 익히고 개발해야… 국력이 급속히 늘어날 수 있고… 과학기술 발달 없이는 절대 선진국가가 될 수 없고… 80년대에 100억 달러 수출 목표를 달성하기 위해서… 범국민적인 총력을 집중해야" 했다. 전국민 과학화운동은 국가의 경제 목표를 달성하기 위해 범국민적인 과학기술 개발에 총력을 집중해야 하고, 이를 위해 남녀노소 할 것 없이 전부 기술을 배우고 익히자는 운동이었다. 전국민 과학화운동의 배경에는 한편으로는 유신체제의 시작과 함께 발생한 정치 불안정이 있었고 다른 한편에서는 중화학공업화를 필두로 경제성장에 자원을 집중하려는 정책이 있었다. 전국민 과학화는 경제발전에서 과학기술의 중요성을 모든 국민에게 각인시키고 과학기술을 통해 사회문제에 대응하려는 시도였다. 공무원, 과학교사, 학생, 농민과 도시 노동자들은 정부와 관공서가 주도한 전국민 과학화운동에 참여하도록 요구받았고 과학기술자들도 새마을봉사단 사업을 통해 대거 참여했다. 경제와 산업과의 연관 속에서만 과학기술을 강조하는 전국민 과

학화운동은 유신 독재에 대한 사회 비판이 높아가던 시기에 탈정치화된 경제적 동원 기제로 활용되었다.[19]

전국민 과학화운동의 내용은 새롭게 기획된 것이라기보다 과학기술과 경제, 국가발전에 대한 기존 주장과 활동을 새로운 사회 맥락에 맞게 변형된 것이었다. 사실 과학기술처 설립 직후에 발표된 제2차 과학기술진흥 5개년 계획은 4대 기본목표를 기술개발 극대화, 연구활동 촉진, 선진 과학기술지식 도입, 과학기술 풍토 조성으로 설정했다. 앞의 셋과 달리 마지막 목표인 과학기술 풍토 조성은 과학기술 진흥을 위해 필요한 제도, 사회문화 기반을 갖추는 것이었고, 이미 존재하던 과학기술자들의 담론이 정책에 반영된 형태였다. 예를 들어, 생활의 과학화, 과학하는 국민 같은 구호가 그대로 사용되었다. 다만 과학기술자들이 주도하는 아래로부터의 과학운동이 정부 사업에 반영되었다는 것이 달라진 점이다. 1971년 『과학기술연감』에 따르면 과학기술 풍토 조성 사업은 과학적 사고방식의 함양, 국민생활의 과학화, 과학기술의 진흥을 목적으로 하고 이를 위해 연구개발, 과학기술교육, 국민인식 고취 사업의 세 영역에서 세부 사업들을 포함했다. 특히 국민인식 고취 사업에서는 생활과학 아이디어 모집 보급, 과학기술 전람회, 과학기술문고 발간, 과학영화 필름 라이브러리 설치 운영, 청소년 과학공작품 개발 보급, 미디어 활용 등이 기획되고 실시되었다.[20]

박정희 대통령의 선언 이후 본격화된 전국민 과학화의 실제 사업은 기존의 과학기술 풍토 조성 사업의 연속선상에 있었다. 다시 말해 일제강점기부터 이어졌던 과학운동의 여러 구호들에 새마을운동과 중화학공업화같이 변화된 사회 맥락을 반영한 일부 구호가 추가되었다. 먼저 전국민 과학화라는 이름 자체가 일제강점기의 과학운동의 구호, 생활의 과학화의 변형이었다. 그 밖에도 전국민 과학화운동에서는 과학한국 건설, 과학입국, 과학기술 풍토 조성, 전농민 기술자화, 미신타파, 생활의 과학화, 1

인1기(1人1技)교육 등의 용어가 사용되었다. 따라서 실제 전국민 과학화의 사업은 과학기술 풍토 조성을 위해 이미 진행 중이던 여러 사업들을 조직적이고 대규모로 추진했고, 모든 국민의 참여와 실천을 강조했다. 그러나 현장에서 전국민 과학화운동과 과학기술 풍토 조성 운동은 개념이나 사업 범주에서 명확히 구분되지 못했다.

전국민 과학화운동은 크게 과학기술자들과 그들의 사회 활동에 대한 지원과 과학기술 계몽운동의 두 축으로 이루어졌다. 과학기술자들과 관련된 내용은 다음 절에서 다루기로 하고 이 절에서는 일반 국민을 대상으로 과학기술을 알리기 위한 각종 행사들을 살펴본다. 1969년 과학기술처 개청일인 4월 21일을 과학의 날로 정함에 따라 과학의 날 행사가 다시 진행되었다. 일제강점기의 과학데이 행사가 대중들에게 과학을 알리려는 목적을 가졌던 것과 달리 과학의 날 행사는 과학기술자들의 결속력을 다지고 자신들의 존재감을 사회에 보여주려는 행사 중심으로 바뀌었다. 특히 전국민 과학화운동이 본격화된 이후에는 민간이 주최하는 행사임에도 불구하고 내용상으로는 정부 행사에 가까운 모습을 보였다.

대중운동과 관련해서는 기존 과학기술 풍토 조성 사업 외에 새로운 사업이 추가되었다. 그중에 주목할 만한 것은 과학 전시공간을 확충하고 과학교육과의 연계 활동을 시작한 것이다. 과학 전시 영역에서는 전국민 과학화 선언 직전인 1972년에 국립과학관(현재 국립어린이과학관) 본관이 개관되어 상설전시가 가능해졌다. 개관식에는 박정희 대통령이 참석했다.[21] 원자력, 화학, 생활과학 등의 전시물을 갖추고 새롭게 개관한 국립과학관은 대중의 관심을 끌기에 충분했고 전국민 과학화를 위한 대표적 문화공간으로서 상징성을 얻었다. 선언 직후인 1973년 2월에 박정희가 직접 쓴 "전국민의 과학화"가 새겨진 기념석은 이 운동의 존재를 박제했다. 1975년에는 주부 등 일반인을 대상으로 하는 생활과학전시실이 추가되었다.

〈그림 3〉 전국민의 과학화. (출처: 『창의재단60년』)

그리고 청소년, 일반인이 제작한 과학기술 관련 작품을 전시하는 기존의 전국과학전람회를 전국 규모로 확대했는데, 서울에서는 국립과학관에서 개최되었다. 이 대회는 유명무실한 행사였으나 전국민 과학화의 상징적인 행사로 떠오르면서 정부 인사가 대거 참여하는 정부 사업이 되었고 전국 순회 전시로 확대되었다(〈그림 3〉 참조).

흥미롭게도 이 순회전시는 지역에 국립과학관과 유사한 역할을 하는 기관을 설립할 정당성을 주었다. 당시 국립과학관을 제외하면 1971년에 문을 연 경상북도 학생과학관이 유일했는데, 1973년 11월 문교부는 전국민 과학화운동을 위한다는 명분으로 서울, 경북을 제외한 전 지역에 학생과학관 설립 계획을 세웠다. 이어 1974년 전라남도, 충청남도, 부산에 개관한 학생과학관을 시작으로 1976년 제주도 학생과학관이 문을 열 때까지 짧은 기간에 전국에 걸쳐 9개의 학생과학관이 집중적으로 설립되었다. 학생과학관은 전국 규모로 커진 전국과학전람회의 지역 예선을 주관하고, 소규모지만 전시실을 운영하고 과학영화를 상영하는 등 학생과 일반인들을 위한 과학 행사를 열었다. 뿐만 아니라 문교부 산하에 있었으므로 학교 과학교육을 보완 또는 지원하는 역할도 일부 담당하는 등 지역의 전국민 과학화운동의 거점 역할을 했다. 학생과학관들은 명시적인 전국민 과학화운동이 끝난 이후에도 전시, 대중을 위한 과학 행사, 각종 과학 관련 전국 규모 경진대회 등과 연결되어 그 흔적을 유지했다.[22]

1970년대 전국민 과학화운동은 이전의 과학운동의 비전 또는 과학기술자들이 내건 과학기술 미래 비전과 비교할 때 국가를 앞세운 정부의 역할이 가장 중요하게 부상했다는 점이 다르다. 이전의 과학운동은 선각자로서 과학기술자들이 주도하는 아래로부터의 사회운동이었다. 또한 이 미래 비전을 구현하는 과정에서 과학기술자들의 역할이 주도적인 것으로 제시되고 이들을 위한 사회의 정당한 지원, 지위, 처우가 요청되었다. 과학기술을 통한 산업발전을 강조하는 것은 이전과 같다. 그러나 1970년대의 전국민 과학화운동은 좀더 명시적으로 잘 사는 나라, 힘 있

科學立國
技術自立

一九七六年十月三日
大統領 朴正熙

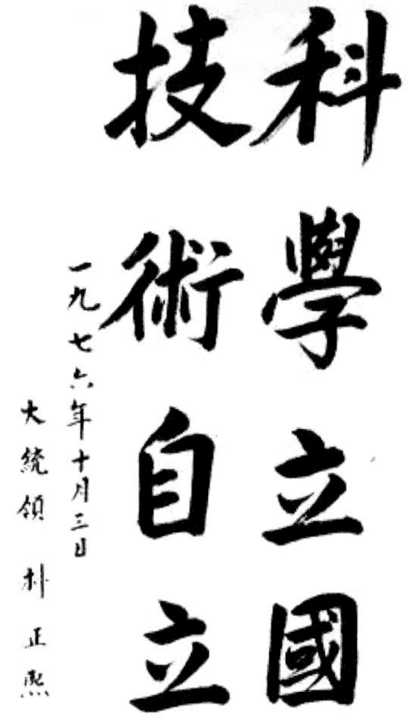

〈그림 4〉 과학입국, 기술자립. KIST 설립 10주년 기념 휘호.

는 나라, 과학한국의 비전을 제시하고 이것이 장기적으로는 평화통일을 기대할 정도로 군사력과 체제 우위를 가진 국가의 비전으로 연결했다. 1970년대 중반 중화학공업화와 경제성장의 진척에 고무된 박정희 대통령은 전국민 과학화운동의 비전을 과학입국과 기술자립으로 압축했다(〈그림 4〉 참조). 그 결과 전국민 과학화는 더 이상 과학기술자들의 자발적인 계몽운동, 또는 사회운동이 아니라 정부가 국가의 목표를 실현하기 위해 주도적으로 자원을 쏟아붓고 전 국민을 문화적으로 동원하는 방식으로 변화되었다. 1973년에 만들어진 '과학의 노래'를 1930년대에 만들어진 과학의 노래와 비교할 때 이러한 변화가 분명히 드러난다.

1. 과학하는 마음으로 능률있게 일하고 사람마다 손에 손에 한 가지씩 기술익혀 부지런한 하루하루 소복소복 부는 살림, 세상에 으뜸가는 복된 나라 이루세.

2. 과학하는 이치 찾아 새로운 것 발명하고 겨레의 슬기모아 산업 크게 일으켜서 천불 소득, 백억수출 무럭무럭 크는 국력, 세상에 으뜸가는 힘센 나라 이루세.

3. 과학하는 국민으로 기술가진 국민으로 살림살이 늘려가고 산업 크게 일으키면 나라의 힘 용솟음쳐 다가오는 평화통일, 세상에 으뜸가는 민족중흥[23] 이루세.[24]

(정진건 작사, 정세문 작곡)

이처럼 한국 사회의 과학기술 국가주의는 민간에서 과학기술자들이 자발적으로 시작한 과학조선 건설의 비전을 정부의 주도 아래 조직적이고 지속적인 대규모 사회운동으로 변환하면서 확고해졌다. 해방 후 주도적인 역할을 했던 정부 관료들은 개발독재와 유신체제라는 정치 상황에서 과학기술을 산업, 경제와 밀접하게 연결시켰고 국가발전의 중요한 수단이라는 인식을 확고히 했다. 전국민 과학화에는 과학기술자와 일반 대중이 여러 방식으로 참여 또는 동원되었지만 정치에 중립적인 과학기술이라는 인식 때문에 비정치적인 문화활동으로 간주될 수 있었다. 이러한 참여 또는 동원의 경험은 이 시기에 이루어진 산업발전과 경제성장의 결과와 결합되면서 과학입국이라는 과학기술 국가주의는 사회 구성원들의 의식과 제도 속에 체화되었다. 그러므로 전국민 과학화는 국가주의 과학기술과 이를 위한 정부 주도의 강력한 산업화를 사회문화적으로 정당화했다. 그리고 더 나아가 그 과업을 수행하는 정부의 시책을 정당화하는 정치적 효과를 거두었다.

과학기술 국가주의와
과학기술자사회

전국민 과학화는 동원된 계몽운동의 측면이 있음에도 불구하고 국민들이 정부가 내세운 과학입국의 아이디어가 실현된다는 믿음을 내면화하는 과정이었다. 다만 1930년대의 과학운동과 달리 주도적인 역할은 정부의 몫이 되었다. 과학기술자들은 전국민 과학화운동의 여러 사업에 참여하여 사회적 존재감을 키웠다. 또한 과학기술 국가주의가 확고하게 형성되는 과정에서 과학기술자들은 수적으로 성장했고 조직화되었고 국가발전을 위한 전문가 집단의 위상을 얻었다. 이러한 변화는 한국 과학기술자사회의 정체성과 특성을 이해하는 출발점이 될 수 있다. 왜냐하면 과학조선 건설의 꿈을 꾼 지는 오래되었지만 과학기술 고등교육, 연구개발 제도화, 산업 성장 등 과학기술자사회가 형성되는 실질적인 기반은 이 시기에 만들어졌기 때문이다.

그러나 막상 한국의 과학기술자사회는 어떤 특성을 가지고 있으며 어떻게 형성되었는지 살펴보려 할 때 한 가지 문제를 만난다. 사회적으로 통용되는 전문가로서 과학기술자가 존재함에도 불구하고 이들을 규정하는 것이 쉽지 않다. 무엇보다 과학기술이란 용어가 매우 포괄적이기 때문이다. 1930년대 과학운동에서 보았듯이 개화기 이후 오랜 기간 동안 과학은 서구의 의학, 자연과학, 공학, 공업기술과 생산품을 포괄적으로 가리키는 용어였다. 1930년대 '과학의 노래' 가사처럼 이 시기 과학은 인간이 캐낸 진리이고 하늘을 맘대로 날게 해주는 기계이고 새소식을 알려주는 통신이고 헛된 미신을 부수는 합리성이었다. 일본에서 유래한 용어, 과학기술은 일제강점기에 이미 과학과 혼용되었다.[25] 따라서 과학기술은 일제강점기의 과학처럼 매우 포괄적인 의미로 사용되었고 과학기술자 역시 마찬가지였다.

초기에 규모가 작았을 때 과학기술자사회는 구성원들의 전문 분야, 역할, 사회적 지위 같은 차이보다는 여론을 이끌어가는 지식인 또는 전문가 집단이라는 동질감이 부각되었다. 과학기술 국가주의가 확립되는 과정에서 과학기술자사회는 과학입국의 주체이자 산업역군으로서 위상을 얻었다. 과학기술이 중립적이라는 생각에 따라 그 주체인 과학기술자들은 사회문제에 중립적인, 즉 비정치적인 존재로, 국가발전을 위한 과학기술을 담당하는 과학기술자들은 국가발전의 일꾼으로 간주되었다. 경제성장에 따라 과학기술자들의 실제 활동 내용과 소속 기관이 다양해진 이후에도 산업화 시기에 만들어진 과학기술자의 상은 유지되었다.

한국 과학기술자사회의 특성에 관한 기존 연구는 어떤 단계의 과학기술자사회에 주목하는가에 따라 다루는 대상과 분석의 초점이 달랐다. 과학기술자사회의 초기 형성에 관한 연구들은 어떤 과학기술자들이 존재했고 그들은 어떤 활동을 했는지 찾아내는 데 관심을 두었다. 이 연구에서는 주로 교육훈련을 통한 전문성을 기준으로 국내외 고등교육 기관에서 자연과학, 공학, 농학, 의학 등을 교육받은 사람들을 발굴하고 교육훈련 과정을 통해 배출된 규모를 파악했다.[26] 1960년대 이후 과학기술자사회에 대한 연구는 주로 과학기술교육이나 과학기술인력 정책의 관점에서 세부 분야별 양적 성장을 다루었다. 이런 연구에서는 교육훈련 정도에 따라 과학기술자를 구분했는데, 점차 전공 분야를 이학과 공학 중심으로, 활동 특성을 연구개발 중심으로 좁히는 경향을 보였다.[27] 과학기술자 집단의 사회적 특성을 분석한 연구는 2000년대 이후에 주로 이루어졌는데, 조직화, 규범, 특정 과학기술 이슈에 대한 인식 등을 분석했다.[28]

기존 연구 성과를 활용하여 이 절에서는 과학기술 국가주의 담론이 형성되는 과정과 그것이 작동하는 사회에서 과학기술자사회가 어떤 모습으로 존재했는지 살펴볼 것이다. 과학기술자들은 과학기술 국가주의 담론의 기원을 제공했고, 해방 후에는 독자적 위상과 대표성을 가진 조직을 결성하고 과학기술체제의 형성과 관련된 여러 주장을 펼쳤다. 즉, 과학기술 담론을 상당히 긴 기간 동안 주도했다. 1970년대를 통해 과학기술 국가주의 담론이 강력하게 자리잡게 됨에 따라 과학기술자들은 국가발전을 위해 기여하는 집단이라는 사회적 인정과 위상을 얻었고 산업 고도성장 시기에 큰 규모로 성장했다. 그러나 그 반대급부로 실용적, 도구적 과학기술을 수행하는 비정치적 전문가라는 사회적 상이 굳어졌다. 이는 1960년대와 1970년대에 과학기술자사회와 정부가 각자의 목표 달성을 위해 서로 동원하고 협조하고 지원하고 타협한 결과였다. 이후 시기에 일반 대중은 물론 정부와 과학기술자사회 모두 이같은 인식을 내면화했는데 1980년대 이후 급성장한 과학기술 고등교육과 연구개발 투자 증가에 따라 이 내면화된 기대치는 어느 정도 실현되었다. 이 절에서는 과학기술 국가주의 담론 형성 과정에서 과학기술자들의 역할을 과학기술단체총연합회(이하 과총) 설립 전후, 과학기술처 설립 전후, 전국민 과학화운동 시기로 나누어 살펴볼 것이다.

1. 과학기술자의 조직화

조직화는 구성원들에게 정체성, 공동의 목표, 활동, 가치관을 공유하게 하고 구성원들의 주장에 대표성과 힘을 실어준다. 과학기술자들은 조직화를 통해 과학 활동을 효과적으로 수행하는 실용적인 이점과 조직활동을 통해 형성되는 사회적 존재감, 집단 정체성을 공유한다. 과학기술자의 자발적 조직은 크게 두 유형으로 나뉜다. 하나는 같은 분야에 종사하는 과학기술자의 교육훈련, 자격 인증같이 필요한 지원을 하는 전문직 협회 성격의 단체다. 다른 하나는 과학기술 연구활동을 효과적으로 조직하고 지원하는 일에 더 비중을 두는 학회 성격의 단체다.

일제강점기에 이미 과학기술자들은 여러 형태의 조직을 결성했다. 대표적으로 알려진 공업계 인사들이 주축이 된 공우구락부(1919)와 중앙공우회(中央工友會)(1919), 발명학회(1924)가 있었다. 공적인 전문직 단체는 대개 일본인이 과학기술을 주도했던 상황에서 조선인들만의 전문직 단체나 학회로는 조선의사협회(1930), 조선박물연구회(1933) 등이 있었다. 그 밖에 과학운동을 주도한 과학지식보급회(1934)는 과학기술자 외에도 많은 사회 명사 지식인이 참여했지만 과학기술 활동에 집중했다. 이러한 단체들은 대부분 당시 조선에서 소수였던 과학기술자들이 인맥을 형성하고 사회적 주장을 공유하고 과학기술 계몽 활동을 하는 기반이 되었다. 무엇보다 단체가 발간하는 기관지와 대외 활동을 통해 식민지 사회에서 조선인 과학기술자의 존재가 사회에 드러났다.[29]

해방 이후 한국전쟁까지의 짧은 기간 동안에는 다른 분야들처럼 과학기술계에서도 자발적인 조직화가 폭발적으로 일어났다. 학술단체도 있었고 이념 성향을 강하게 드러내는 단체도 있었다. 특히 해방공간에서 새 국가 건설과 과학기술의 역할을 둘러싼 이념적 주장들이 제각기 사회의 지지를 얻기 위해 경쟁했다. 조선학술원(1945)은 당시 주요 과학기술자들이 모두 참여한 조직으로서 산하에 이학부, 공학부, 농림학부, 기술총본부 등을 두었다. 조선공업기술연맹(1945)은 현장의 공업기술자들이 공업정책 수립과 관련된 건의와 자문을 하고 기술자 양성을 목표로 했다. 과학자와 공학자가 중심이 된 조선과학기술연맹(1945) 역시 과학기술자의 총역량을 결집하여 과학기술을 발전시키는 데 이바지할 것을 목표로 했다. 조선과학기술협회(1946)는 공업과 과학을 모두 포괄하기 위해 산하에 공업기술상담소, 기술부, 과학부, 총무부, 재일본본부(在日本本部) 등을 두었다. 신탁통치안 결정 이후에는 과학기술과 공업은 물론 사회과학까지 영역을 확대하여 다양한 구성원들이 참여한 과학동맹(1947)이 창설되었다. 분야별 과학기술자 단체로는 조선수물학회(朝鮮數物學會), 조선화학회, 조선생물학회, 조선기계기술협회, 조선광업기술협회, 조선토목기술협회 등이 있었다. 이 시기 과학기술자들의 조직화 활동은 특히 자발적이고 역동적이었다. 그중 일부는 과학기술에 국한하지 않고 사회과학과 정치 영역에도 관여하는 지식인 운동이었다. 그러나 지식인 운동 성격의 과학기술자 조직화는 곧 이은 한국전쟁과 이후의 분단 고착, 전후 복구로 이어지는 사회 격랑 속에서 더 이상 지속되지 못했다.[30]

한국전쟁은 과학기술자사회에 두 가지 큰 영향을 주었다. 첫째, 연구 시설과 공장 설비가 부서지고 손실되어 과학기술 활동의 물질 기반이 더욱 취약해졌다. 해방 이후 빈약하나마 남아 있던, 일제가 남긴 과학기술 연구 설비와 산업 시설을 바탕으로 과학기술자들이 활동을 이어갔고 한 단계 나아간 과학기술을 꿈꿀 수 있었다. 그러나 전쟁 때문에 그나마 있던 연구 설비와 연구 결과물이 파괴되었다. 또한 한국전쟁 이후에는 전쟁 피해 복구를 위한 자원도 부족했기 때문에 과학기술자를 위한 직업과 재정 지원을 기대할 수 없었다. 그 결과 1950년대 과학기술자들에게는 과학기술 활동을 할 수 있는 기반을 마련하는 것이 가장 시급한 과제였다.

둘째, 남북 과학기술 교류가 완전히 끊기고 분단에 따른 체제경쟁이 강화됨에 따라 남한의 과학기술자들은 사회정치와 거리를 두고 과학기술의 문제에 관심을 집중했다. 한국전쟁 전까지는 다양한 이념에 바탕한 과학기술자들의 목소리가 있었다. 분단이 가시화되었을 때, 그리고 전쟁 기간에 사회주의 이념 지향을 가졌거나 북한의 과학기술자 유치 사업의 영향을 받은 과학기술자들이 대거 월북했다.[31] 남한에서 대졸 출신 전문 과학기술자의 수가 줄어든 것은 물론이고, 과학기술자사회에서 이념적 다양성이나 사회, 정치 가치관과 과학기술을 연계한 주장도 현저하게 줄어들었다. 그 결과 한국전쟁 이후 과학기술자사회는 과학기술을 정치와 이념에 중립적이고 경제, 산업에만 연관된 것으로 이해하는 경향이 강했다.[32] 과학기술자사회는 전보다 훨씬 동질적인 사회가 되었다.

1950년대에 과학기술자 단체는 정비되었으나 이들의 실제 활동은 제한적이었다. 해방 직후 급하게 조직된 단체들 중 일부는 1950년대 초반에 해체되거나 유명무실해지거나 구성원들의 월북 등으로 와해되는 등의 변화가 있었고 그에 따라 특히 학술단체들을 중심으로 재정비나 재조직화가 일어났다. 예를 들어 1946년 설립된 조선화학회는 1949년 대한화학회로, 1945년 설립된 조선생물학회는 1951년 피난지 부산에서 대한생물학회로 이름을 바꾸고 조직을 재정비했다. 조선수물학회로 합쳐져 있던 물리학자들과 수학자들이 1952년에 각각 한국물리학회와 대한수학회를 발족했다. 학회들은 열악한 상황에서도 강연회, 발표회 등 학술 행사를 가졌고 1950년대 중반부터는 학술지를 발간하기 시작했다. 한편 공학과 관련된 11개 단체들은 1952년 대한기술총연합회를 설립하고 상공부로부터 인가를 받았고, 산업기술 발전에 기여하고 산업 관련 대정부 건의와 자문 역할을 목표로 했다. 이런 노력에도 불구하고 1950년대 과학기술자 조

직은 실질적인 조직활동을 거의 하지 못하고 명목상의 조직으로 존재했다.[33]

1950년대 원조에 기반하여 전후 복구와 재건 사업이 주로 이루어졌기 때문에 실질적인 과학기술 활동은 이와 관련된 영역에 집중되었다. 연구활동을 할 수 있는 환경을 갖춘 곳은 한국농업과학연구소(1949), 국방부 과학기술연구소(1950)와 임목육종연구소(1953)가 거의 전부였다. 한국농업과학연구소에서는 우장춘을 중심으로 당면한 식량 문제 해결을 위해 종자 개량 연구 등을 했다. 국방부 과학기술연구소에서는 전쟁 기간 중에 급히 주요 과학기술자들이 소집되어 연구에 참여했다. 국방 연구의 특성상 이 연

〈그림 5〉 연구용 원자로 기공식(1959). (출처: 국가기록원)

구소에 많은 전공 분야의 과학기술자들이 모였지만 연구 주제는 제한적이었다. 임목육종연구소에서는 현신규를 중심으로 리기테다 소나무 연구 등 산림 육종 연구가 이루어졌다.[34]

침체된 과학기술자들의 연구와 조직화된 활동을 촉발한 계기는 원자력연구소 설립이었다. 미국이 주도한 "평화를 위한 원자력" 계획에 따라 미국은 여러 나라의 원자력 민간 학술연구를 지원했다. 이승만 정부는 이 사업을 물리학자들이 고위 관료로 있던 문교부 기술교육국에 위임했다. 당시 기술교육국장 출신의 물리학자 최규남이 문교부 장관, 물리학자 박철재가 기술교육국장이었고, 물리학자 윤세원이 이 사업 때문에 신설된 원자력과의 과장에 새로 임명되었다. 설립 초기 원자력연구소는 연구활동 자체보다는 침체되었던 과학기술자들의 다양한 조직활동과 과학기술 담론 활동의 장과 기회를 제공했다. 정부의 원자력 사업을 통해 확보된 재원 덕분에 과학기술 거의 전 분야에 걸쳐 연구생을 해외에 파견하고 연구보조금을 지급할 수 있었다(〈그림 5〉 참조).[35]

특히 원자력학술회의는 이름과 달리 모든 분야 과학기술자들이 모이는 학술대회였다. 한자리에 모여 과학기술 진흥을 위한 새로운 주장과 건의를 하는 장으로 활용되었다. 1959년 제1회 원자력학술회의에서는 대정부 건의문을 채택했다. 이 건의문에는 집회의 목적이라 할 수 있는 원자력 종합개발 정책안 외에도 과학기술 전반의 진흥을 목적으로 하는 과학기술진흥법 제정안, 과학기술 연구비 확대 등의 내용을 담았다. 물론 이승만 정부는 이 건의문의 내용을 수용하지 않았다. 그러나 이 회의는 과학기술자들에게는 한국전쟁 이후 거의 처음으로 과학기술 진흥 담론을 새롭게 주창하는 출발점이 되었다.[36]

2. 조직화된 과학기술 지원 요구

1960년에 창립된 한국과학기술진흥협회는 당시까지 존재했던 그 어떤 과학기술자 단체보다 넓은 범위에 걸친 과학기술자들이 참여하는 전국 조직체였다. 1960년 제2회 원자력학술회의에 참여한 39개 학술단체의 과학기술자들은 전체 과학기술자를 대표하는 조직의 창립을 발표했다. 한국과학기술진흥협회는 이학, 농학, 공학, 의학, 가정학, 심리학, 체육학 등 과학기술과 관련된 모든 분야의 단체가 참여하고 지방의 대학과 연구기관까지 포함하는 포괄적인 조직을 지향했다. 이 단체가 채택한 결의문은 일제강점기 이래로 과학기술자들이 제기했던 과학기술 담론 실현을 위한 구체적인 실천 방안을 담았다. 한국과학기술진흥협회는 과학기술발전으로 민족 발전에 이바지하고, 민족기술 창조로 국가 산업을 발전시키고, 과학기술의 후진성을 타개하자는 내용을 강령으로 채택했다. 그리고 과학기술진흥법의 제정, 과학기술부 창설, 국가적 연구 진행, 대중 사업 등을 추진할 것을 결의하고, 과학기술 진흥을 위한 대정부 '건의', 과학기술 정보 교환과 학술활동 지원 등의 사업 계획을 세웠다. 참여하는 과학기술단체의 수, 전국 조직화, 과학기술 전반의 진흥을 위한 담론 및 사업 계획 등 한국과학기술진흥협회는 전문가 집단으로서 과학기술자사회를 대표할 만한 요소를 갖추었다. 그러나 다른 모든 조직화 시도들과 마찬가지로 재정 확보에 실패했기 때문에 내건 구호와 계획의 그럴듯함에 맞먹는 실질적인 활동을 이어가지 못했다. 당시 경제 상황에서 조직활동을 위한 재원을 회비나 민간 기부 등으로 조달하기는 어려웠다. 특히 창립 직후 5·16 군사쿠데타가 일어나 정부의 모든 행정이 재조직되는 상황이 되었기 때문에 신생 민간 조직이 정부의 지원을 받을 가능성은 없었다.[37]

대한기술총협회는 한국과학기술진흥협회보다 규모는 작지만 더 일찍 조직된 공학 부문 대표 단체였다. 1945년에 설립된 조선공업기술연맹은 한국전쟁의 영향으로 해체되었다가 1952년 건축, 토목 등 11개 공학 단체가 참여하여 대한기술총협회로 재조직되었다. 대한기술총협회는 상공부 인가를 받았고 4회에 걸쳐 전국산업기술자대회를 개최했으며 이 행사를 통해 건설부 설치 등을 정부에 건의했다. 그러나 이 단체 역시 재정난 때문에 1960년대에 들어서면 활동이 저조해졌다.

이 두 단체가 존립 기반을 튼튼히 하기 위해 눈을 돌린 곳은 정부였다. 달리 지원을 요청할 곳이 없었을 뿐 아니라, 새로 정권을 잡은 박정희 정부는 경제개발을 통한 국가 재건을 목표로 하고 과학기술을 중요하게 여기는 것으로 보였기 때문이다. 먼저 1961년에 설치된 국가재건최고회의 재건기획분과에는 인프라 건설과 관련해 다수의 과학기술자들이 포함되었다. 1962년에는 최초의 종합과학기술계획으로 평가되는 제1차 기술진흥 5개년 계획이 수립되었는데, 그 과정에 학계와 산업계의 과학기술자들이 다수 참여했다.[38] 경제발전을 총괄하는 경제기획원도 과학기술자 자문위원회를 구성하고 정부가 중점을 두고 추진할 산업 분야의 과학기술자들을 위원으로 초빙했다. 이러한 움직임은 오랜 침체를 겪었던 과학기술자들, 특히 이전에 정부위원회와 공공 과학기술기관에 참여한 경험이 있는 지도적 위치의 과학기술자들에게 긍정적인 변화로 인식되었다. 언론은 이를 두고 "잠 깬 토끼 과학한국"이란 제목의 기사를 신고 "한국의 과학계가 희망에 부풀어 있다."고 전했다.[39]

대한기술총협회와 한국과학기술진흥협회는 정부, 그중에서도 산업화와 경제발전 행정의 중심인 경제기획원의 지원을 받으려고 시도했다. 정부의 기술진흥사업 추진에 필요한 사업을 수행하여 한편으로 정부를 돕고 다른 한편으로 과학기술에 대한 폭넓은 지원을 받아내는 것이 목표였다. 대한기술총협회는 1965년 기존의 상공부 승인을 경제기획원 승인으로 바꾸었다. 그리고 경제발전에 기여할 여러 기술진흥사업을 위한 계획을 제출했으나 기대와는 달리 재정 지원을 받지 못했다. 한국과학기술진흥협회 역시 우여곡절 끝에 경제기획원에서 설립 인가를 받았으나 사업의 실질적 효과를 설득하는 데 실패했고 정부의 지원도 받지 못했다.[40]

과학기술계의 기대와 달리 정부의 관심은 과학기술 전반에 있지 않고 당면한 경제발전 과제를 위해 필요한 요소들에 집중되어 있었다. 제1차 기술진흥 5개년 계획은 연구개발을 포함하는 과학기술 진흥에 대한 내용을 포괄적으로 담고 있었다. 그러나 당장 필요한 산업기술과 산업화에 투입될 중급 기술인력을 확보하는 데 중점을 두었다고 평가된다. 이공계 대학보다는 공업고등학교를 포함하는 실업계 학교 확충을 중심으로 하는 교육정책이 그 근거 중 하나다.[41]

과학기술계 지도급 인사들은 모든 과학기술자들을 포괄하는 하나의 단체를 만들고 과학기술자의 힘을 하나로 모아 강력한 과학기술 진흥운동을 펴는 전략을 택했다. 그리고 이를 공표하기 위해 1966년에 제1회 전

<그림 6> 제1회 전국과학기술자대회. (출처: 국가기록원)

국과학기술자대회를 계획했다. 산업기술인 단체인 한국산업기술개발본부와 해외 기술훈련 경험이 있는 기술자들의 단체인 한미기술협력회를 설득하여 대한기술총협회와 한국과학기술진흥협회가 이 대회를 공동 개최하게 되었다. 대회는 대정부 건의와 과학기술상 수상으로 구성되었다. 이번에도 대정부 건의는 과학기술 진흥과 관련된 과학기술자들의 요구 사항 중심이었다. 과학기술상 수상은 과학기술자의 존재감을 드러내고 사회로부터 인정받기 위한 것이었다. 전국에서 모여든 많은 과학기술자가 이 대회에 참여했고, 박정희 대통령이 참관하는 가운데 대정부 건의문을 채택했으니 대회는 성공이었다고 평가될 수 있다. 제1회 전국과학기술자대회가 채택한 대정부 건의문의 주요 내용은 과학기술진흥법 제정, 과학기술자 처우 개선, 과학기술회관 설립, 과학기술 전담부서 설치였다. 같은 시기에 일어난 일이기 때문에 과학기술자들의 건의가 받아들여져 1966-1967년의 과학기술 붐이 일어난 것으로 보일 수 있다(〈그림 6〉 참조).

이 대회를 계기로 설립된 한국과학기술단체총연합회(이하 과총)는 명목상 전체 과학기술자를 대표하지만 실제로는 대학의 학술연구를 중심으로 하는 과학기술단체들의 연합체에 가까웠다. 산업현장의 기술자 참여가 저조했기 때문이다. 산업화 초기의 구호와 명분에서는 과학기술이 널리 통용되고 이 용어가 (순수)과학, 공학, 산업기술 대신 널리 사용되었다. 그러나 과학기술 현장에서 과학은 순수과학 또는 학술연구, 기술은 산업기술 또는 생산기술로 구분되었다. 특히 산업화 초기에 산업기술 수준이 그리 높지 않았기 때문에 과학자와 기술자는 교육훈련 정도나 사회적 위상이 서로 달랐다. 산업 현장은 중급 기술자 중심이었기 때문에 대학 출신 엔지니어가 제 역할을 하기 어려운 상황이었다.[42] 따라서 과총이라는 이름과 달리 대학의 과학자와 산업 현장의 기술자는 하나의 단체를 통해 의견과 권익이 대표되기 어려운 상태였다. 산업 현장의 기술자들 다수는 자신들이 제1회 전국과학기술자대회의 조직과 운영에서 소외되었다고 느꼈고 대회 이후 전개되는 활동에 참여하지 않았다. 그 결과 1966년 창립 당시 과총은 학술 성격이 강한 단체들이 주로 참여했다. 단체 운영에 주도적인 역할을 하는 과총의 임원진은 대부분 대학 소속 또는 대학 졸업 이상의 과학기술자들이었다.[43] 이는 한편으로는 조직 구성원의 동질성을 높여 조직의 결속을 강화하고 사업 추진의 방향을 일관성 있게 설정하는 데 유리했다. 그러나 다른 한편으로는 이 단체가 주창하는 과학기술 진흥이 학술활동 확대로 좁게 이해될 위험이 있었고 경제기획원의 업무와는 거리가 있었다.

과총은 1970년대 초반까지도 처음 의도와 달리 "정부가 다 하지 못하는 기능을 가지고 때로는 선의의 압력단체"[44]로서의 위상을 가지지 못했다. 과총이 내세운 과학기술 진흥 담론의 내용은 이미 오래된 주장이었다. 과학기술 진흥이 미신 타파와 산업발전을 이끌어 경제를 성장시키고 국가와 민족의 발전에 이바지하기 때문에 정부는 과학기술 행정체제를 확립해야 하고 과학기술 활동과 과학기술자를 지원해야 한다. 그런데 1960년대 산업화 과정에서 필요한 과학기술은 대부분 외국에서 도입되었고 현장에서 필요한 기술 업무는 숙련기능공이 충분히 담당할 수 있는 수준의 기계 운전과 유지보수 중심이었다. 당시 기술개발이나 연구활동에 종사할 과학기술자에 대한 수요는 적었고, 당장 긴급한 수요가 아닌 과학기술 활동을 지원할 자원도 충분하지 않았다. 그러므로 정부의 산업화 추진에서 과총에 대한 기대치가 낮았다. 이는 압력단체로서 과총의 역할을 제한적으로 만들었다.

1960년대에 정부가 과학기술 진흥을 언급할 때 실제 관심은 '과학'보다는 '기술'에 있었고 '순수과학'보다는 '공학'에 있었다. 비록 과학기술자들이 이미 해방 직후부터 과학기술진흥법 제정이나 과학기술부 같은 전담부서 설치를 주장해왔고, 마침 그런 이름을 가진 법과 부처가 만들어졌다고 해서 해당 법의 내용과 부처 사업에 과학기술자들이 영향을 미칠 수 있는 것은 아니었다. 과학기술진흥법 제정과 과학기술처 설립은 과총의 임원진을 구성하는 과학기술자들이 머릿속에 그리고 있던 과학기술 진흥을 위해서가 아니라 정치 맥락에서 결정되었기 때문이다. 강미화에 따르면 박정희 대통령은 1967년 대통령 선거를 앞두고 후보의 차별화 전략으로 경제발전과 산업화를 위한 과학기술 진흥을 강조하고 구체적으로는 전담부서 설치를 공약했다. 실제 과학기술처 설치 과정 역시 "과학기술계와 기술관료의 파워게임"[45]이었다. 문교부 기술교육국과 원자력원을 주도했던 과학기술자들이 제출한 안 대신 경제기획원 산하 기술관리국이 작성한 안이 최종 선택되었다. 경제기획원의 안에 따르면 기존 기술관리국이 분리되어 신설 과학기술처의 모태 조직이 된다.

과학기술자들의 과학기술 진흥 담론은 처음으로 실제 권력과 자원을 가진 국가에 의해 채택되었다. 박정희 정부는 재집권을 위한 설득의 구호로서 과학기술 진흥을 주창했고, 정부가 구상하는 경제발전에 필요한 과학기술을 선택적으로 진흥하는 정책을 구사했다. 과학기술처 설립 과정은 경제기획원 산하 기술관료들이 주도했다. 공업과 산업정책은 경제기획원과 상공부 소관이고 기술인력 양성은 문교부 소관이었다. 이 부처들과 신설 과학기술처는 업무의 경계가 불분명했다. 이는 과학기술진흥법 제정과 과학기술처 설립을 과총의 업적으로 여기던 당시 과총 임원진의 인식과 다른 상황이었다. 과총은 과기처 설립 직후 개최한 제2회 전국과학기술자대회 건의문을 통해 과학기술자의 처우 개선, 과학기술재단 발족과 연구 투자 예산 확보, 과학기술 연구 및 조사활동 면세 조치, 국회 과학기술 분과위원회 설치로 과학기술처 기능 강화, 과학기술회관 건립 촉진과 5월 과학의 달 제정을 제안했다. 관련법과 전담부처가 만들어졌으니 제도적인 연구 지원과 처우 개선을 요구한 것이다. 과학기술처는 이 건의문의 요구를 일부만 받아들였고, 그것을 실행하는 과정에서도 과총에 제한적인 역할만 주었다.

과학기술처는 과총이 요구한 사업을 부처 주도로 추진했다. 먼저 과학기술처는 박정희 대통령을 설득하여 대통령을 설립자로 하는 재단법인 과학기술후원회를 1967년에 설립했다. 과학기술처는 과학기술후원회를 통해 원로 과학기술자와 과학기술발전에 기여한 과학자들에게 지원금 또는 연구활동비를 지원하는 사업에 무게를 두고 추진했다. 과학기술후원회의 사업 목표와 사업 내용을 보면 과학기술처는 과총이 아닌 과학기술후원회를 통해 과학기술자 처우 개선, 과학기술 계몽 활동, 과학기술회관 건립 사업 등을 추진할 의도였음을 알 수 있다. 특히 연구활동 지원과 "국민생활의 과학화" 운동이 주목할 만하다.[46] 그리고 과총의 회원 단체들인 개별 과학기술 분야 학회 지원 사업도 벌였는데, 이 사업은 1972년 이전까지 과학기술처가 직접 추진했기 때문에 과총의 개입 여지가 없었

다. 과총이 전국과학기술자대회 개최를 위해 받은 약간의 지원금에 대해
서도 국회는 과학기술을 개발하는 데 쓰지 않았다고 비판할 정도로 과
학기술자 조직에 대한 지원은 미미했다.[47]

1960년대까지 과총은 전문직 압력단체 역할을 거의 하지 못했다. 정
부는 과학기술 국가주의 담론의 핵심 내용을 수용하여 관련 제도를 만
들고 그 논리를 집권에 활용했다. 그러나 경제기획원과 과학기술처의 관
료들이 중요 의사결정과 자원 배분을 주도했고 과총 소속 과학기술자들
의 요구 사항이 반영될 여지는 별로 없었다. 예를 들어 과학기술진흥기금
을 위한 재원 확보, 연구비 지원과 학회 지원 등 과학기술자들이 중요하
게 생각하는 부문에는 예산이 배정되지 않았다. 당시 과총이 재정 자립
을 위해 과학기술회관 건립이 꼭 필요하다고 주장했고 박정희 대통령이
이를 지원하기로 약속했음에도 불구하고 경제기획원은 관련 예산을 승
인하지 않았다.

3. 과총의 과학정치

과학기술자들의 오랜 건의 사항 중 일부를 정부가 수용했음에도 불구
하고 1970년대 초 과총의 압력단체 전략은 난관에 부딪혔다. 예를 들어
KIST는 경제발전에 기여하는 과학기술기관이자 과학기술자 처우 개선의
상징으로 떠올랐다. 박정희 대통령의 KIST에 대한 특별한 관심, 연구개
발 자원의 집중, 그리고 해외에서 유치한 과학기술자들에 대한 파격적인
대우 때문이었다. KIST는 과학기술에 대한 사회의 인식 제고와 과학기
술 국가주의 담론 확산에는 긍정적이었다. 그러나 KIST 설립 및 운영과
관련된 모든 의사결정은 정부 주도로 이루어졌고 과총은 그 과정에서 배

제되었다. 뿐만 아니라 과충은 정부로부터 실질적인 지원을 거의 받지 못했다.

이러한 교착 상태에서 신임 과학기술처의 장관이 전환의 계기를 만들었다. 1971년 최형섭은 2대 과학기술처 장관에 임명되었다. 그는 과학기술처 장관에 임명되기 전에 이미 오랜 시간 동안 연구자, 현장 엔지니어, 상공부 관료, KIST 초대 소장 등 과학기술 연구와 행정에서 다양한 경험을 쌓았다. 최형섭은 과학기술처 장관으로서 자신을 과학계와 정부를 잇는 다리 역할을 하는 '과학관료'로 규정했다. 그리고 과학계와 정부를 연결하는 제도 구축을 통해 국가 차원의 과학기술 진흥과 부처 차원의 과학기술처 기능 정립을 시도했다. 최형섭 장관 아래 과학기술처는 3대 정책 목표를 과학기술 기반의 조성 및 강화, 산업기술의 전략적 개발, 과학기술의 풍토 조성으로 설정했고 그의 재임기간 7년여 동안 이 틀을 유지했다. 또한 최형섭은 과학기술처의 고위급 관료 대부분을 과학기술 전공자로 임명하여 과학기술행정은 과학기술 전문성에 기반한다는 인식을 심었다. 1970년대 초 과학기술처의 업무는 아직 경계가 지워지지 않고 불분명한 상태였다. 과학기술자들의 학술연구 지원은 문교부의 대학 정책에 속했고 산업 정책은 경제기획원과 상공부 소관이었다. 산업기술 연구개발은 당시 과학기술처 산하의 KIST를 중심으로 이루어지고 있었으나 KIST는 경영에서 자율성을 누렸고 과학기술처의 개입은 제한적이었다. 최형섭은 나머지 두 목표, 즉 과학기술 기반 구축과 과학기술 풍토 조성을 위한 사업을 활성화하여 과학기술 진흥의 담론을 확산하고 연구 기반을 제도화할 것을 기획했다. 대표적인 예는 대학의 기초과학을 지원할 재단 설립 구상과 KIST를 넘어서는 연구학원도시 구상이었다.[48]

과학기술 풍토 조성 사업은 대중 활동과 전문성 활용, 두 갈래로 추진되었다. 먼저 기존의 과학기술후원회를 과학기술진흥재단으로 개편하고

〈그림 7〉 새마을기술봉사단 결성 기사. (출처: 『매일경제』, 1972. 4. 1.)

국립과학관과 함께 대중과 접점이 많은 과학기술 풍토 조성 사업, 즉 과학기술 계몽 사업의 수행 주체로 삼았다. 과학기술 풍토 조성 사업은 이미 제1차 기술진흥 5개년 계획에 포함되어 있었다. 과학기술 풍토 조성 사업은 과학기술처 설립 이후 시작되었지만 과학기술후원회의 우수과학도서 출간 보급, 과학자 지방 강연 정도에 머물러 있었다. 최형섭은 이를 확대하여 과학기술처의 업무 영역을 확보하려고 했다.[49] 다른 한 갈래는 과총을 통해 추진하려고 계획한 새마을기술봉사단이었다. 이 사업은 과학기술자들의 전문성이 사회적으로 유용하고, 과학기술자들이 국가정책 의제에 기여한다는 것을 보여줌으로써 과학기술자 지원의 정당성을 얻기 위한 것이었다. 새마을기술봉사단은 과학기술자들의 지식과 기술을 농어민에 무료로 제공하여 소득 증대에 기여할 것을 목적으로 했다. 이는 1972년 이후 관 주도의 범국민 사회운동으로 확대된 새마을운동에 과학기술처와 과학기술자들이 합류할 수 있는 현실적인 방안이었다. 과총은 1972년 4월 21일 과학의 날에 새마을기술봉사단을 공식 창단했다(〈그림

7〉 참조).

과총이 새마을기술봉사단 사업을 시작한 것은 단순히 과학기술처의 제안에 따른 것이 아니라 내부 전략 변화에 의한 것이었다. 과총의 임원진을 구성하는 과학기술자들과 최형섭은 그의 장관 임명 직후 이미 과학기술처에 대한 건의나 압력 행사 대신 공헌과 협력을 통해 자신들에 대한 지원을 정당화하는 쪽으로 전략을 수정하는 데 공감대를 형성했다. 최형섭은 이전까지 부처가 직접 통제하던 학술단체 지원금을 과총이 집행하도록 함으로써 개별 과학기술단체들에게 과총의 존재감이 강화되었다. 그리고 과학기술 용어 제정 사업 같은 부처 사업을 위탁하여 과총의 재정난을 덜어주었다. 이후 나타난 몇 사건을 통해 과총이 부처 사업을 용역 수행하는 역할을 넘어 능동적으로 정부에 적극 협력하는 쪽으로 전략을 바꾸었음을 알 수 있다.

첫 번째 사건은 1972년 전국과학기술자대회에서 요구사항을 담은 건의문 대신 과학기술자 윤리요강을 발표한 것이다. 그동안 해오던, 과학기술자의 대표 단체인 과총을 지원해달라는 사실상의 요구를 건의 형태로 하면서 압력을 행사하던 시도를 중지했다. 대신 과학기술 전문성을 적절하게 사용하고 특히 "조국의 과학기술발전을 위하여 최대한으로 봉사정신을 발휘"하고 "이를 위한 응분의 물질적 협조를 아껴서는 안 된다."는 결의를 드러냈다.[50] 이는 과학기술자가 "정부에 충실한 협조자가 되겠다는 의지를 실은 것"[51]이자 존재 의의를 보여주겠다는 입장의 표명이었다. 그리고 같은 날 창단된 새마을기술봉사단은 과학기술자들이 의지 표명에 그치는 것이 아니라 실천한다는 증거였다. 그러므로 새마을기술봉사단은 과학기술자들의 무료 봉사활동으로 기획되었다.[52]

두 번째 사건은 과총이 유신체제를 적극 지지한다고 공식 입장을 낸 것이다. 과학기술자들이 국가와 정부의 의제에 적극 협력하고 동참함으로써 존재 의의를 보인다는 전략은 유신체제에 대한 지지와 전국민 과학화운동 적극 참여를 결의한 데서 더 분명히 드러났다. 1972년 11월 10일 과총은 결의문에서 유신헌법 제123조 국민경제발전을 위한 과학기술은 창달, 진흥되어야 한다는 조항이 "과학기술인의 오랜 염원을 성취한 한국 과학사상 획기적인 사실"이라고 밝혔다.[53] 그리고 박정희 대통령의 전국민 과학화 선언 직전인 1973년 1월, 과학기술처 장관에게 유신 과업을 위해 과학기술이 해야 할 바로서 "과학유신의 방안"을 건의했다. 특히 그 첫 번째 내용은 유신 과업에서 강조된 새마을운동에 과총의 새마을기술봉사단을 적극 활용해야 한다는 것이었다. 그 밖에 과학기금을 확보하여 과학유신의 중추가 될 과학기술재단 설치, 무역진흥공사의 과학기술 버전인 기술개발공사 설립, 생산업체의 연구기관 설치를 건의했다.[54] 1973년 과학의 날에는 과총 회원 일동의 이름으로 보다 직설적으로 과총이 "대통령 각하께서 제창하신 "전국민의 과학화 운동"에 앞장"서고 "기술혁신을 성취하여 100억불 수출과 1,000불 소득의 국가경제개발 목표 달성에 적극 기여"할 것을 결의했다.[55]

　과총은 새마을기술봉사단 전국 조직을 만들고 회원 단체의 과학기술자들을 대거 참여시켜 지식 보급과 현장 지도 사업을 벌였다. 1974년에 제주도를 제외한 8개 도에 지역 새마을기술봉사단을 조직하여 사업을 진행했다. 지식 보급을 위해서는 내무부의 농어촌 표준사업을 중심으로 관련된 내용을 풀어쓴 기술교본과 기술편람을 발간했다. 사업 첫해에 기술교본 10종을 4만3천 부씩 발간하여 전국 새마을 지도자에게 보급했다. 방송, 신문, 잡지를 통한 기술 지도나 서신, 상담, 현장 방문 등의 방법으로 추가로 기술 지도를 했다. 1마을 1과학기술자 결연, 도별 과학기술 시범마을 조성 등으로 사업이 확대되었다. 새마을기술봉사단이 가장 활발했던 초기 3년, 즉 1975년까지 이 사업에 참여한 과학기술자는 3,500명이 넘었다. 기술 지도 사례 발표회가 열렸고 이것이 매체에 보도되는 등 홍보 활동도 활발했다. 그리고 대통령 표창을 받는 등 과학기술처와 과 총은 권력의 인정도 받았다.[56]

과총이 새마을기술봉사단을 중심으로 전국민 과학화운동에 적극 참 여한 것에 대해서는 여러 가지 평가가 있다. 전국민 과학화운동은 유신 이념과 과학 계몽을 위해 국가가 과학기술을 동원한 것으로 볼 수 있다. 박정희 정부는 경제발전을 통한 조국 근대화, 북한과의 체제경쟁, 그리고 유신체제 공고화를 위해 과학기술자와 국민들을 동원했다는 시각이다. 이 평가는 박정희 정권을 개발을 목표로 국가가 위로부터 사회를 강력하 게 추동하고 동원하는 체제라는 관점에 기반한다.[57] 새마을기술봉사단이 새마을운동이라는 전 국민 동원 방식의 사회운동의 일부로 조직되었고, 과학기술자들이 주도하던 과학 계몽을 국가가 독점하게 된 이후 급성장 했다는 점에서 적어도 과학기술자들이 동원되었다는 점은 분명하다.

그러면 이 동원의 성격은 무엇인가? 이영미는 새마을기술봉사단을 '문 화적 동원'으로 보았다. 과학기술에 대한 지원 증대와 사회문화적 가치 상승을 기대했기 때문에 과총과 과학기술자들의 동원은 '강제'가 아니라 '동의'에 기반한 참여라는 점에 주목한 평가다. 이영미는 평가에서 '문화 적'의 의미를 명확하게 제시하지 않았으나 자발적이라고까지 말하기 어렵 다면 적어도 권력의 강압에 의한 것은 아니라는 점을 강조했다.[58] 강미화 는 정부가 과학기술자들을 동원하기 이전에 이미 과총은 압력단체를 포 기하고 국가정책 의제에 부응하고 이를 통해 정부의 관심과 지원을 얻으 려는 전략으로 돌아섰다고 평가했다. 과학기술자들이 전국민 과학화운 동에 동원되었다면 그것은 전략 변화 이후 벌어진 사회 변화, 즉 유신체 제의 개발동원체제에 올라탄 것이고 그 결과 과총의 성장과 대표성을 공 고히 할 수 있게 되었다는 주장이다.[59] 가장 최근에 이 문제를 연구한 문만용은 전국민 과학화운동을 "과학기술자를 위한 과학기술자의 과학운동"이라고 평가했다. 즉, 과총을 중심으로 과학기술자들이 전국민 과학화에 적극 참여한 것은 과학기술 활동을 이해하고 후원할 수 있는 사회를 만든다는 비전을 가지고 정부 사업을 활용한 "아래로부터의 과학정치" 행위였다는 것이다.[60]

4. 전국민 과학화와 새마을기술봉사단의 유산

1970년대까지 이어진 박정희 정권의 개발동원체제는 과학기술 담론과 과학기술자사회에 영향을 주었다. 먼저 가치관 차원에서 1980년대, 1990년대를 통해 지속되거나 강화되었다. 예를 들어, 과학입국의 함의는 정치 지향이 다른 정권에서도 제2과학기술입국과 과학기술중심사회로 표현을 바꾸면서 재생산되었다. 그 과정을 통해 전국민 과학화운동에서 벌어졌던 일들이 과학기술 제도와 과학기술자 조직화에 내재화되었다. 과학기술 제도 구축, 연구개발 투자 외에도 과학기술 미래 비전 형성, 실행 방안, 자원 배분 방식에 대한 의사결정 등 주요 행위를 정부의 과학기술관료가 주도하는 방식이 시스템으로 안착했다. 과학기술자는 경제발전에 기여하고 그에 따른 보상을 받는 것으로 충분한 실용주의 기능인 집단으로 남게 되었다. 이를 다음과 같이 정리해볼 수 있다.

첫째, 과학기술 국가주의 담론이 과학기술과 관련된 사회 전체의 제도, 가치관, 정책, 행동 방식에 깊게 뿌리내리고 내재화되었다. 국가발전이 최우선 과제인데 국가발전은 곧 경제발전이고, 과학기술은 경제발전의 필수 핵심 요인이다. 그러므로 국가는 과학기술을 진흥해야 하고 과학기술자들을 잘 대우해야 하고 국민들은 과학기술의 발전에 공감하고 지원해야 한다.

둘째, 과학기술 국가주의 담론을 국가가 전유하여 관 주도로 추진함으로써 담론 주도와 과학기술 진흥 관련 의사결정의 주도권이 과학기술관료들에게 넘어갔다. 이 담론은 처음에 과학기술자들이 좁게는 자신들의 활동 기반을 만들기 위해서, 넓게는 일제강점기와 해방 직후 국가 건설, 전후 복구의 어려운 시기에 국가의 미래 비전으로 제시했던 것이다. 과학기술자들은 미래 비전뿐 아니라 그것을 구현하기 위해 필요한 제도 구축과 과학기술에 대한 지원을 주도적이고 능동적으로 요구했다. 정부는 과학기술자들이 제시한, 힘 있는 나라라는 미래 비전을 근대화되고 산업화된 국가로 해석하고 이를 위해 필요한 정책을 실시할 때 과학기술자들의 아이디어를 반영했다. 그러나 그 과정에서 의사결정은 정부의 필요와 판단에 따라 이루어졌고, 과학기술자들의 주장은 정부의 필요와 의도에 따라 선택적으로만 반영되었다. 전국민 과학화운동은 과학기술자들이 능동적이고 주체적으로 지원을 요구하는 위치에서 정부가 결정한 정책의 틀 안에서 역할을 모색하고 협력하고 그에 따른 보상으로서 사회적 위상, 재정 지원, 연구개발 지원 등을 얻는 위치로 자리바꿈하는 전환점이었다. 1970년대 과학기술처에서는 과학기술자 출신 관료들이 고위직을 점하고 과총과 긴밀한 관계를 유지했다. 그럼에도 불구하고 과학기술처 또는 과학기술관료들과 과학기술자 사이에 권력의 중심은 과학기술관료 쪽으로 기울었다. 과학기술 활동을 위한 자원을 얻는 과정에서 정부의 역할이 커질수록 과학기술자들의 참여는 자발적 참여가 아니라 피할 수 없는 동원이 될 수밖에 없었다.

셋째, 과학기술자들의 사회적 존재감과 위상이 높아졌다. 전국민 과학화운동은 이전의 그 어떤 과학 계몽 활동보다 큰 규모로, 전국에서 관 주도 범국민 동원 방식으로 10여 년간 지속되었다. 그 결과 과학기술자들은 사회에서 눈에 보이는, 그리고 국가발전에 공헌하는 중요한 존재로 대중들에게 인식되었다. 이는 1980년대와 1990년대를 거치면서 첨단산업 성장, 산학연의 과학기술자 수 증가, 연구개발 확대 과정에서 더욱 확고해 졌다.

넷째, 과학기술자 단체 대표 조직으로서 과총의 위상은 확립되었으나 불안정했고 한계도 동시에 가지게 되었다. 과학기기술자사회는 전국민 과학화운동 참여라는 과총 주도의 과학정치 행위 결과 과학기술회관과 학술활동 지원이라는 보상을 받았다. 과학기술회관은 과총 입장에서 과학기술의 상징적 공간이자 실질적인 과총 활동을 위한 물리적 공간이고 장기적인 재정 안정을 위한 자산이었다. 과총의 전신이었던 조직들도 과학기술회관 또는 과학기술센터의 필요성을 주장했다. 과총 역시 기회 있을 때마다 정부에 과학기술회관 건립 지원을 요구할 정도로 독립적인 회관 건설은 숙원 사업이었다. 과총은 일찌감치 대통령의 지원 약속을 받았지만 1971년에야 실제 회관 부지를 받았다. 그리고 1973년 전국민 과학화운동 출범 이후에 공사 지원금을 처음 받았고 이후 1976년에 과학기술회관이 완공되었다. 또한 과총이 과학기술처로부터 교부받아 집행하는 과학기술단체 지원금도 증가했다. 이로써 과총은 회원 단체들에게 공간과 활동지원금을 제공하는 행위를 통해 과학기술단체를 결속하고 실질적인 대표성을 누릴 수 있었다.[61]

그러나 학술단체 활동이 별 영향을 주지 못하는 산업체 소속 과학기술자의 증가, 국가연구개발사업과 한국과학재단의 연구비 집행 규모 증가 등의 환경 변화에 따라 과학기술 기반 구축과 지원 강화에서 과총의 역할은 상대적으로 축소되었다. 또한 정부 사업에 자발적으로 협력하고 이를 통해 후원, 지지를 이끌어낸 1970년대의 경험 때문에 이후의 과총의 행동 방식은 과학기술자들의 권익을 위해 정부와 맞서기보다는 정부 정책에 의존하거나 또는 추종하는 태도로 보였다. 이는 과학기술자의 대표

단체로서 과총의 위상을 위협 또는 약하게 만드는 요인으로 작용했다.[62] 이러한 영향들은 1990년대와 특히 2000년대 이후 과학기술자사회의 분화와 위계, 구조가 심화되고 시민사회가 과학기술로 인한 사회적 이슈를 제기했을 때 여러 형태로 나타났다. 그중 하나가 다음 장에서 다룰 한국의 과학기술자사회에 새롭게 관심을 가지게 만들었던 이공계 기피 현상이었다.

과학기술자 계층화와
과학기술 국가주의의 한계[63]

"과학입국", "산업역군", "전국민 과학화"는 1970년대 과학기술 국가주의를 압축한 용어였다. 과학기술은 국가를 위해 여러모로 가장 중요한 활동으로 간주되었다. 과학기술은 계몽된 근대국가의 삶의 양식의 근간이었고 동시에 산업발전을 이룬 근대국가의 핵심이었다. 산업역군이란 말은 공산주의에 맞서 나라를 지키는 안보만큼 산업이 국가를 위해 중요한 역할을 한다는 것을 강조했다. 그러므로 전문성이 높고 산업발전에 기여하는 과학기술자들은 국가에 중요한 사람들이고 그에 맞는 대우를 해주는 것이 당연하다고 인정되었다. 특히 박정희 집권기에 전국민 과학화를 통한 계몽 활동과 KIST 같은 특권적인 연구기관 설립을 통해 이러한 인식은 사회에 깊게 뿌리내렸다.

1997년 외환위기가 발생하기 전까지 과학기술자에 대한 사회의 인식은 유지되었고, 실제로도 어느 정도 구현되었다. 1990년대까지도 산업이 지속적으로 성장하고 기술 수준이 높아짐에 따라 이학, 공학 전공 대학(원) 졸업생들이 대기업에서 안정적인 직장을 구하는 것은 어렵지 않았다. 또한 1990년대 이후 국가연구개발사업과 대학의 연구비 규모가 급성장하여 이학, 공학에서 석사 이상의 고학력자가 늘어났는데 이들 역시 졸업한 뒤 산업·대학·공공연구소(이하 산학연) 연구기관에서 직장을 구할 수 있었다. 특히 박사 이상의 고학력 과학기술자들은 자신들이 국가 경쟁력에 매우 기여하고 있으며 그에 합당한 대우를 받아야 한다는 생각을 일반적으로 공유했다. 사회 문화 전반에 걸쳐 있는 과학기술 국가주의의 영향과 1970년대에 영광의 시간을 보낸 그들의 스승, 선배 과학기술자들이 주도했던 과학기술자사회의 문화와 가치관의 영향 때문이었다.

그러나 현실 사회에서 고학력 과학기술자라 하더라도 이런 기대치를 충족하기는 점점 어려워졌다. 첫째, 1980년대 대학교, 1990년대 대학원의 급성장에 따라 이학, 공학에서 대학 졸업자의 희소성은 줄어들었고 석사 이상의 고학력 졸업자의 수는 증가했다. 그래서 과학기술 전공자들 사이에서 안정적인 좋은 직장과 연구 지원을 둘러싼 경쟁이 그 이전보다 심화되었다. 또한 국가연구개발사업 성장과 대학 연구비 증가 등으로 산학연의 연구활동이 활발해지고 연구집단의 규모가 커지자 과학기술자사회 안에서 위계구조와 보상의 불평등이 나타나기 시작했다. 둘째, 산업 구조가 고도화되고 지식경제 서비스 산업이 1990년대 들어 급성장함에 따라 직업인으로서 과학기술자의 경쟁력은 이전에 비해 상대적으로 낮아졌다. 외환위기 이후 민간의 과학기술 투자가 위축되고 기업이 구조조정을 한 결과 산업화 이래로 처음 과학기술자들의 직업안정성이 흔들렸기 때문이다.

이런 상황에서 과학기술자들은 과학기술 국가주의에서 형성된 인식과 현실의 괴리를 느꼈지만 이를 해결하기 위해 사회적으로 문제를 제기하거나 집단행동을 하지는 않았다. 무엇보다 연구개발에 종사하는 과학기술자들은 일반 임금노동자와 다르다는 인식을 가지고 있었기 때문이다.

또한 과학기술이 넓은 영역을 포괄하고 과학기술자사회 안에서도 분야별, 소속 기관에 따라 사회적 위상과 보상의 정도가 달랐기 때문에 과학기술자사회에서도 문제의식이 일치하지 않았다. 한국과학기술단체총연합회은 보건의료, 농림수산학까지 포괄하는 대표적인 과학기술자 조직이지만 이익집단의 역할을 하지 않았다. 즉, 각계각층의 과학기술자들 중에는 직업안정성, 사회적 지위와 보상에 대한 문제의식이 있었지만 이는 겉으로 드러나지 않고 잠재된 상태였다.

2001년 후반부터 몇 년에 걸쳐 한국 사회를 뜨겁게 달구었던 '이공계 기피 현상' 논쟁은 바로 이러한 잠재된 문제의식이 한꺼번에 터져 나온 것이었다. 이 절에서는 '이공계 기피 현상' 논쟁의 전개 과정을 분석하여 다음과 같은 점을 보여주려 한다. 첫째, 한국 사회는 과학기술 국가주의 가치관과 그에 기반한 기대치가 형성되었던 때와 비교할 때 매우 다른 조건을 가진 사회가 되었다. 둘째, 과학기술자사회가 내부적으로 분화되었고 그 한 갈래로서 성장하는 시민사회에서 전문가 집단으로서 위상을 가진 과학기술자들도 등장했다. 셋째, 이 논쟁의 종결 방식은 결국 과학기술 국가주의의 연장선 위에 있었고 논쟁에 적극 참여했던 과학기술자들도 이를 넘어서는 주장과 요구를 하지 않았다. 넷째, 그럼에도 불구하고 '이공계 기피 현상' 논쟁은 오랫동안 믿어왔던 과학기술 국가주의에 대한 사회와 과학기술자들의 암묵적 동의가 더 이상 유효하지 않고, 둘 사이에 균열이 생겼음을 보여주었다. 이 논쟁이 본격 시작될 무렵 출범한 참여정부는 "제2과학기술입국", "과학기술중심사회"를 주요 국정의제로 내걸어 과학기술 국가주의의 기반이 건재함을 보이려 했다. 그러나 이후 특히 젊은 과학기술자들이 보여준 여러 움직임을 통해 이들이 더 이상 과학기술 국가주의에 기대지 않고 변화하는 사회경제 체제 속에서 개인 차원의 해결책을 모색했음을 볼 수 있다.

1. '이공계 기피 현상'의 등장과 의미 변화

1) 수능시험 자연계열 지원 감소 문제 제기와 사회의 무관심

이공계 기피는 대입수학능력시험(이하 수능시험)의 지원자 수 변화 추이에 대한 해석 중 하나였다. 2001년 여름, 당시 서울대학교 공과대학 학장, 이장무는 『조선일보』에 기고한 칼럼을 통해 이 문제를 처음 제기했고, 이어서 2001년 후반에 다른 서울대학교 공과대학 교수들도 같은 문제의식을 드러냈다. 이들은 2002학년도 수능시험에서 자연계열 지원자 수가 전체 응시자의 27%에 불과하며, 이는 자연계열 지원자 수가 전체 응시자의 43%에 달했던 1995학년도와 비교할 때 무려 16%나 감소한 것임을 지적했다. 그리고 이 감소를 청소년의 이공계 기피의 지표로 해석한 뒤 그 원인을 열거하고 대책을 제시했다. 이들은 이전에 아무도 특별한 관심을 기울이지 않았던 수능시험 자연계열 지원자 수 감소 현상을 주목했던 것이다. 다른 사람들의 후속 주장이나 관련 후속 취재가 없었던 것으로 보아 이공계 기피 관련 첫 번째 주장은 처음에는 별다른 반향을 얻지 못했다.[64]

왜냐하면 이들이 주장한 원인과 현상 사이의 인과관계가 취약했고 제시된 대응책이 수능시험 이공계 지원자를 증가시킬 것인지에 대한 설득력이 부족했기 때문이다. 이들은 수능시험 자연계열 지원자가 감소한 것은 첫째, 사회지도층 중 자연계열 출신의 비율이 낮기 때문이고 둘째, 한국 제조업 경쟁력의 위기 상황에 따른 고용 불안이 발생했기 때문이며, 셋째, 공학교육이 변화하는 산업구조에 맞지 않기 때문이라고 분석했다. 이 요인들은 자연계열 지원자 감소라는 현상과 관련이 있을 개연성은 있지만 인과관계를 보여주는 요인으로 보기는 어려웠다.

오히려 이 요인들은 문제를 제기한 사람들이 대응책으로 제안하고 싶은 과학기술정책 방안에 정당성을 제공하는 쪽에 더 가까웠다. 제시된 대응책은 다음과 같았다. 첫째, 국가 인력 활용에서 과학기술인력을 우대해야 하고 이를 위해 고시제도 개선과 개방직 고급 공무원직 채용에 '과학기술 및 기술정책 전문가의 특별채용' 제도를 적용할 것을 제안했다.[65] 둘째, 고용 불안을 일으키는 제조업 경쟁력을 높이기 위해 이공계 병역특례의 확대 및 강화와 산학협동 활성화를 제시했다. 특히 인력의 현장성을 강화하기 위한 새로운 제도로서 현장의 문제 해결을 학위로 연결하는 "(가칭)산업 석·박사" 제도를 도입하자고 제안했다. 셋째, 공학 전공자의 3차 산업 진출 증가에 대비하여 이론 중심의 공학교육을 "전공과 더불어 폭넓은 소양"을 갖추고 "통합적 사고방식을 계발"할 수 있는 교육으로 개혁해야 한다고 주장했다.[66]

이러한 주장은 2001년 후반기 내내 별다른 주목을 받지 못했다. 왜 그랬을까? 이들이 제시한 원인이 수능시험의 자연계열 지원자 감소의 원인으로 보기에는 인과관계가 약했기 때문이다. 이들이 원인으로 제시한 요인은 자연계열 지원자 수가 전체의 40%를 넘었던 1990년대 중반에도 똑같이 존재했기 때문이다. 더 설득력 있는 해석은 자연계열 지원자가 감소하게 된 더 직접적인 원인은 변화하는 입시 환경에 따른 학생 개개인의 합격 전략이었다. 1998년 이후 4년제 대학의 입학 정원은 자연계열의 상대적인 정체 속에 인문사회계열 및 예체능 계열에서 지속적으로 증가했다. 4년제 대학의 인문사회계열 입학 정원은 1998학년도 123,625명에서 2003학년도에 133,424명으로 대폭 증가한 반면, 자연계열 입학 정원은 1998학년도 130,533명에서 2003학년도에 132,018명으로 소폭 증가한 데 그쳤다. 더하여 계열별 교차지원 제도가 광범위하게 인정되었다. 따라서 2001년 당시 합격의 문도 좁고 수능시험 고득점을 얻기도 어려운 자연계열은 인문계열이나 예체능계열에 비해 불리한 선택이었다. 제시된 대응

방안 역시 극소수 엘리트 과학기술자와 공학 전공자에 국한되었다.

오히려 2001년 이장무, 김태유 등의 주장은 과학기술계가 안고 있는 여러 문제를 새롭게 제기할 수 있는 어떤 것으로서 "이공계 기피 현상"을 발견했다는 점을 주목해야 한다. 정확하게 이들이 지목한 현상은 수능시험 자연계열 지원자의 급격한 감소였다. 그러나 이후 논의에서는 이 사실은 별다른 주목을 받지 못했다. 대신 이 현상에 대한 해석으로서 제시된 이공계 기피 현상이라는, 막연하지만 감성적인 용어는 나중에 여러 다른 구체적인 현상을 지칭하는 우산 같은 역할을 하면서 살아남았다. 그런 의미에서 2001년 이 서울대학교 공과대학 교수들은 이공계 기피 현상을 발견했다기보다 그들이 발견한 어떤 문제를 표현하는 상징적인 사건으로서 '이공계 기피 현상'을 구성해냈다고 보는 것이 타당하다.

2) 의미 변화: 자연계열 지원 감소에서 이공계 기피로

2001년 후반 내내 별다른 사회적 관심을 끌지 못했던 이공계 기피의 문제는 2002년 초부터 사회 관심사로 급부상했다. 2002년에는 이공계 기피에 대한 논의가 신문과 각종 간행물, 인터넷을 통해 뜨겁게 진행되었다. 언론의 관심도나 관련 기사의 절대량, 이 문제를 다룬 인터넷 게시판과 참여 네티즌의 수, 과학기술자들의 기고 등을 볼 때 이공계 기피 담론은 가히 폭발적이었다.

이러한 폭발적인 관심을 끌어낸 계기는 서울대학교, 특히 서울대학교 공과대학의 '추락'과 (한)의과대학의 절대적 부상이었다. 2002학년도 입시에서 서울대학교 등 세칭 명문대학교 이공계 학과의 지원율 및 등록률은 과거에 비해 급락한 반면 전국의 모든 의과대학의 경쟁률은 매우 높았다. 사실 이러한 경향 자체가 새로운 것은 아니었다. 그러나 이미 자연계열 지원자 감소 문제가 제기된 가운데 과거 어느 해보다 상대적 격차가 컸기 때문에 이 점은 언론의 주목을 받기에 충분했다. 이공계 최고 수준이라는 서울대학교 공과대학의 2002학년도 등록률은 2001학년도의 90.6%에서 무려 9% 정도 낮아진 81.7%였으며, 자연과학대학의 경우 89.5%에서 81.9%로 떨어졌다. 특히 서울대학교 공과대학과 지방대학교 의과대학에 복수 합격한 학생이 지방 의과대학을 선택하는 사례들이 알려지자 학벌 중심 인식에 익숙한 사회와 대학 당국자들은 충격을 받았다. 위기의식을 느낀 서울대학교 이공계열 4개 단과대학 학장들은 2002년 2월에 이례적으로 병역특례 정원 확대 등 '이공계 기피 현상'에 대한 대책을 촉구하는 건의문을 교육인적자원부에 제출했을 정도다.[67]

수능시험 지원자 수 감소라는 처음의 문제의식은 청소년들의 진로 선택에 중심을 둔 것이었기 때문에 초기 논의는 청소년의 선택에 영향을 주는 요소들, 즉 중등학교의 교육환경이나 입시제도, 진학 정보 부족, 과학기술에 대한 인식 부족 등에 집중되었다. 이 문제에 대한 정부의 1차 대응도 마찬가지였다. 서울대학교 등록률 저조에 관한 기사가 발표된 것과 같은 날 이 문제를 다룰 '과학교육발전위원회'의 1차 회의가 개최되었다. 이 위원회 산하에 설치된 5개의 전문위원회, "청소년 과학교육 내실화" "과학영재교육과 과학고 정상화" "이공계 진학제도 개선" "이공계 대학교육 제도개선 및 발전" "청소년 과학화" 이름을 보면 이 위원회가 초중등 교육과 입시제도에 많은 관심을 두고 있었음을 알 수 있다.[68] 이 위원회의 활동의 최종 결과물은 2002년에 확정된 〈청소년 이공계 진출 촉진 방안〉으로 구체화되었는데 과학교육, 영재교육 측면에 많은 비중을 두었다.[69]

그러나 더 많은 논의들에서 단순히 청소년의 과학교육이 아니라 사회의 (한)의과대학 선호와 이학/공학의 상대적 위상 하락이 더 문제라는 주장이 제기되었다. 그 증거로서 논의를 폭발시킨 서울대학교 공과대학보다

한의과대학을 선호하는 경향에 이어 서울대학교 이공계 학생들의 자퇴율 수준과 이공계 박사 학위자가 의과대학 진학 또는 고시로 진로를 바꾸는 사례들이 발굴되었다.

그러자 수많은 이학, 공학 전공자들이 이학, 공학의 상대적 선호도, 사회적 지위와 보상의 상대적 하락을 '이공계 기피 현상'으로 해석하고 각자의 맥락에서 원인을 분석했다. 아직 현장에 있는 대학원생과 각급 연구소의 연구원들은 인터넷 게시판을 통해 기회만 있으면 전공과 경력을 바꾸고 싶다는 목소리를 냈다. 그 원인으로서 대학의 열악한 교육·연구 환경, 구직난, 다른 전문직과의 사회적 지위나 소득 수준 격차 등 이 지적되었다. 한편 경력 과학기술자들은 자신들이 겪고 있는 현장의 여러 문제들이 가깝게는 이공계 대학(원)생들의 이탈, 멀게는 청소년의 이공계 선택 감소의 원인이라고 주장했다.

언론은 '이공계 위기' 또는 '이공계 고사(枯死)'라는 자극적인 표현을 쓰면서 연일 이 사실을 대서특필했고 뒤이어 기획기사, 칼럼, 사설을 통해 심층취재와 분석을 시도했다. 언론인들 외에도 대학교수, 기업인, 연구원, 대학(원)생, 각종 학회와 단체들도 대거 참여하여 각자 자신의 입장에서 이공계 기피를 이해하고 분석하고 대안을 제시했다.

인터넷 게시판은 담론 형성 과정의 새로운 한 축을 담당했다. 일정한 수준 이상의 사회적 지위와 신망을 갖춘 사람들로 필자가 제한되는 일간지와 기관지 등의 기존 매체와 달리 인터넷은 모든 사회 구성원에게 이 문제에 대해 말할 수 있는 공간을 열어주었기 때문이다. 각종 포털사이트나 언론사 사이트에 올라온 수많은 의견은 이공계 기피 담론에 대해 폭넓은 사회적 공감을 입증하는 증거로 기능했다. 또한 인터넷은 과학기술 현장의 '낮은 목소리'를 조직화하는 결과를 낳았다. 한 박사과정 대학원생이 올린 글이 조회수 28,000회를 넘으면서 개별 토론방, 인터넷 커뮤니

티를 거쳐 2002년 2월 25일에 한국과학기술인연합(www.scieng.net)으로 발전한 것이다. 이 사이트는 개설된 후 빠른 시간 안에 주로 대학원생, 계약직/비정규직 연구원 등의 회원 3,500명을 확보함으로써 이 문제에 대한 사회의 관심이 지대함을 보여주었다.[70]

이러한 폭넓은 관심과 참여는 이 문제에 대한 사회의 공감대가 크다는 것을 뜻한다. 과학기술의 다른 문제와 달리 이 문제가 소위 보통 사람들의 관심까지 끌게 된 배경에는 이공계 전공자들이 IMF 외환위기를 통해 산업화 이후 처음으로 대규모 구조조정을 겪으면서 생긴, 이공계의 직업 안정성에 대한 불안감이 있다. 대표적인 과학기술 직종인 연구원들은 IMF 외환위기를 겪으면서 공공연구기관과 산업체 연구소에서 모두 대규모 구조조정을 경험했다(〈표 1〉 참조). IMF 외환위기 이전에 과학기술자들은 사회 보상 측면에서는 미흡하지만 상대적으로 직업 안정성이 높다고 생각했는데[71] 그 믿음이 깨진 것이다.[72] 달라진 노동시장에서 이공계 출신이 느끼는 직업 안정성에 대한 불안감은 인문사회계열에 비해 상대적으로 더 컸다. 즉, 과학기술자들 사이에서 자신의 이미지가 과학기술입국의

〈표 1〉 연구개발주체별 연구개발인력 분포 추이

(단위: 명)

	총계	공공연구기관	대학	기업체
1993	98,764	16,068	28,618	54,078
1994	117,436	15,465	42,700	59,271
1995	128,315	15,007	44,683	68,625
1996	132,023	15,503	45,327	71,193
1997	138,438	15,185	48,588	74,665
1998	129,767	12,587	51,162	66,018
1999	134,568	13,982	50,155	70,431
2000	159,973	13,913	51,727	94,333

자료: 『과학기술연구개발활동조사보고』 각 년도

주역이 아니라 불안정한 직업인이 된 것이다.

3) 경계의 확정: (한)의과대학을 배제하는 이공계 기피 현상

이러한 담론의 폭발적 증가 과정에서 쟁점은 수능시험 자연계열 지원자 감소에서 대학의 전공 분야 간 경쟁과 이학, 공학 기피로 옮겨갔다. 서울대학교 등록률 사태를 통해 단순히 수능시험에서 인문사회계열과 자연계열의 경쟁이 문제가 아니라 자연계열 내의 분야 간 경쟁이 더욱 심각한 문제라는 점이 부각되었기 때문이다. 뿐만 아니라 이공계 기피라는 표현은 전체 자연계열 지원의 감소뿐 아니라 자연계열 지원 학생들이 의약학에 쏠리는 것이 문제라는 점을 분명히 해주는 효과가 있다.

자연계열이라는 용어는 고교 교육과 대학 교육에서 쓰임새가 서로 다르고 대중에게 친숙하지도 않다. 대입 수능시험은 인문사회계열, 자연계열 그리고 예체능계열로 구분된다. 그러나 전문대학을 포함한 고등교육기관에서는 인문계, 사회계, 자연계(이학+공학+농림수산+가정 포함), 의약계, 예체능계, 사범계로 전공 영역을 구분한다. 대입 수능시험의 자연계열 응시자는 이학, 공학, 농림·수산·가정학은 물론 의약계와 사범계의 일부 전공학과에 지원할 수 있다. 따라서 자연계열이란 용어는 대학의 학과를 기준으로 볼 때 너무 많은 전공 분야를 포함하여 관련되는 집단의 경계를 만들기 어렵다.

반면 이공계는 이학과 공학만을 가리키는 것으로 매우 제한적이고 범위를 분명하게 규정할 수 있다. 바로 이 때문에 이전에는 거의 사용되지 않던 이공계란 용어가 이후 사실상 과학기술과 같은 뜻으로 사용되었다. 통상 과학기술이라고 하면 농학은 물론 의약학도 포함되지만[73] 이공계는 이학과 공학에 한정됨으로써 강력한 경쟁 관계에 있는 (한)의약학을 배제하는 효과도 있었다.

다양한 전공과 직종에 종사하는 '이공계 졸업자들'의 참여가 늘어날수록 이공계 기피의 지표와 원인은 복합적으로 변했다. 그 결과 이공계 기피를 넘어 '이공계 위기론'과 그에 따른 '이공계 살리기론'이 나타났다.[74] 이 과정에서 수많은 사람들이 '과학기술자의 이름으로' 여러 주장을 펼쳤다. 모두가 과학기술자로서 이공계 기피를 논하지만 모두 다른 내용을 이공계 기피 현상의 함의로 제시했다. 대개는 각 집단이 과학기술 국가주의 기반 아래 굳건하게 자리잡았다고 생각한 사회적 지위와 보상 시스템이 붕괴되는 현실을 타개하기 위해 이전부터 제안해오던 방안들이 새롭게 옷을 갈아입고 나타나는 형태였다. 그 결과 이공계 기피 담론은 2000년대 초반 IMF 외환위기 이후 달라진 사회경제 체제 속에서 제기되는 모든 과학기술정책의 문제가 올라온 종합 테이블 같은 형태로 나타났다. 2002년 새로 출범한 정부는 과학기술자사회의 불만을 잠재우고 문제를 적극 해결하기 위해 제2과학기술입국과 과학기술중심사회 구축을 중요 정책 의제로 내걸었다.

2. 다양한 '이공계 기피 현상들'과 과학기술 국가주의

1) 사회경제적 맥락

2000년 전후에 한국 사회는 큰 전환의 시기였다. IMF 외환위기의 후속 조치로 기업들은 대규모 구조조정을 단행했다. 이는 노동시장에 상당한 균열을 몰고 왔다. 구조조정이란 대부분의 고용된 임금노동자들에게 해고 또는 고용 불안정성 증가를 뜻했다. 그 이전까지 성장률은 달랐어도 지속적으로 성장하는 경제구조 속에서 특히 대졸 이상의 고학력자들은 매우 안정적이고 예측 가능한 고용을 기대할 수 있었다. 넓게 과학기술자, 좁게는 이공계 전공자도 마찬가지였다. 그런데 IMF 외환위기 이후 이러한 기대가 여러 측면에서 무너졌다. 기업은 장기 투자가 필요한 연구개발 부문을 먼저 축소했고 공공연구소들은 정년 단축 같은 조치를 취했다.

한편 IMF 외환위기에도 상대적으로 안정적이거나 위기를 극복해가는 과정에서 새롭게 부상한 영역도 있었는데, 이공계 졸업자들이 특별히 유리할 것 없거나 심지어 불리하다고 느끼는 영역들이었다. 보건의료 분야와 공공부문은 상대적으로 노동시장이 안정적이었다. 공무원, 교사, 특히 초등학교 교사 등 이른바 '안정적인 직업'에 대한 선호가 이때부터 두드러지기 시작했다. 한의과대학, 의과대학, 치과대학, 약학대학 등 보건의료 전문직 분야는 꾸준히 인기가 높았지만 최고 수준의 엘리트 인력이 언제나 가장 선호하는 영역은 아니었다. 1980-1990년대를 통해 화학공학, 전자공학, 유전공학, 컴퓨터공학 등이 보건의료 분야 못지않게 우수 인력들을 끌어들였고 '좋은 직업'군에서 보건의료 분야와 함께 거론되었다. 2000년대 초에 지식기반 경제 프레임의 등장, 금융시장 개방과 함께 재정, 금융 분야 서비스 산업, IT 분야의 집중 투자에 힘입은 IT산업, 벤처 창업, 콘텐츠 산업, 엔터테인먼트 산업 등이 신산업 분야로 등장했다. 그러나 이공계 전공자들은 지식기반 신산업에서 유리한 입지를 차지하지 못했다. 특히 금융, 재정, 지식기반 서비스업 분야에서 대졸 초임은 이공계 졸업자들의 취업이 주로 이루어지는 제조업의 초임 수준에 비해 훨씬 높았다.

이러한 사회경제 변화에서 많은 사람들이 불안을 느끼고 불만을 가지고 있었지만, 이전에 좋은 조건에 있던 과학기술자 또는 이공계 졸업자들은 상대적 박탈감과 불안을 더 크게 느꼈다. 또는 그들만이 과학기술자의 이름으로 자신들의 문제를 이공계 기피 현상, 나아가 국가경쟁력 약화라는 의제에 연결시킬 수 있었다. 그리고 그 목소리가 일정 정도 정부의 응답을 받은 것은 경제 위기 극복 방안으로 부활한 과학기술 국가주의 의제 덕분이었다.

따라서 이공계 기피 현상이 무엇인지에 대한 여러 과학기술자 또는 이공계 내부 집단의 입장은 다를 수밖에 없었다. 이공계 전공자라 하더라도 연구개발, 교육, 일반기업, 제조업, 기업경영 등 업무 영역에 따라 관심사와 이해관계가 달랐다. 또한 같은 업무 영역, 예를 들어 연구개발 종사자라 하더라도 학력과 연구조직 내 위계상 직위, 산학연 소속 기관의 특성 등에 따라 이해관계가 달랐다. 각각의 과학기술자 그룹들은 각각이 처한 맥락에 따라 이공계 기피 현상을 규정하고 그 원인을 분석하고 해결 방안을 요구했다. 논의에 참여하는 집단의 사회적 위상과 정책 결정에 개입할 가능성이 높을수록, 언론 매체 활용 능력이 클수록, 내부 목소리를 종합 조정하여 정리된 요구를 할 조직력이 있을수록 그들이 제기한 문제가 "이공계 기피 현상"의 주된 내용으로 선택될 가능성이 높았다. 그리고 이렇게 선택된 문제들에 대한 대응책이 중요하게 고려되었다.

2) 정부출연연구소 연구원

이공계 출신자들 중 의사와 자격 요건에서 비교할 수 있는 집단은 크게 대학 교수, 정부출연연구소(이하 출연연)와 산업체 연구소에서 일하는 박사급 연구원일 것이다. 의과대학이 6년의 교육과 전문의 수련 과정을 거치므로 교육훈련 투자를 기준으로 보면 최소한 이공계 석사 이상, 실제로는 박사급이 되어야 비교 가능하다. 산학연의 박사 연구원들 중 직업 안정성, 소득 증대, 사회적 인정 측면에서 스스로 가장 열악하다고 인식하는 집단은 출연연의 연구원들이었다. 산학연의 박사급 연구원들을 대상으로 실시한 설문조사에서는 출연연의 과학기술자들의 만족도가 가장 낮고 대학교수의 만족도가 가장 높은 것으로 나타났다.[75]

출연연 연구원은 대학교수와 비교하변 직업 안정성과 퇴직 후 연금 그리고 사회적 인정 측면에서, 기업 연구원과 비교하면 경제적 보상 측면에서 뒤진다고 생각했다. 그들은 IMF 외환위기 때 "학생들을 배경으로 버틴 대학교수들과 달리" "목소리 한번 못 내고 직장을 떠나야 했고 살아남은 연구원들은 퇴직금이 정리되고 정년이 단축"되었다고 주장했다.[76] 이들은 또 연구과제중심운영제도(Project Based System, PBS)[77] 시행 이후 정부가 인건비 지원율을 40% 수준으로 낮추었기 때문에 연구원들의 과제 수주 경쟁이 심해졌고, 자율적이고 안정적인 연구 환경 조성이 힘들어진 점을 지적했다. 출연연 연구원들에게는 이러한 연구 환경이 이공계 기피를 불러온 원인이었다.[78]

그러나 이는 출연연 연구원들이 이전부터 제기했던 연구 환경 개선 요구를 이공계 기피 논의에 연결시켜 사회의 관심을 끌고 실현 가능성을 높이기 위한 전략적 행위로 보는 것이 타당하다. 2001년 7월에 이미 "출연연 활성화 및 사기진작 종합대책"이란 제목의 대응책이 국가과학기술위원회에서 확정된 바 있기 때문이다. 여기에는 연구비와 인건비의 안정적 지원, 연구원 인센티브 증가, 복지지원 확충, PBS 제도 개선, 연구연가 활성화 등이 포함되어 있었다.[79] 이는 출연연 연구원들의 요구 중 일부만 반영된 대책이었다. 출연연 연합대학원, 과학기술자 공제회 설립과 같은 정책도 이미 제안되었으나 2002년 이전에는 충분한 정책적 지지를 얻지 못했고 실현되지 못했다.[80] 이 중 특기할 만한 것은 과학기술자 공로연금 운영을 담당할 과학기술자 공제회 설립이었다. 군인연금과 공무원연금, 사립학교 교원들을 위한 사학연금을 제외하면 모두 국민연금 가입을 원칙으로 하는데 출연연 연구원들은 과학기술자들을 위한 연금을 요구했던 것이다. 비슷한 전문성을 가진 대학교수와의 형평성 외에 정당화의 근거가 없으며 가입 대상도 명확하지 않았다. 그러나 이공계 기피 현상에 대한 대책으로 2002년에 발표된 "청소년 이공계 진출 촉진 방안"에는 이 내용이 포함되었다.

여기에서 주목할 것은 출연연 연구원들의 요구한 해결책의 성격이다. 이들은 자신들을 "홀대받는" 존재이며 정부 또는 사회가 자신들의 "사기를 진작시켜주어야 한다."고 주장했다. 이러한 주장들은 모두 자신들이 받아야 할, 사회적으로 합의된 정당한 대우가 있음을 상정하고 있다. 그들이 무엇을 정당한 대우라고 생각했는지는 그들의 요구에서 미루어 짐작컨대 연구비 지원 확대, 연구 자율성 확대, 그리고 복지 확대로 요약된다. 그런데 자신들의 요구를 정당화하는 근거를 제시하기보다 출연연의 연구가 국가발전에 기여하고 과학자들은 자율성을 누려야 한다는 것을 주어진 것으로 전제하고 있다. 이러한 아이디어는 출연연이 한국에서 거의 유일한 연구개발 활동 주체로서 특별한 지위를 가지고 있던 1970년대에 구축된 것이다.

3) 대학교수와 대학원생

이공계 대학교수들의 문제의식은 출연연 연구원들과는 매우 달랐다. 이공계 대학교수들은 고용 기간이 상대적으로 길고 안정적이었기 때문에 고용보다는 연구 경쟁력 향상을 위한 여건 조성에 더 많은 관심을 두었다. 그래서 이공계 대학교수들이 이공계 기피로 지목하는 현상 중에는 수능시험 자연계열 지원자 감소 외에도 소위 '대학원의 공동화(空洞化)'가 있었다. 대학원 공동화란 대학생들, 특히 우수한 대학생들이 국내 대학원보다 유학을 선호하거나 졸업 후 의약학 또는 고시 등 다른 영역으로 이탈함으로써 국내 대학원의 학생 수가 급감하는 현상을 가리킨다.[81] 교수들은 이러한 현상을 청소년의 이공계 기피 현상의 중요한 지표로 해석했다. 그리고 대학원 공동화 현상은 단기적으로는 연구활동 부진을 초래하고 장기적으로는 다음 세대 과학기술자 양성에 크나큰 걸림돌이 될 것이라고 주장했다.

대학교수들은 대학원 공동화의 원인을 대학교 밖에서 찾았다. 졸업생들의 취업난, 기초연구 지원 부족, 대학원생에 대한 지원 부족을 주된 이유로 지적했다.[82] 이들은 이공계 출신을 위한 일자리 창출, 과학기술자 고위직 진출 확대를 통한 사회적 지위 향상, 대학의 교육환경 개선 지원, 대학원생에 대한 선진국 수준의 지원 등을 촉구했다. 이러한 대책이 공통적으로 강조하는 것은 우수 대학원생의 국내 대학원 유치였다. 그래서 대학교수들은 정부의 청소년 이공계 진학 촉진 방안 중 하나로 제안된 해외 이공계 석·박사과정 유학생 장학금 지원 사업을 반대했다.[83] 이 사업의 기획 의도는 우수한 이공계 대학생에게 해외 대학의 박사 학위 취득 과정을 지원함으로써 우수 고등학생들이 장기 전망을 갖고 대학 진학에서 의약학 대신 이공계를 선택할 동기를 주는 것이었다. 그러나 대학교수들은 이 제도가 외국 대학원 선호를 더욱 부채질할 뿐이라고 평가했다.

반면 대학원생들은 대학원 공동화의 원인으로 학내 위계 관계에 따른 불이익이 크다는 점을 강조했다. 이들에게는 학업에 따른 경제적 부담과 취업난 외에도 교수와 대학원생들의 권위적이고 수직적 관계, 연구활동 이외의 잡무, 편법·탈법적인 연구비 운영 강요 등의 요인이 국내 대학원 공동화, 더 나아가서는 이공계 기피의 원인이었다.[84] 교수들과 달리 대학원생들은 대학원 공동화와 이공계 기피 해소를 위해 가장 시급한 정책으로 '국내 학위 우대'를 들었고 병역특례기간 단축, 이공계 장학금, 국비 유학 지원이 필요하다고 보았다. 이들은 국내 대학원 공동화를 우려하면서도 정작 신임교수를 뽑을 때 해외 학위를 선호하는 교수들의 행위는 모순이라고 비판했다. 대학원 공동화라는 문제에 대해 현장의 두 당사자들인 대학교수와 대학원생들의 이해관계가 부분적으로만 일치함을 알 수 있다.

4) 산업체 연구원

산업체 연구원들은 이공계 기피 현상의 주된 원인으로 낮아진 직업 안정성과 불충분한 사회문화적 보상을 꼽았다. 한국산업기술진흥협회에서 산업체 소속 연구원들을 대상으로 실시한 설문조사의 결과에 따르면 응답자들은 연구원을 평생 직업으로 선택했다. 그러나 IMF 외환위기로 대규모 구조조정을 겪은 뒤 연구원들은 직업 안정성이 낮아진 것을 가장 큰 문제로 느끼고 있었기 때문에 이것을 이공계 사기 저하와 이공계 기피의 주된 원인으로 파악했다. 대학교수들은 이 문제를 거의 제기하지 않았던 것과 대조적이다. 또한 산업체 조직 내에서 자신들의 직무와 성과가 정당하게 평가받지 못하는 것도 문제삼았다. 즉 연구개발이 마케팅이나 영업에 비해 부당한 대접을 받고 있다고 인식했으며, 성과에 대한 경제적인 형태의 보상이나 인센티브 제도가 미비하다는 문제를 제기했다.[85]

이 조사 보고서에서 제안된 정책 방안에도 주목할 만한 부분이 있다. 제기한 내용은 크게 세 가지인데, 첫째, 연구활동의 가치를 정당하게 인정하는 사회문화 풍토 조성, 둘째, 이공계의 공무원 등 공직사회 진출 확대, 셋째, 경제적 보상 확충을 위한 산업계 연구원 소득공제제도 전면 시행과 당시 검토되던 과학기술공로연금에 산업체 연구원 포함이었다. 이중 첫째, 둘째 방안은 다른 과학기술자들도 제기한 바 있는 일반적인 것이지만, 셋째 방안은 정부의 과학기술자 사기 진작 정책에서 산업체 연구원도 대학교수나 출연연 연구원들과 같이 대우해주기를 요구하는 것이었다.[86] 이는 산업체 연구원들이 다른 연구기관 종사자들보다 사회적으로 낮게 보상받는다고 인식하고 있었음을 보여준다.

5) 기술사

이공계 전공자들의 진로는 매우 다양하지만 자격 요건과 관련해서는 크게 2가지 경로가 있다. 첫째는 연구개발 활동의 전문성을 담보하는 석·박사 학위를 취득하는 것이고 둘째는 산업 현장에서 필요한 각종 기술자격증을 취득하는 것이다. 기술자격증 중 최고 대우를 받는 것은 기술사 자격증이다. 기술사는 의사, 변호사와 마찬가지로 국가가 정보통신, 정보처리, 기계, 수자원 등 과학기술의 각 분야의 전문성을 인정하는 제도로서 '이공계의 고시'라 불렸다.

기술사들에게 이공계 기피의 원인은 이공계의 꽃인 기술사들의 업무 영역이 다른 전문직과 달리 제도적으로 보호되지 않는 것이었다. 특히 이들은 일정 기간 경력을 인정받으면 기술사 시험에 통과하지 않고도 기술사와 동일한 업무를 할 수 있는 '인정기술사제도'를 문제삼았다. 기술사 단체에 따르면 기술사들은 "한때 고액 연봉을 받고 스카웃되는 엔지니어들의 선망의 대상이었으나 현재는 실업자 처지"에 있었다. IMF 외환위기 이후 국내 경기가 침체되어 수요가 감소했고, 인정기술사들이 기술사 자리를 대신했기 때문이다.[87] 이들의 주장에 의하면 인정기술사제도 때문에 2만5천여 명에 불과하던 기술사 수는 당시 10만여 명까지 늘어나 '기술사 과잉 공급시대'를 맞았고, 소위 '정식기술사'와 '인정기술사'가 경쟁을 하는 상황이 되었다. 인정기술사제도가 도입된 것은 늘어나는 기술사 수요에 부응하기 위한 것이었다. 그러나 독자적인 전문성을 누리던 기술사들은 이 제도에 대해 "소정의 경력을 가진 물리치료사에게 의사 자격증을 주는 것과 다를 바 없다"고 비판했다. 이들은 "이공계의 전문성을 인정하지 않는 풍토"를 이공계 기피의 원인으로 파악했다.[88]

기술사들의 주장이 정당한지 평가하기 위해서는 별도의 엄밀한 분석과 확인이 필요하다. 그러나 분명한 것은 기술사들이 자신의 오랜 문제를 이공계 기피와 연관시켜 해결하려고 했다는 점이다. 기술사들은 기존 대표 단체인 한국기술사회 외에 제도 개선 활동에 중점을 두고 활동하던 모임을 주축으로 새로운 대표 단체로 대한기술사회를 결성했다. 기술사 대표 단체들은 기술 분야 직무가 절반 이상을 차지하는 공무원직에 전문성이 강화되어야 하며 이를 위해 이공계 공직 진출 확대 방안을 지지한다는 입장을 표명했다.[89]

3. 달라진 것과 달라지지 않은 것

이공계 기피 논쟁을 통해 과학기술자사회의 계층화와 그 영향, 달라진 사회경제적 맥락에서 드러난 정부 역할의 한계, 그리고 과학기술 국가주의의 관성과 유산의 상호작용을 볼 수 있다. 1980-1990년대를 통해 과학기술자사회는 급성장했지만 그 과정에서 소속 기관의 유형별로, 그리고 소속 기관에서의 지위와 업무별로 사회적 위상, 경제적 보상, 노동 강도, 직업 안정성, 정체성이 다른 소집단으로 분화되었다. 예를 들어 일부 엘리트 과학기술자들은 1970년대 과학기술 국가주의가 상상한 '과학입국'의 주역으로서의 정체성과 사회적 지위와 경제적 보상을 누렸다. 그러나 다수의 기업 소속 연구원과 엔지니어들은 다른 전공 분야의 전문직들과 비슷한 '회사원' 또는 일반 직업인으로서 정체성을 가지고 있었다. 정부와 엘리트 과학기술자들은 과학기술 국가주의에 기반한 해결책을 시도했다. 그러나 이러한 해결책은 특히 절대 다수를 차지하는 기업 소속 과학기술자들에게 매력적으로 보이지 못했고 실효성도 별로 없었다.

1) 과학기술 국가주의에 기댄 해결책

이공계 기피 담론은 우리나라에서 많은 과학기술자들이 개인적으로, 집단적으로 존재를 드러내고 사회적인 발언을 했던 흔치 않은 사례였다. 그

<그림 8> 「과학기술 위기 선언」 100만 과학기술인 인터넷 서명운동. (출처: 「과학과기술」 396권, 9.)

어느 때보다 많은 과학기술자들이 각종 매체를 통해, 각종 강연과 위원회를 통해 과학기술자들이 처한 환경의 문제점을 지적하고 국가발전을 위해서 이를 해결해야 함을 주장했다. 대중과 정책 입안자들은 단순히 과학기술발전의 도구적 존재로서 연구활동만 수행하고 국가에 동원되는 과학기술자가 아니라 자신들의 문제를 적극 제기하고 해결책을 요구하는 조직화된 과학기술자사회를 보았다. 예를 들어 과총은 2002년 제35회 과학의 날에 이공계 기피 타개에 대한 과학기술자들의 뜻을 모으기 위해 "100만 과학기술인 서명운동"을 실시했다.

이공계 기피와 관련해서 대부분의 과학기술자들이 공감하고 동의한 주장은 과학기술자의 사회적 지위 향상 필요성이었다. 즉, 과학기술자는 과학기술이 국가발전에 기여하는 정도에 합당하는 사회적 지위를 누리지 못할 뿐 아니라 의사나 변호사 같은 다른 전문직에 비해서도 사회적 지위가 낮기 때문에 이를 개선해야 한다는 것이다. 대표적인 예로 공무원 중 이공계 전공자의 비중과 고위직에서 기술직의 비중이 낮다는 점이 지적되었다. 2002년에 국가과학기술자문회의가 발표한 분야별 공무원 구성 비율을 보면 기술직은 전체의 20% 수준이다. 중앙행정기관 공무원 중 기술직 공무원은 전체의 24.7%이며 이 중 5급 이상은 전체의 29.7% 였다. 특히 고위직이라 할 수 있는 1급에 이르면 기술직 비중이 10% 미만으로 떨어졌다. 그렇듯, 기술직 공무원들에게는 승진에서 보이지 않는 장벽, 즉 유리천장이 존재한다고 보았다. 그 결과 행정직 또는 인문사회, 법 전공자들이 국가의 중요한 의사결정을 하기 때문에 과학기술자들은 이들보다 사회적 지위가 낮게 인식된다는 것이 주장의 핵심이었다. 이에 대한 해결책으로 과학기술자가 존경받고 과학기술정책을 포함한 국가의 주요 의사결정 과정에 참여할 수 있도록 제도적으로 보장하는 방안이 제기되었다.

이공계 위기를 외치는 주장들은 대부분 내용이 불명확하거나 근거가 불명확한 이공계 기피 현상과 이공계 위기에 대한 것이다. 위에서 살펴보았듯이 제시된 원인이나 근거는 통계로 드러나는 것도 있고 주장하는 사람들의 주관적인 평가도 있다. 주장하는 행위자들 역시 개인이거나 대표성을 가진 단체의 대표이거나 온라인에 모여든 익명의 다수 등 다양하다. 이들의 다양한 진단과 다양한 해결 방안 중 정부에 의해 최종 채택되거나 이공계 기피 극복을 위해 새롭게 도입된 정책들 역시 넓은 영역에 걸쳐 있다.

그런데 문제 제기와 요구, 도입된 해결책들의 다양성에도 불구하고 이들은 여전히 과학기술 국가주의에 기대고 있다는 공통점을 가진다. 이공계 전체를 위한 공통의 요구 사항은 과학기술이 국가발전에 중요한 활동, 즉 과학기술 경쟁력이 국가에 중요하다는 점에 근거를 두었다. 실제 요구 사항은 다르지만 모두 자기 집단이 이공계를 대표하는 것처럼 자기 집단의 문제와 요구사항이 이공계 기피의 대응책이라고 주장했다. 정부 역시 같은 전제 아래 과학기술자들의 문제를 정부가 나서서 해결하기 위한 노력을 기울였다. 굉장히 규모가 크고 구성원들이 불균일한 과학기술자사회의 현장 문제를 해결하고 과학기술자들의 사회적 지위를 향상하는 일을 정부가 나서서 할 수 있다고 믿는 것은 오랜 과학기술 국가주의의 유산이었다.

2) 〈이공계 특별법〉

결과는 어떠했는가? 2000년대 초반의 이공계 기피 담론과 들끓었던 여론은 2004년 9월 23일 〈국가과학기술 경쟁력 강화를 위한 이공계 지원 특별법〉(이하 〈이공계 특별법〉)을 제정하고 그에 기반해 각종 지원정책을 시행하면서 일단락되었다. 이 법은 이공계 인력을 "이학, 공학 분야와 이와 관련되는 학제 간 융합 분야"를 전공한 사람으로 규정함으로써 농림수산 관련 전공 분야들을 배제하는, 의도하지 않았던 결과를 낳았다. 이 법은 이공계에 대해 5년마다 기본계획을 수립하여 이공계 인력 육성 및 지원을 체계적으로 추진하도록 했다. 그 내용으로는 각계의 요구를 반영하여 이공계 인력 양성과 전주기적 지원, 공직 진출 확대와 처우 개선, 기술이전 성과 지원, 이공계 대학 및 대학원 지원 확대, 우수인력 국가장학금 지원, 우수 과학자에 대한 연구비 지원, 과학기술단체 지원, 과학기술 관련 방송프로그램 편성 지원 등이 포함되었다. 이 법에 기술사들의 요구는 반영되지 않았고 대학원생들의 요구는 대학원 지원과 우수인력 지원의 형태로 간접적으로만 반영되었다. 반면 이공계 대학교수와 출연연 연구원들의 제안이 상당 부분 반영될 수 있는 근거 조항이 포함되었다.

〈이공계 특별법〉은 과학기술 경쟁력은 국가를 위해 중요하므로 그 일을 담당할 이공계를 정부가 다양한 정책 수단을 동원하여 지원해준다는 기본 입장을 가진다. 이는 오래된 과학기술 국가주의 주장과 다르지 않다.

또한 해결 방안 역시 정부가 주도하여 위로부터 지원을 내려준다는 점에서 기술관료주의 접근을 택하고 있다.

1970년대와 1980년대처럼 정부가 과학기술 전반에 걸쳐 기획하고 자원을 배분하고 인력을 수급하는 방식으로는 원하는 결과를 낳을 수 있는 환경이 더 이상 아니라는 것이 문제였다. 〈이공계 특별법〉에서 이공계는 이공계 전공자 상당 부분을 포괄하지만 이들의 대부분을 고용하는 주체는 기업이다. 기업의 고용 촉진, 기업 연구원의 지위 향상과 보상체계 개선을 위해 정부가 선택할 할 수 있는 정책 수단이 마땅하지 않다. 정부가 국립대학, 공무원, 공공기관, 출연연에서 고용을 직접 증대시키지 않는 한 중소기업 고용 지원 사업 정도에 불과하다. 과학영재교육을 받은 청소년들이 (한)의과대학을 선호하거나 이공계 석·박사 학위를 마친 인재들이 공무원이나 (한)의과대학으로 옮겨가는 것을 막을 방법이 정부에게 없기 때문이다. 급속하게 달라진 노동시장의 고용 관행이나 직업 안정성에 대한 기대치, 경제 양극화에 따른 직업 선호의 변화 등은 직업으로서 과학기술 선호에 분명 영향을 주지만 해결 방안은 과학기술정책의 범위를 넘어서는 것이었다.

가능한 정책 수단을 망라하느라 〈이공계 특별법〉에 근거한 정책들 중에는 상호모순인 것도 포함되었다. 예를 들어 이공계 최우수 인재를 발굴하여 해외 유학을 지원하는 대통령 장학생 제도는 한편으로는 우수인력에 특별 지원을 주어 이공계를 선택하고 잔류하게 하는 효과를 가지지만, 다른 한편으로는 우수인력의 해외 유학을 지원하여 국내 대학원에서는 우수인력의 손실이 발생할 수 있다. 이공계의 사회적 위상을 높이기 위해 이공계 출신 공무원을 늘리는 정책은 우수인력이 이공계를 기피하고 공무원, 의사 등 다른 직업을 선호하는 이공계 기피 현상을 부추기는 것이라는 비판도 있었다.

3) 이공계 르네상스

2010년 이후에는 이전의 이공계 기피 담론이 무색하게 '이공계 르네상스'라는 용어가 퍼졌다. 무엇인가 이공계의 상황이 이전에 비해 개선되었음을 나타내는 말이다. 이것은 이공계 기피 담론 이후 정부가 취한 정책들이 효과를 발휘한 결과일까? 〈이공계 특별법〉은 이공계 전공자의 사회적 위상을 높이고 보상체계의 개선을 가져왔는가? 〈이공계 특별법〉은 전체적으로는 이공계 인력을 체계적으로 육성하고 지원하고 활용하는 것을 목적으로 했다. 그러나 구체적인 사업에서는 과학영재교육, 대통령 과학장학생, 국가 과학기술자 사업 등 엘리트 과학기술자 육성과 지원이 주를 이루었다.

그렇다면 이공계 르네상스라는 인식은 어떻게 생겨났는가? 산업구조와 노동시장에서 이공계 전공자들이 취업에서 유리한 방식으로 뚜렷한 변화가 있었다. 금융과 재정의 성장 속도가 둔화되고 전산화됨에 따라 금융·재정 분야 내부에서 구조조정이 일어나고 보상도 양극화되는 현상이 나타났다. 반면, 신산업 성장으로 이공계 전공자의 취업률은 인문사회계보다 높게 유지되었다. 그다음으로 연구개발에 대한 투자는 지속적으로 증가했기 때문에 연구 환경은 상대적으로 나아졌다. 대학원에 대한 지원도 증가했고 출연연 연구원들이 요구했던 정년 연장, 출연연 연합대학원, 과학기술 공제회 설립 등이 실현되었다.

그러나 이공계 기피 담론에서 제기되었던 가장 큰 문제, 즉 (한)의학에 비해 이학·공학의 선호도가 떨어져 우수인력이 빠져나간다는 문제는 해결되지 않았다. 오히려 이 문제는 시간이 지날수록 심화되는 경향을 보였다. 따라서 이 시기의 이공계 르네상스는 이공계 자체의 부활과 융성이라기보다는 금융, 재정 등 경쟁 분야의 상대적 쇠락에 따른 결과였다.

이공계 기피 현상과 관련된 논의는 1절과 2절에서 살펴본 과학기술 국가주의와 한국 과학기술자사회의 형성 시기로부터 20-30년 뒤의 일이다. 따라서 이공계 기피 논쟁이 기초한 담론을 살펴보면 어떤 점이 변하고 어떤 점이 변하지 않았는지 볼 수 있다. 2000년대 초반 과학기술자사회는 이공계 전공자로서의 공통 경험과 지식기반에도 불구하고 소속 기관과 직무에 따라 과학기술과 사회의 관계에 대해 서로 다른 인식과 서로 다른 이해관계를 가지고 있음을 보여주었다. 따라서 1970년대의 과학기술 국가주의에서 상정했던 산업역군으로서, 사회적으로 우대받는 전문가 집단으로서 과학기술자의 일관된 상은 더 이상 유효하지 않았다. 또한 과학기술자들의 직무 환경과 사회적, 경제적 보상에서 과학기술 국가주의 주체로 간주되는 정부가 할 수 있는 역할도 제한적이었다. 즉, 과학기술자들의 사회적 역할과 그에 합당한 보상과 대우를 논의하기에는 과학기술 국가주의가 더 이상 충분하지 않게 된 것이다. 이공계 르네상스조차 정부의 이공계 기피 현상에 대한 대응 정책의 결과라기보다 기업과 시장의 변화 때문이었다.

반면, 과학기술자사회, 여론 지도층, 기술관료들은 여전히 과학기술 국가주의에 의존하고 있었다. 이공계 기피 논쟁에서 드러난 한국 과학기술자사회의 특징 중 하나는 전공이나 전문성보다 소속 기관(예를 들어 대학, 기업, 공공연구소)에 따라 특성과 이해관계가 다르다는 점이다. 그에 따라 이공계 기피 현상에 대한 해석, 원인 분석, 해결을 위한 요구사항이 다르게 나타났다. 그러나 세부적인 내용 차이에도 불구하고 모든 원인은 과학기술 국가주의가 제대로 작동하지 않았다는 해석과 연결되었고 제시된 해결 방안 역시 과학기술 국가주의에 근거를 둔 정부 지원 시책의 형태였다. 과학기술 국가주의는 50여 년이 지난 후에도 국가경쟁력의 이름으로 여전히 작동하고 있다.

보관용

창간호

공해와 생존 1

1986년 11월 6일/발행·공해반대시민운동협의회/발행인·서진옥/□□□□서울 중구 정동 1-23/739-9479

나도 좀 살자 경제성장이라는 목표 아래 벌남을 거리끼지 않고 내뿜는 공장의 유독성 가스와 폐수, 그리고 그 위를 지나가는 유조차량. 하늘과 땅과 물이 오염되고 기형아를 키우는 온갖 생물들이 나도 좀 살자고 외치고 있다. 하늘이 사람인들 보존하라.

공해반대시민운동협의회

2장

시민사회의
도전

과학기술 국가주의는 산업과 경제를 위한 과학기술을 우선으로 한다. 정부의 기술관료들은 기획과 자원 배분을 위한 의사결정을 맡았고 과학기술자들은 현장에서 이를 구현하는 활동을 하는, 일종의 역할분담이 이루어졌다. 1960년대 이후 노동운동과 민주화운동이 계속되었지만 과학기술 국가주의 아래에서 이러한 사회운동과 과학기술 및 과학기술자들은 무관한 것으로 간주되었다. 따라서 과학기술과 관련된 사회문제를 제기하거나, 과학기술자들이 사회운동의 주체로 등장하거나, 과학기술과 관련된 의사결정에 일반 시민들이 개입하고자 하는 등의 시도는 매우 제한적이었다. 공해문제는 인과관계를 밝히는 데 과학기술 전문성이 어느 정도 필요한 영역이었기 때문에 사회운동 진영에서 처음 다룬 과학기술 문제였다. 서구 국가에서는 반핵운동이 환경운동의 중심을 이루었지만 분단국인 한국에서는 반공해운동이 환경운동의 뿌리가 되었다. 또한 반공해운동은 과학기술자들이 사회운동의 주체로 참여한 첫 사례이기도 하다.

민주화가 진전되면서 반공해운동은 다양한 의제를 발굴하고 시민사회의 폭넓은 지지를 이끌어낸 환경운동으로 나아갔다. 환경운동은 시민운동 중에 과학기술과도 관련성이 깊었다. GMO 반대 운동은 환경운동과 과학기술자 운동이 결합된 형태이고 시민사회가 과학기술 참여와 제도적 규제를 요구하는 단계로 넘어가는 첫 시도라는 점에서 의의를 가진다. 마지막으로 4절과 5절에서 다루는 환경운동과 과학기술자 운동은 1970-1980년대에 시작되었고 과학기술 국가주의 아래서 과학기술에 대한 사회적 문제를 제기하는 출발점이기 때문에 2장에 포함되었다.

4절

민중운동에서 시민운동으로: 환경운동

환경운동은 그 자체로 과학기술 운동에 포함된다고 볼 수는 없으나 여러 사회운동 중 과학기술과 친연성이 높다. 예를 들어 환경문제 인식, 환경오염의 기술적 확인, 해결 방안 모색 등에서 과학기술 전문성이 활용될 수 있다. 한국에서 환경운동은 민주화 투쟁 시기에 과학기술 전공자들이 전문성을 살리면서 사회운동에 진출할 수 있는 다리 역할을 했다. 또한 환경운동은 다수 시민의 안전과 건강에 관련된 의제를 다루기도 하므로 과학기술 전문성을 활용하는 시민운동으로 전개될 잠재성을 가지고 있다. 그리하여 강력한 과학기술 국가주의 아래 과학기술의 문제는 사회운동의 의제가 될 수 없었던 시기에도 환경운동은 제한적으로나마 과학기술과의 연결점을 가질 수 있었다. 이 절에서는 과학기술 의제를 다루는 사회운동 또는 비정치적일 것으로 기대되는 과학기술자들이 참여하는 사회운동의 시작으로서 환경운동 초기의 전개 과정을 살펴본다.

사회운동으로서 환경운동이 조직되고 성장하는 과정에는 여러 사회 요인들이 관련되어 있다. 환경오염 사고나 공해병의 발생과 같은 문제는 환경 의식을 일깨우고 환경운동이 일어나는 배경 또는 필요조건 중 하나가 될 수 있다. 그러나 충분조건은 아니다. 발생한 환경문제가 어떻게 인식되는가, 그러한 인식에 바탕해 누가 어떤 방식으로 해결을 모색하는가, 환경문제를 둘러싸고 정부, 기업, 주민들의 관계가 어떠한가 등에 따라 환경문제에 대한 사회의 대응은 다르게 나타나기 때문이다.

세계 각국에서 환경운동이 등장하고 전개되는 과정을 살펴보면 주요 의제와 그 기반이 되는 환경문제 인식, 운동 조직, 운동 방식에서 각 사회의 역사와 특성이 반영되었음을 알 수 있다. 예를 들어 자연보호를 내건 미국의 국립공원운동, 생태운동으로 이어진 유럽의 반핵운동, 생협과 조합을 중심으로 하는 일본의 생활밀착형 환경운동 등 나라마다 다른 모습을 보였다. 또한 환경운동의 주체나 환경운동 조직의 이념적 성향도 달랐다. 그에 따라 환경운동이 다른 사회운동 또는 정치운동과 맺는 관계도 다양하다.

한국의 환경운동은 개발독재, 정치민주화 투쟁, 민주화 이후의 시민사회 성장이라는 정치 지형의 변화와 밀접한 관계를 맺으면서 전개된 특성을 가졌다. 산업화 시기에 공해는 국소적이고 산발적인 피해자 보상 운동 중심이었다. 조직적인 사회운동으로서 환경운동이 등장한 것은 1970년대 말에서 1980년대 초였고 지식인 중심의 민주화운동의 연장선상에서 전개되었다. 이 시기 환경운동의 특징은 다른 사회운동에 비해 이공계 전공자들의 참여가 높았고 다루는 문제의 성격과 내용이 다른 사회운동에 비해 과학기술 관련성이 높았다. 1987년 민주화 이후 환경운동은 국내외 환경문제의 부상과 새롭게 열린 시민운동의 장에서 대중적인 기반을 확보했고 환경 규제의 법제화 등 환경운동의 여러 의제들을 제도화하는 활동을 했다. 이 절에서는 한국의 시민사회 형성 과정에서 과학기술과 관련된 사회운동이 어떻게 전개되었는지를 살펴보는 한 갈래로서 환경운동의 전개를 다룬다. 민주화운동 시기의 환경운동에서 과학기술 국가주의에 대한 비판과 인식 변화를 살펴본다.

1. 공해문제에 대한 두 대응: 주민보상운동과 자연보호운동

1) 산림녹화정책과 산림애국

한국에서 환경과 관련해 정부와 사회의 관심을 받은 첫 번째 문제는 산림의 황폐였다. 일제강점기의 수탈과 해방 이후 땔감용 벌목, 한국전쟁이 연이어 이어지면서 한반도의 산림 자원은 빠른 속도로 고갈되었다. 조선총독부 임야 통계에 따르면 1927년부터 1941년 사이 한반도 북쪽 지역에서 6천6백만m^3의 산림 자원이 사라졌고, 한반도 전체로는 일제강점기에만 약 5억m^3의 산림 자원이 수탈되었다.[1] 대한민국 정부가 수립되면서 농림부의 산림국 내에 임정, 임산, 조림의 3과가 설치되었고, 1949년에는 중앙임업시험장이 설립되었고 4월 5일을 식목일로 지정하는 등 산림 복구를 위한 정책이 시행되었다. 그러나 이러한 노력은 한국전쟁 때문에 중단되었다. 전후 복구 시기에도 정부는 산림 복구에 관심을 기울였으나 땔감 수요 증가, 자원 부족 등의 이유 때문에 현실적으로는 복구에 한계가 있었다.[2]

산림 복구는 1960년 이후 본격적인 산업화 시기에 들어서도 시급한 과제 중 하나였다. 산림 자원 확보 못지않게 홍수 조절이나 산사태 등 자연재해와 관계가 깊었기 때문이다. 농촌과 산간 지역에서는 땔감용 벌목, 화전 일구기, 도시에서는 택지 확보와 개발 때문에 산림 복구를 기대하기 어려웠다. 정부는 1967년 〈산림법〉을 제정하고 농림부 산림국을 산림청으로 확대했다. 이때 기획된 〈치산 7개년 계획〉에는 연료림 조성, 화전

〈그림 9〉 산림청 식수행사(1977). (출처: 국가기록원)   〈그림 10〉 1978년 치신녹화 전진대회. (출처: 국가기록원)

정리, 조림 사업을 위한 예산을 배정하고 국내 벌목을 통제하기 위해 목재 수입을 시도하는 등의 방안이 포함되었다. 1971년 건설부는 개발제한 구역을 지정했는데, 그 목적과 설치 배경 중에는 도시 주변의 나무를 베어내거나 땅을 파헤치는 일을 막아 울창한 푸른 나무와 숲이 우거진 도시인의 생활환경 확보가 포함되었다.[3]

　1970년대 박정희 정부의 환경 관련 정책은 산림녹화 사업에 집중되었다. 제1차 국토종합개발계획과 연계된 제1차 치산녹화 10개년 계획을 1973년부터 추진했다. 이 시기의 산림녹화 사업은 단순히 산림 복구 활동에 그치지 않고 새마을운동과 연계되어 범국민 생활운동으로 전개되었다. 주된 사업 내용은 국내 산림 자원 수요를 통제하고 조림 사업을 효과적으로 시행하는 것이었다. 수요 통제를 위해서는 농촌의 연료를 석탄이나 무연탄으로 대체하고 목재 수입을 확대했다. 조림 사업을 위해서는 국내 환경에 적절한 수종 개발, 지력 상승을 실시했다. 나무 심기가 곧 애국이라는 산림애국사상의 생활화는 제1차 치산녹화 10개년 계획의 목표 중 하나로 설정되었다.[4] 농촌 주민들은 새마을운동 사업을 통해, 도시민들은 나무 심기 운동을 통해 산림녹화에 조직적으로 동원되었다(〈그림

9), 〈그림 10〉 참조). 그 결과 10개년 계획은 4년 앞당겨진 1978년에 목표를 달성했고, 1982년 세계식량농업기구(FAO)는 한국을 제2차 세계대전 이후 산림 복구에 유일하게 성공한 나라라고 평가했다. 1979년부터는 제2차 치산녹화 10개년 계획이 시행되었다.

2) 산업화 최우선의 〈공해방지법〉

산림 복구와 달리 산업화 시기의 매연, 수질 오염 같은 공해와 그로 인한 피해에 대해서 박정희 정부는 큰 관심을 기울이지 않았다. 박정희 시대의 경제개발 정책의 핵심은 한마디로 선성장-후분배, 선개발-후환경이었다. 공해에 대한 제도적인 대책은 형식적이었다. 1963년에 제정된 〈공해방지법〉은 공해를 매우 포괄적으로 정의했고 실질적인 공해 방지를 위한 강제 조항이 거의 포함되지 않았다.[5] 이 법은 1971년에 전면 개정되어 공해의 내용을 세분화하고 안전기준, 배출 허용기준 등을 설정하고, 공해 방지 또는 예방에 관한 연구 및 기술개발을 수행할 공해방지협회를 보건사회부 산하에 두고, 오염 실태를 정기 조사하게 하는 등 이전에 비해서는 구체적인 내용을 포함했다. 그러나 개정된 법도 피해 대책으로서 실효성이 없기는 마찬가지였다. 무엇보다 공해로 인해 피해를 입은 주민들이 직접 피해보상을 요구할 수 있는 권한을 부여하지 않았다.[6]

1978년에는 기존의 〈공해방지법〉을 폐지하고 새로운 〈환경보전법〉을 제정했다. 이 법은 공해의 파괴 이미지, 즉 피해자와 가해자가 분명하고 피해가 강조되는 이미지를 피해 환경보전, 환경오염과 같은 용어를 채택했다. 1970년대를 통해 발생한 공해문제와 그로 인한 피해 주민들의 분쟁 경험을 반영한 대응책이 일부 포함되었다. 예를 들어 현저하게 환경오염이 될 우려가 있는 지역을 지정하여 특별 대책을 강구하거나, 배출 시설을 허가제로 하고 오염물질의 배출 허용기준을 설정하여 오염물질 배출을 통제하거나, 분쟁조정위원회를 설치하여 환경오염으로 인한 피해 분쟁에 대응하는 것 등이다. 그러나 환경오염 위험이 있는 특별 지역에 국한하여 매우 중대한 위해를 줄 우려가 있다고 인정될 때에만 오염물질 총량 규제를 허용하는 등 여전히 환경오염 방지를 위한 규제에는 소극적이었다.[7]

〈공해방지법〉에도 불구하고 과학기술 국가주의를 내건 박정희 정부는 산업화와 경제성장이 모든 것에 우선했기 때문에 그 과정에서 발생하는 공해문제에 크게 관심을 기울이지 않았다. 공해문제를 산업화에 따른 불가피한 것 또는 경제성장을 이룬 후에 해결해도 되는 숙제로 보았다. 1962년 울산공업탑 지정선언문에 새겨진 "공업 생산의 검은 연기가 대기 속으로 뻗어나가는 그날엔 국가 민족의 희망과 발전이 눈앞에 도래하였음을 알 수 있는 것입니다"라는 문구는 이를 분명하게 드러내준다. 따라서 산업화에 지장을 초래하거나 산업화의 중요성을 부정하는 것 같은 공해문제를 제기하면 이는 경제성장에 대한 도전이자 반체제 활동으로 간주되었다.

또한 사회운동 진영에서도 공해문제는 상대적으로 후순위였다. 1970년대 사회운동은 강압적인 유신체제 아래 많은 희생을 치르면서 어렵게 이어지고 있었기 때문에 유신체제 반대와 정치투쟁에 역량이 집중되었다. 1970년대를 통해 크고 작은 공해문제가 보도되었지만 해당 지역의 문제로 치부되는 경우가 많았고 사회운동 진영에서 관심을 기울일 만한 여유가 없었다. 모든 국민의 문제, 또는 인구가 집중된 도시민의 문제로 인식될 만한 공해문제보다는 공단지역의 대기 오염, 수질 오염, 농촌 토양 오염 등 공단 인근 농어촌지역의 피해로 여겨질 만한 사건의 비중이 높았기 때문이다. 공해 피해 대응이 조직적인 환경운동으로 이어지기 위해서는 환경오염과 그로 인한 피해 발생 외에도 공해에 대한 새로운 인식, 그

인식에 바탕한 행동이 가능한 인물, 조직, 자원이 필요하다. 1970년대는 이러한 조건이 충족되기 어려운 시기였다.[8]

3) 공해 피해 주민들의 자생적 대응

산업화 시기에 공해로 인한 피해가 발생했을 때 사회의 관심을 끌었던 문제 중에는 대규모 피해 발생, 공해 피해의 지속적인 발생, 지역 주민의 건강상의 피해가 있었다. 지역 주민들이 공해로 인한 피해를 크게 제기한 첫 사례는 1960년대 부산 감천화력발전소의 매연 문제였다. 제1차 전원개발계획에 따라 부산 지역에 전기를 공급하기 위해 건설된 감천화력발전소는 1964년 완공되었다. 그러나 운전을 시작하자 곧 굴뚝에서 하루 평균 4.4톤의 연기와 그을음이 발생하여 인근 부민동, 감천동 주민들이 호흡기 질환을 앓게 되었다. 지역 주민 25만 명은 1965년 5월 27일 부산 지법에 매연분출방지가처분 명령을 신청했다. 그 결과 공해문제 담당 부처였던 보건사회부는 감천화력발전소에 매연 집진기를 설치하도록 명령했다. 예산 확보의 어려움 때문에 다음 해인 1966년이 되어서야 매연 집진기가 완공되었다. 이는 1963년 제정된 〈공해방지법〉에 의거한 첫 번째

〈그림 11〉 부산 감천화력발전소(1966). (출처: 국가기록원)

조치였다. 이 사례는 〈공해방지법〉에 의해 실제로 공해 방지 대책이 실효를 거둔 거의 유일한 사례다. 그러나 지역 주민들에게 별도의 피해보상이 이루어지지는 않았다. 이후 〈공해방지법〉의 실효성에 대한 언론의 비판은 계속되었으나 이와 비슷하게 정부가 조치를 취한 예는 찾아보기 어렵다(《그림 11》 참조).[9]

민간 공업단지에서 발생하는 공해 피해에 대해서는 보상이 거의 이루어지지 않았다. 정부의 중화학공업 육성정책에 따라 대규모 공업단지가 조성되었고 공업단지 지역에서는 도시 성장, 농촌 인구의 도시 유입, 인구의 갑작스런 증가에 따른 도시 문제가 생겼다. 1967-1969년에 대규모 화학공업단지가 조성된 울산 지역에서는 대기 오염에 의한 피해가 발생했다. 1969년 한국알미늄 공장이 본격 가동을 시작하면서 삼산평야의 벼가 말라죽기 시작한 것이다. 1971년에 삼산평야의 농민들은 공해 때문에 70만 평의 벼농사를 망쳤다며 문제를 제기했다. 농민들은 경작물피해보상추진위원회를 조직했고, 울산시와 울산농지조합은 긴급히 피해 상황을 조사했다. 조사 결과에 따라 약간의 피해보상이 이루어졌지만 오염물질 배출을 근본적으로 막을 수 있는 시설은 갖추어지지 않았다. 이후 삼산평야 지역에서 농작물 피해는 거의 매년 발생했고, 주민들의 피해보상 요구도 매년 계속되었다.[10] 이 문제는 1980년대까지도 이어졌다.

1970년대에는 공해문제에 전문성을 갖춘 활동가들이 존재하지 않았다. 또한 공해로 인한 피해보상은 산업발전에 매진하는 기업에 부담을 주는 일로 치부되었기 때문에 〈공해방지법〉에도 불구하고 정부와 기업은 공해의 실제 예방 또는 발생 후 보상에 별로 관심을 기울이지 않았다. 그 결과 공해문제에서는 주로 피해지역 주민들의 피해보상이나 해결을 호소하는 자생적인 활동이 있을 뿐, 소수 언론을 제외하면 이들을 지원하거나 공해를 사회문제화하는 집단은 없었다. 따라서 주민들의 반공해운동은 이렇다 할 성과를 거두기 어려웠다.

4) 관제 환경운동으로서 자연보호운동

산업화를 우선시한 박정희 정부는 공업지역 주민들의 환경 피해 문제에
는 개입하지 않았다. 공해문제는 보건사회부 소관이었으므로 농업과 어
업의 피해에 소관 부처가 개입할 여지가 적었다. 오직 공해로 인해 지역
주민의 건강상의 문제가 나타날 경우에만 개입할 수 있었다. 그런데 1970
년대에 한국에서 공해병에 대한 인식은 낮았고 지역 주민들이 경험하는
건강상의 문제가 공해 때문에 발생한 것인지를 규명할 수 있는 통계, 기
준, 전문가도 드물었다. 그러므로 실제 공해문제에 보건사회부가 개입하
는 경우는 거의 없었다. 또한 공해지역 주민들의 자생적 피해보상 활동도
강압적인 정권 아래서 급진적인 방식으로 전개되기는 어려웠다.

반면 전국에 걸친 공해 현상이나 도시 지역의 생활환경에 영향을 미치
는 공해문제에 대해서는 정부가 관료적인 방식으로 대응했다. 1970년대
를 통해 전국의 강이나 연안 바다에서 물고기가 떼죽음을 당한 사고, 오
폐수 때문에 강물에 거품이 둥둥 떠다니는 사고, 공해지역에서 등이 굽
은 물고기 같은 기형 동물이 등장하는 사례 등이 TV와 신문을 통해 빈
번히 보도되었다. 보도에서 이같은 사고가 어떤 피해를 일으키는지에 관
한 내용은 분명하게 나타나지 않았다. 그러나 사고 보도가 잦아지면서
국민들에게 공해에 대한 경각심이 생겼다. 정부는 산업 문제를 우회하는
방식으로 이 문제를 돌파하려 했다. 공해산업 도입을 줄이거나 공해물질
배출 기업을 적극 규제하고 공해물질 배출 저감 시설을 설치하는 등의
근본적인 공해 대책 대신 공해물질로 더러워진 자연환경을 깨끗하게 하
여 잘 보존하자는 범국민운동인 자연보호운동을 제창했다. 즉, 환경문제
의 핵심 쟁점을 공해를 일으키는 기업과 그로 인해 피해를 입는 주민들

〈그림 12〉 자연보호헌장 선포식(1978). (출처: 국가기록원)

로 잡는 것이 아니라 공해 때문에 '더러워진' 자연으로 옮긴 것이다. 그리고 정부가 내놓은 대응은 자연보호운동, 〈공해방지법〉을 대신하는 〈환경보전법〉, 그리고 환경문제를 '보건'의 문제에서 분리하여 전담할 환경청 설치였다.

1977년 10월 박정희 대통령은 범국민 자연보호운동을 지시했다. 대통령의 지시가 있자 자연보호운동 추진을 위한 체계가 일사분란하게 갖추어졌다. 11월 5일에 곧바로 자연보호운동 전국민 궐기대회가 전국에서 열렸고 국무총리실 소속의 자연보호위원회가 발족되었고, 전국의 학교, 기업, 공공조직을 기반으로 자연보호회가 조직되었다. 1978년에는 내무부에 자연보호전담기구가 설치되었고 1978년 10월 5일에 〈자연보호헌장〉이 선포되었다. 〈자연보호헌장〉은 전문과 7개의 실천사항으로 구성되었다. 전문에는 자연생태계의 법칙, 산업 문명의 발달과 인구의 팽창에 따른 자연 파괴의 심각성 등을 언급하면서 자연에 대한 새로운 인식과 각성을 촉구했다.[11] 세종문화회관에서 열린 〈자연보호헌장〉 선포식에는 박정희 대통령이 참석하여 축사를 함으로써 자연보호운동이 국가의 주요 시책임을 분명히 했다(〈그림 12〉 참조).

자연보호운동은 전국 조직을 정비한 뒤 범국민 운동으로 추진되었고 주된 활동은 산과 하천의 쓰레기 줍기였다.[12] 내무부 환경보호과장의 3년간 사업 평가에 의하면 전체 참여 인원은 1,110만9천 명, 그중 53%가 19세 미만, 즉 학생들이었고, 20, 30, 40대가 각 15% 정도씩을 차지했다. 19세 미만 중에서도 절대 다수 참가자는 국민학교 자연보호회였고, 20대는 기업체, 30대 이상은 농촌지역 자연보호회를 통해 참여했다. 자발적인 참여라기보다 조직적으로 동원된 참여였음을 알 수 있다. 활동 내용별로 보

<그림 13> 관악산 자연보호운동 쓰레기 줍기(1981). (출처: 서울사진아카이브)

면 주로 쓰레기 줍기인 정화 활동이 전체의 67.7%로 가장 많았고 그다음
으로 캠페인이 21%였고, 나무 심기 등 여러 자연보호 활동이 뒤를 이었
다. 즉, 1,000만 명 이상이 3년 동안 참여한 자연보호운동의 성과는 쓰레
기 줍기와 캠페인이었던 것이다(〈그림 13〉 참조).[13]

정부도 자연보호 활동 내용이 빈약하다고 인식했던 것으로 보인다. 정
부는 쓰레기 줍기가 자연보호운동이냐는 비판에 대해 알고 있었다. 그럼
에도 불구하고 쓰레기 줍기가 실천을 통해 자연보호 의식을 높이고 국민
참여를 촉구할 수 있는 좋은 방법이라고 변호했다. 그러면서도 1979년에
는 "쓰레기 안 버리기" 운동으로 구호를 바꾸었다. 1980년에는 전담부처
로 환경청을 설립하여 〈환경보전법〉에서 명시한 수질, 대기, 토양 등의 환
경오염을 전반적으로 다루기 시작했다. 자연보호운동은 기존의 산림녹
화 사업, 그린벨트 정책과 함께 박정희 정부가 주도한 관제 환경운동 중
하나였다. 산림녹화 사업은 산림 복구에 성과를 거두었고 그린벨트 정책
은 도시 지역에 최소한의 자연을 남겼다는 긍정적인 평가를 받는다. 그러
나 산업화 시기에 추진된 환경과 관련된 정부의 정책은 위로부터의 일방

적인 결정, 범국민 운동이라는 구호 아래 대규모의 조직적인 동원을 통해 공해와 그로 인한 주민들의 피해에서 국민의 시선을 돌리게 했다는 비판을 피하기 어렵다.

2. 민중운동으로서 환경운동

유신체제의 종말에서 1987년 직선제 개헌이 이루어지기까지 1980년대는 민주화를 위한 사회운동이 봇물처럼 터진 시기였다. 확장된 사회운동의 공간에서 공해, 과학기술과 같이 기존 사회운동에서 관심을 받지 못하던 영역의 운동이 등장하고 정치 중심의 사회운동에서 상대적으로 참여도가 낮았던 이공계 전공자들의 참여가 늘어났다. 민주화 시기 과학기술과 관련된 사회운동 중 공해와 환경 주제를 다루었던 운동 진영의 활동은 그 시기의 사회·정치적 환경, 민주화 투쟁의 사상과 이념, 그리고 공해의 기술적 내용을 파악하는 이공계 전문성의 접점을 잘 보여준다.

이 시기의 반공해운동은 조직 결성, 공해문제의 사회화와 피해지역 주민 지원, 새로운 공해 의제의 발굴 등의 활동을 했다. 반공해운동에 적극 참여한 사람들은 유신반대 운동과 노동운동 경험을 가진 지식인, 대학 운동권 또는 사회문제에 대한 관심과 전공을 결합하려는 이공계 대학(원)생, 공해가 생활에 미치는 위험을 인식하고 피해 주민을 지원한 종교계 인사들과 소수의 시민들이었다. 주요 조직은 대학가 비공식 모임이었던 공해연구회(1979), 공식화된 첫 조직이었던 한국공해문제연구소(1982), 반공해운동협의회(1984), 공해반대시민운동협의회(1985)였다. 각 단체들은 구성원들의 출신 배경, 경험, 인맥, 정치투쟁의 노선에 따라 조직되었다. 운동 노선이나 전략에서 차이를 드러낸 적도 있지만, 대체로 연대하여 활동하거나 공감대를 가지고 있었다. 이 조직들은 조사연구, 간행물과 보고서 발행, 시위, 교육 등의 방식으로 공해와 공해 피해의 심각성을 알리고 해결하기 위한 활동을 벌였다(〈그림 14〉 참조).

1970년대 후반이 되면 산업화에 따른 공해의 심각성과 공해로 인한 피해가 증가했기 때문에 제도권에서도 공해문제를 연구하는 전문가들이 있었는데 환경 관련 이공계 교수나 연구원, 또는 보건의료 관련 교수나 연구원들이었다. 이들은 과학적인 방법으로 학술연구를 했음에도 불구하고 공해문제를 제기하는 것은 경제성장 정책과 체제에 대한 반대로 이해되었기 때문에 정부로부터의 보이지 않는 압력을 받았고 활동도 제한

〈그림 14〉 공해반대시민운동협의회 발간 『공해와 생존』 창간호. (출처: 환경운동연합)

적일 수밖에 없었다. 예를 들어 연세대학교의 권숙표 교수가 이끄는 환경공해연구소가 있다.

바로 같은 이유로 공해문제에 관심을 가진 사람들이 사회운동 진영에 나타나기 시작했다. 이들은 공해를 유발하면서 생기는 이익을 자본가와 권력이 취하고 공해로 인한 피해는 가난하고 힘없는 사람들에게 집중된다는 점을 인식하고 이를 사회운동의 의제로 삼으려고 했다. 그러나 구체적으로 어떻게 실현할 것인가에 대해서는 1970년대 말까지도 암중모색 중이었다. 이들 중 일부는 함께 공해에 대해 학습하고 국내 공해 실태를 조사하여 알리는 일을 하기 위해 비공식 모임을 만들었다. 1979년에 서울대학교 학생들을 중심으로 만들어진 공해연구회는 이렇게 시작해서 오래 지속된 조직 중 하나였다.[14] 공해연구회의 초기 회원들은 대부분 이공계 전공자들이었다. 조홍섭(화학공학), 조중래(산업공학), 이종원(공대), 백경진(공대)은 서울대학교 공과대학 운동권이었고, 숙명여자대학교의 최영남

(생물학), 황순원(생물학)이 나중에 합류했다. 이들은 공해 관련 외국 자료, 특히 일본 책을 수집하여 번역하고 공해지역 실태를 조사하여 보고서를 냈다. 1970년대에 지속적으로 문제가 발생한 공단지역의 공해 실태조사에 처음부터 관심을 기울였다. 이들은 지역의 문제로만 인식되던 온산공단의 공해 실태를 처음 조사했다. 공해연구회 회원들은 자신들의 과학기술 지식에 기반해 공해 실태를 수집하고 기록하고 분석하는 활동에 주력했다. 공해연구회는 활동의 결과를 모아서 당시 이종원이 속해 있던 기독사회연구회의 이름으로 『한국의 산업화와 공해문제』(1981)와 『공해문제의 인식』(1982)을 발간했다. 이 보고서들은 환경문제를 산림녹화와 자연보호 운동으로 이해하고 있던 한국 사회에서 공해 실태를 사회운동의 시각에서 살펴본 첫 기록물이라는 의의를 가진다.[15]

비공식 조직이었던 공해운동회와 달리 공해를 전면에 내건 최초의 공식 조직은 1982년에 설립된 한국공해문제연구소였다. 한국공해문제연구소 결성과 이후 활동에서 중심 역할을 한 사람은 최열과 정문화였다. 재야 운동권 인사였던 최열은 1970년대 중반부터 공해에 관심을 가졌지만 실제로는 1980년대 초가 되어서야 반공해운동을 조직적으로 시작할 수 있었다. 최열은 반공해운동이 전문성에 기반해야 한다고 생각했으나 반공해운동을 반체제운동으로 이해하는 사회 분위기 속에서 기성 전문가들과 함께 조직을 만드는 것은 불가능했다. 대신 그는 기독교 빈민운동 진영과 연대하여 세계교회협의회의 도시농어촌선교 프로젝트를 지원받았다. 이 자금이 한국공해문제연구소 설립과 운영의 밑천이 되었다. 이런 이유 때문에 한국공해문제연구소는 이름과 달리 기독교 운동권, 반공해운동, 재야 반체제운동 진영의 사람들이 함께했다.[16]

한국공해문제연구소는 설립부터 1988년 공해추방운동연합이 출범할 때까지 한국의 공해문제 실태를 조사하여 알리고 반공해를 주요 사회운동의 의제로 만들기 위한 활동을 펼쳤다. 자금과 조직을 가진 한국공해문제연구소는 조사와 출판 외에도 교육 강좌, 토론회 같은 대중 행사를 개최했다. 최열과 그의 친구 정문화가 중심을 이루고 많은 청년 운동권이 함께 활동했다. 공해연구회와 마찬가지로 이들도 주요 공단지역, 농어촌 지역의 공해와 피해 실태를 조사하고 이를 알리기 위해 기록물을 남기는 작업을 주로 했다. 한국공해문제연구소가 발간한 단행본 『내 땅이 죽어간다』(일월서각, 1983년)와 『삶이냐 죽음이냐』(형성사, 1985년)는 한국의 공해문제에 대한 초기 출판물로서 환경 인식 형성에 기여했다.

공해연구회와 한국공해문제연구소의 활동에 영향을 받아 반공해운동에 관심을 가지게 된 또 하나의 대학생 조직은 1984년에 조직된 반공해운동협의회였다. 이 조직 역시 여러 모임을 통해 환경문제에 관심을 가졌던 이공계 전공자들이 주축이 되어 만들어졌고, 기존의 환경연구회나 한국공해문제연구소의 활동가들과 인맥, 학맥으로 연결되어 있었다. 반공해운동협의회는 공해연구회와 마찬가지로 비공식 대학생 모임으로 시작했고 결성 후 당시 가장 큰 공해 이슈였던 온산병 실태 조사와 주민운동 지원에 참여했다. 반공해운동협의회는 일부 회원이 더해져서 1987년 공개 조직인 공해추방운동청년협의회로 전환되었다. 이 조직은 이공계 전공자가 많았을 뿐 아니라 자신들의 전공을 사회운동에 연결하려는 대학원생과 연구원들이 다수 포함된 것이 특징이다. 학교를 떠나 노동현장 또는 정치투쟁의 장에 직접 참여하던 다른 부문의 민주화운동과는 다른 모습을 보였다.[17]

공해문제에 관심을 가진 또 하나의 운동 조직은 주부들이 중심이 되어 1985년에 결성된 공해반대시민운동협의회였다. 당시 크리스찬아카데미 간사였던 서진옥은 한국공해문제연구소에서 주부들을 대상으로 개최한 공해교육의 영향을 받아 이 단체의 조직에 적극 참여하게 되었다. 주부들이 주축이 된 반공해운동단체라는 점에서 앞에 언급한 세 단체와는 활동방식이나 반공해운동에 대한 이념에서 차이를 보였다. 공해반대시민운동협의회는 정치투쟁보다는 공해추방을 위한 작은 실천 활동을 했고 현장조사를 나가던 대학생들과 달리 공해전화를 운영하면서 공해 실태에 대한 제보를 받았다. 공해반대시민운동협의회는 공해반대라는 이슈를 통해 민주화운동 진영과 이후에 등장할 시민운동의 중간 형태의 사회운동 조직과 시민사회의 조직 특성을 가졌다. 공해와 환경문제는 다수 시민들의 일상, 건강, 생명과 직접 관련되었기 때문에 대중적 기반을 얻기가 상대적으로 쉬웠다. 이는 민주화 이후 여러 사회운동 의제가 시민운동으로 전환하는 과정에서 환경 부문이 가장 빠른 성장을 보인 것에서도 잘 나타난다.

3. 민주화 시기의 반공해운동: 온산병 사례

민주화 시기 환경운동의 특성은 다음과 같이 정리될 수 있다. 첫째, 대학생, 지식인 중심의 엘리트 사회운동, 둘째, 공해를 주된 관심사로 하지만 민족, 민중운동으로 인식된 사회운동, 셋째, 공해의 원인이 권력과 자본에 있고 그 피해자들을 위해 권력과 자본에 맞서는 민중운동으로서 반공해운동, 넷째, 민중운동과 시민운동의 접점을 만들어낸 사회운동, 다섯째, 이공계 전공자들이 주도한, 전문성에 기반한 새로운 사회운동이었다.[18] 온산공단 사례는 다섯째에 해당한다.

온산공단은 울산 지역에서 상대적으로 늦게 조성된 공단이었다. 온산공단은 중화학공업 육성 정책에 따라 비철금속, 정유를 중심으로 하는 산업기지개발구역으로 1974년에 정부에 의해 지정되었다. 지정된 지 1년

후인 1975년에 공장 건설이 시작되었고 1978년부터 고려아연, 효성알미늄이 가동을 시작했다. 온산공단에 입지한 기업들 중에는 공해병의 피해를 심각하게 겪은 일본이 수출한 공해산업이 포함되었기 때문에 일찍부터 공해 발생에 대한 우려가 있었다. 예를 들어 고려아연은 한국영풍광업계의 고려아연과 일본의 동방아연의 합작회사였다.[19] 공장이 가동되기 시작하자 곧 온산지역에는 중금속 폐수와 대기오염이 발생했고 그에 의한 농작물, 어업 피해가 나타나기 시작했다. 그리고 얼마 지나지 않아 집단적으로 신경통과 피부병 증세를 보이는 환자들이 보고되기 시작했다.

온산의 공해 관련 운동은 공해 피해의 성격과 참여 주체들에 따라 3단계로 전개되었다. 1단계는 온산병이 중요 의제가 되기 전까지 피해 주민들의 자생적인 피해보상운동, 2단계는 1985년 온산병이 언론에 의해 전국의 관심사로 떠오르고 반공해운동단체들이 주도한 운동, 3단계는 정부의 이주 대책 발표 이후 이주 조건과 절차를 중심으로 하는 지역 주민 운동이었다.[20]

먼저 1단계는 공장이 가동을 시작한 1978년부터 1984년까지다. 이 단계에서는 온산 주민들이 공해로 인한 재산, 소득상의 피해를 보상받기 위해 자생적으로 조직한 운동이 벌어졌다. 주민들은 공해를 일으킨 공장에서 항의, 시위 등을 통해 사안별로 피해보상을 받았다. 1982년에 온산공단 앞 바다에 어업이 불가능할 정도의 폐수 방출이 일어나자 정부는 그해 9월, 온산 근해를 그린벨트로 지정하여 어업을 금지하는 결정을 내렸다. 이 단계에서 한국공해문제연구소 등 반공해단체들의 활동은 온산공단의 공해 실태 조사 중심이었고 지역 주민들의 피해보상운동에 직접 관련하지는 않았다.

2단계에서는 '온산병'이 사회문제가 되었고, 온산병의 공해병 여부를 놓고 반공해단체들과 정부(환경청) 사이에 논쟁이 벌어졌다. 온산병은

1982년부터 1983년에 걸쳐 다수의 온산 지역 주민들에게 신경통과 피부병 증세가 나타나면서 인지되었다. 환경청은 1984년에 서울대 환경대학원 등에 의뢰하여 온산 지역의 공해 피해 여부를 조사해야 할 압력을 느낄 정도로 온산공단의 공해는 심각했다. 반공해단체들도 공해 실태 조사를 하는 과정에서 이 현상을 인지했다.

그러던 중 1985년 1월 18일, 『한국일보』는 "온산공단 주변 주민 500여 명 '이타이이타이병' 증세"라는 제목의 기사를 싣고 온산병에 대해 보도했다. 이 기사는 순식간에 지역의 문제였던 온산병과 온산공단의 공해를 전국의 관심사로 만들었다. 특히 '미나마타병'과 '이타이이타이병'은 일본의 악명 높은 공해병으로 많이 알려져 있었기 때문에 이 기사의 제목은 온산병이 공해병이라는 인상을 강하게 주었다. 이 기사를 쓴 김주언 기자는 화학 전공자이고 한국공해문제연구소의 활동가들과 공감대가 있었다.

이 보도 이후 1985년 10월까지 온산병의 공해병 여부를 놓고 논쟁과 공방이 벌어졌다. 반공해단체 활동가들과 환경청이 두 주체였다. 환경청은 보도 다음 날 즉각 '온산공단 괴질'은 공해병이 아니라고 대응했다. 반공해운동단체들은 연대하여 한편으로는 온산병이 공해병임을 입증하는 증거를 확보하고 이를 이용해 주민들이 집단적으로 정당한 보상을 받을 수 있도록 하고, 다른 한편으로는 온산병을 계기로 국민들이 공해문제의 심각성을 인식하고 나아가 공해 산업을 줄이고 공해 방지 시설을 설치하도록 요구하게 만드는 선전 활동을 했다(《그림 15》 참조). 3월이 되면서 주요 일간지들도 온산병에 대한 정밀 조사를 촉구하는 사설을 실었다.[21] 환경청은 3월에 온산공단 주민들에 대한 역학조사를 실시했으나 공해병을 부인하는 결론을 내렸다.

1985년 10월까지 온산병이 공해병이라는 반공해단체들의 문제 제기는

〈그림 15〉 한국공해문제연구소 공해문제 공개강좌. (출처: 환경운동연합)

계속되었지만 그 성과는 제한적이었다. 환경청의 역학조사를 1주일 만에 끝낸 졸속 조사였다고 비판했지만 반공해단체들도 온산병이 이타이이타 이병이라는 것을 입증하는 증거를 찾지 못했다. 이타이이타이병의 원인으로 알려진 중금속이 검출되지 않았기 때문이다. 온산병이 이타이이타이병이 아닌 다른 공해병일 가능성도 있었다. 그러나 이 문제를 사회화하는 데 가장 큰 전기가 된 『한국일보』의 기사에서 이타이이타이병일 것이라고 추정했기 때문에, 그리고 온산병의 증세가 이타이이타이병과 유사했기 때문에 쟁점은 온산병이 이타이이타이병인지 여부에 집중되었다.[22] 한국공해문제연구소는 미나마타병을 규명한 일본 공해병 전문가이자 의사인 히라다를 초빙하여 온산을 방문하게 했고 그의 전문성을 활용해 온산병이 공해병이라는 주장을 뒷받침하는 전략을 택했다. 히라다는 온산병이 복합 공해병일 가능성을 언급했고 이후에도 온산병에 계속 관심을 가졌다. 그러나 이러한 시도는 적어도 한국에서 온산병이 공해병이라는 것을 공식적으로 입증하는 데 직접 도움이 되지는 못했다.[23]

3단계에서는 정부가 1985년 10월, 온산 주민의 이주 대책을 발표하면서 온산병에 관련된 쟁점이 주민들의 이주 찬성 여부와 이주 조건으로 급속히 변했다. 사태의 변화에 따라 반공해운동단체들은 울산 지역의 단체들과 연합하여 이주 대책을 지원하는 위원회를 구성하고 참여했다. 이주 대책 자체가 온산병 때문에 시작된 것이었음에도 불구하고 온산 주민 이주와 관련된 쟁점은 이전에 비해 언론과 사회의 관심을 덜 받았다. 또한 실제 문제가 지역 주민들 간의 의견 불일치와 관련된 것이 많아서 지역 밖의 단체들이 개입할 여지도 적었다. 그 결과 1985년이 지나면 온산병 문제는 다시 첫 번째 단계에서처럼 피해지역에 국한된 문제가 되고 보다 일반적인 공해문제로서의 성격을 잃게 되었다.

온산병 사례는 1980년대 환경운동의 성격을 잘 보여준다. 첫째, 공해가 새로운 사회운동 의제로 선택되었다. 그 배경에는 1980년대의 민주화 투쟁 확대 외에도 전문성을 필요로 하는 반공해운동의 특성, 대규모 공해 피해 사례 발생이 있었다. 이공계 전공자들이 다수 참여하면서 과학기술 전공자들이 과학기술 지식이 필요한 영역에서 사회운동을 해나갈 수 있는 여지를 찾아냈다.

둘째, 환경운동에 대한 인식이 여러 갈래에서 형성되는 단계였다. 1980년대 반공해운동에 참여했던 다수는 전반적인 환경문제보다는 공단의 공해문제에 집중했다. 세계적으로 환경 의제는 공해를 넘어 오존층 파괴, 온실효과, 생태계 파괴 등의 문제로 확장되고 있었다. 정부는 한편으로 이런 경향을 반영하고 다른 한편으로 공해가 산업화에 걸림돌이 되는 이슈로 부상하는 것을 막기 위해 정책의 언어를 공해에서 환경오염 또는 환경보전으로 바꾸었다. 〈공해방지법〉은 〈환경보전법〉이 됨으로써 기존의 자연보호운동 같은 제도권의 의제를 포함할 수 있게 되었다. 반면 정치 민주화운동의 영향과 참여 의지를 가진 이공계 대학생과 지식인을 중심으로 한 한국의 초기 환경운동은 피해-가해 관계가 분명하고, 공해 추방을 통해 공해 유발을 묵인하고 이익을 얻는 세력에 반대하고 공해로 피해를 입는 민중들을 해방한다는 체제 저항의 투쟁 입장이 주를 이루었다. 이는 의사, 연구자들이 중심이 되어 공해병의 원인을 과학적으로 규명하는 데 집중했던 일본의 반공해운동과 대조를 보인다.

셋째, 1980년대의 반공해운동은 과학기술 사회운동의 가능성을 제시했고 이어지는 환경운동을 위한 활동가와 환경 전문가를 배태하는 역할을 했다. 이미 살펴본 대로 온산병 사례에서 반공해운동단체들이 성공적으로 문제를 제기하고 사회적 관심을 끄는 데 성공했다. 그에 비해 피해 지역 주민들과의 연대 고리는 취약하여 이주 대책과 같은 실질적이고 공해와 직접 상관이 없는 문제가 주요 쟁점이 되었을 때에는 큰 역할을 하지 못했다. 그럼에도 불구하고 온산병 사례는 공해를 통해 환경문제에 관심을 가진 중심인물들이 조직되고 환경문제에 대한 사회의 관심을 촉발하고 스스로 환경운동의 역량을 키워 다음 단계의 환경운동을 위한 기초를 만들었다는 점에서 의의를 가진다.[24]

4. 시민운동으로의 전환

직선제 개헌 이후 완전하지는 않지만 이전에 비해 넓게 열린 정치 공간에서 모든 사회운동은 새로운 길을 모색했다. 과학기술과 관련해서는 환경운동의 이념, 주요 의제, 그리고 운동 방식이 다양해지고 참여 범위도 확대되었다. 의제 면에서 보면 이전의 반공해운동과 공해 피해보상운동에서 반핵, 생태계 파괴와 생태운동, 온실효과, 일상의 환경과 폐기물 문제 등으로 확장되었다. 조직 면에서는 기존의 공해 관련 지역의 조직들과 반공해운동에 집중했던 한국공해문제연구소를 비롯한 반공해운동 조직들의 재편과 신규 설립, 그리고 환경문제를 새로운 의제로 채택한 기존의 사회운동 조직들이 있었다. 이러한 모색기를 거쳐 환경운동은 1992년 이후 시민운동으로 전환되었다. 리우 환경회의 이후 환경운동은 가장 폭넓은 기반을 가진 시민운동이라는 새로운 위상을 얻었다. 이러한 기반 위에서 환경운동단체들이 환경문제의 제도화에 참여하는 등의 새로운 운동 방식도 확대되었다.

1) 민중운동과 시민운동의 사이: 공해추방운동연합

6월 항쟁 이후 반공해운동단체들의 새로운 모색이 시작되었다. 온산병 운동에서 각기 다른 이름으로 연대하면서 활동했던 반공해운동단체들은 더 이상 게릴라식으로 활동하지 않아도 되는 환경에서 역량을 집중하기 위해 통합 논의를 했다. 그러나 조직의 특성과 각 조직의 환경 이념과 운동 방식에 대한 생각 차이로 실제로는 공해반대시민운동협의회와 공해추방운동청년협의회가 1988년 공해추방운동연합으로 통합하고 다른 개인들이 합류하는 방식으로 개편되었다.[25] 공해연구회는 대중운동을 지향하는 다른 단체들과 통합하는 대신 환경 전문성을 중심으로 하는 단체를 지향하면서 1989년에 환경과공해연구회로 확대 개편되었다. 환경문제에 다양한 입장을 가지고 있던 한국공해문제연구소 역시 다른 단체들과 통합하는 대신 1989년에 한국반핵반공해평화연구소로 이름을 바꾸고 활동을 새롭게 조직했다(〈그림 16〉 참조).

공해추방운동연합은 통합 이전의 두 단체의 반공해운동 기조를 유지하면서 새로운 운동 의제와 환경운동 활동가들을 발굴했다. 또한 공해반대 운동을 사회 변혁과 통일을 위한 사회운동의 일환으로 보는 인식도 유지했다.[26] 공해추방운동연합은 반공해운동의 지식과 경험을 가진 인물들이 주축이 되었기 때문에 이후 다양하게 전개되는 환경운동 진영에서,

〈그림 16〉 공해추방운동연합 창립총회. (출처: 환경운동연합)

특히 현장에서 주도적인 역할을 했다.

정치민주화 이후 반공해운동에서 새롭게 주목한 의제는 반핵이었다. 서구의 맥락에서 반핵은 핵무기로 인한 지구 종말과 방사능 피폭에 대한 공포에서 출발한 반전평화운동으로 시작되었다. 반면 원전에 대한 반대는 각국의 원자력 발전의 위상과 이미지에 따라 다르게 나타났고 환경운동 의제로서 반핵은 방사능 오염을 일으키는 원자력 발전을 반대하는데 중점이 있었다. 국가별로 사회운동으로서 반핵운동에서 핵무기 반대와 원전 반대는 통합되어 나타나거나 또는 별도의 의제로서 나타나는 등의 모습을 보였다.[27] 반면, 분단과 반공을 내세운 한국에서 핵무기 반대는 생각하기 어려웠다. 그러나 원전은 1970년대에 착공하여 1980년대 중반을 넘어서면 여러 기가 상업운전을 시작한 상태였고, 온배수 배출에 따른 어업 피해가 문제되기 시작했다.[28] 원전에 의한 환경오염 문제에 대해 정부는 산업화에 따른 공해문제와 같은 방식으로 인식했다. 즉, 정부는 '석유 한 방울 나지 않는' 한국에서 원자력은 석유 파동과 같은 에너지 위기를 극복할 수 있는 강력하고 유일한 대안이라고 보고 이를 적극 추진했고, 방사능 누출 사고나 온배수 문제는 안정적인 전기 공급에 따른 필요악 또는 통제 가능한 부작용으로 간주했다. 공단이 건설되자 공해 피해가 발생했듯이 원전 운전이 시작되자 그에 따른 문제가 나타나기 시작했다.

1980년대 후반에 원전이 반공해운동의 중심이 된 데에는 몇 가지 배경이 있었다. 첫째, 실제 한국에서 원전이 가동되면서 원전 지역 주민들의 건강과 생업에서 피해 사례가 발생하기 시작했다.[29] 그러나 원전 지역의 피해는 산업공단지역의 공해 피해에 비해 입증하기가 훨씬 어려웠다. 눈에 보이고 냄새를 맡을 수 있는 공단의 매연이나 오폐수와 달리 원전 지역의 공해는 발생 자체를 감지하기 어렵고 피해의 인과관계를 밝히려면 전문성이 필요했다. 둘째, 1986년에 체르노빌 원전 사고가 발생하여 원전의 위험에 대한 대중의 인식에 영향을 주었다. 미국 스리마일 원전 사고는 한국에 잘 알려지지도 않았고 사고의 영향이 좁은 지역에 국한되었던 반면, 체르노빌 원전 사고 때는 엄청난 방사능이 방출되어 기류를 타고 확산되었기 때문에 전 세계에 충격과 공포를 안겼다. 체르노빌 사고 이후 세계 각국의 원전에 대한 인식과 대응은 국가별로 달랐다. 그러나 적어도 한국에서는 체르노빌 원전 사고가 원전의 안전과 필요성을 굳게 믿고 있던 국민들에게 원전의 사고 위험과 방사능으로 인한 오염의 문제를 인식하게 한 첫 번째 사건이었다.[30] 셋째, 원전 추가 건설 계획, 원전을 둘러싼 비리, 중수 누출 사고 등 1980년대 말에 원전 정책과 행정에서 여러 문제가 드러났기 때문에 이를 문제삼아 원전 정보를 독점하고 관련 정책과 의사결정을 일방적으로 추진하는 정부에 대항할 수 있었다.

그러나 공해추방운동연합의 반핵 의제는 원전 반대를 넘어서 핵무기 반대를 포함하는 반전민중민족운동의 일부였다. 공해추방운동연합의 창립선언문에 따르면 "잠재적인 핵폭탄으로 판명난 핵발전소"는 핵무기와 함께 민족의 생존을 위협하고, 공해문제와 핵무기는 독점재벌, 군사독재, 외세라는 사회적 모순이므로 반전, 반핵운동을 통해 "민주세력과의 연대 투쟁의 내용을 강화하고 민족민주운동의 전체적 과제에 충실히 복무"하는 것이 공해추방운동연합의 주요 사업이었다. 뿐만 아니라 "핵발전소에 대한 찬반논쟁은 핵발전소를 바라보는 시각에 있어서 민중성에 기초하는가 그렇지 않으면 반민중성의 편에 서 있는가"로 귀결된다고 보았다.[31]

공해추방운동연합은 기존의 반공해운동 외에도 특히 새로운 환경 의제인 반핵운동에서 중추 역할을 했다. 다른 공해 피해에 비해 정보와 전문성이 극히 부족한 현실에서 신규 원전 건설 계획, 중수 누출 사고, 방사성 폐기물 처분장(이하 방폐장) 입지 선정 같은 문제를 다룰 만한 역량이 다른 단체에는 없었기 때문이다. 공해추방운동연합은 1989년 9월에 47개 재야 사회운동단체들이 연대한 핵발전소 11·12호기(한빛 3, 4호기) 건설 반대 100만인 서명운동, 1991년 5월에는 12개 재야 단체들과 공동으로 "한반도 비핵지대화를 위한 1,000인 선언대회"를 열었다.[32] 또한 1990년 11월에 안면도가 방폐장 입지로 선정되었을 때 지역 주민들과 연대하여 반대 운동을 주도했다. 핵발전소 11·12호기 건설계획 반대 운동은 실패했지만 안면도의 방폐장 계획의 철회 결정을 이끌어냈다. 안면도 방폐장 반대 운동은 반공해운동, 반핵운동의 과정에서 정부와 맞부딪혀 지역 주민과 반공해운동단체가 승리한 중요한 경험이었다(〈그림 17〉, 〈그림 18〉 참조). 이러한 과정에서 공해추방운동연합은 빠르게 성장했다. 1988년 300명이었던 창립회원은 1990년 말이 되면 1,000여 명으로 늘어났다. 회원들의 반공해와 반핵운동에 대한 의견이 일치하지는 않았다 하더라도 이러한 규모의 증가와 안면도 사태 등에서 보여준 역할, 언론 보도 덕분에 공해추방운동연합은 존재감을 가지게 되었다. 그리고 이 탄탄한 회원

〈그림 17〉 안면도 반핵운동. (출처: 『오마이뉴스』, 2010. 11. 07)

〈그림 18〉 안면도 핵폐기장 백지화 기사. (출처: 『탈핵신문』 9호)

기반은 이후 환경운동연합의 근간이 되었다.

그러나 한계도 있었다. 무엇보다 공해추방운동연합이 환경운동 전반이 아니라 급진적 반핵단체의 이미지를 가지게 되었다는 점이다. 반공해, 반핵운동을 통해 민족민주운동을 수행한다는 공해추방운동연합의 지향점, 안면도에서의 격렬한 저항과 시위, 주요 활동가들의 재야 운동권과의 연계 등의 요인들 때문에 만들어진 이미지였다. 급진적 반핵단체의 이미지는 교육, 강연, 자료집 발간, 문화활동같이 실제 공해추방운동연합이 했던 다른 활동을 묻히게 만들어서 공해추방운동연합의 대중 기반을 더 이상 확대하는 데에는 장애물이 되었다.[33]

2) 시민운동으로 전환: 환경운동연합

1990년대로 들어오면서 국내 정치 환경에 변화가 생겼다. 직선제 쟁취 이후에 사회운동은 정치 일변도에서 벗어나 노동, 교육, 환경 등 분과 운동으로 세분화되었다. 운동의 방식은 분과 운동별로 조금씩 달랐지만 환경운동의 경우 공해추방운동연합으로 대표되는 반공해운동 진영에서는 공해와 환경문제의 요인을 정부, 대기업, 그리고 그들을 지원하는 외세 등으로 규정하는 좌파 환경주의가 정부와 대립 관계를 계속 이어갔다. 그러나 환경문제는 점차 증가하는 사회의 환경 인식과 개선 요구를 반영하는 변화를 보였고 환경정책 제도화가 부분적으로 이루어지기 시작했다. 노태우 정부는 1990년에 환경청을 환경처로 격상했고 1992년에는 "환경보전을 위한 국가 선언"을 발표하기도 했다. 여기에는 리우 세계회의와 낙동강 페놀 오염 사태의 영향이 컸다. '문민정부'를 표방한 김영삼 정부는 시민사회의 요구를 받아들여 환경 의제를 제도화하는 등 환경단체들에게 정책 참여 또는 제도화의 기회를 열었다.

같은 시기 환경운동 역시 다변화되었다. 직선제 쟁취 이후 사회운동에서 노동운동과 환경운동이 두드러진 성장세를 보였다. 특정 지역에 피해가 국한되는 반공해운동, 반핵운동 외에 넓은 지역에 걸쳐 다수 시민에게 피해를 줄 수 있는 환경문제들이 등장했다. 몇 차례 반복된 수돗물 오염 문제에 이어 1991년 낙동강 페놀 오염 사건은 1차, 2차로 이어지면서 전국의 주목을 끌었다. 건강과 환경에 대한 관심이 커지면서 재야 운동권이 아닌 일반 시민과 주부들 사이에서 환경운동의 저변이 확대되었다. 넓은 대중 기반과 조직력을 갖춘 사회운동단체들이 생활 속의 환경 실천 또는 환경 대안 제시 등의 방식으로 환경운동에 들어왔다. 환경 분야에서 전국 조직을 갖춘 새로운 단체로는 예를 들어 YMCA, 소비자를 생각하는 시민의 모임, 경실련 환경개발센터(1991), 배달환경연구소(1991)[34] 등이 있다. 이 단체들은 기존의 '반공해' 대신 환경운동을 표방하고 환경오염 요인과 오염 현상을 예방하고 관리하는 데 중점을 두었고 그 과정에서 정부와 파트너 관계를 맺거나 정책 형성에 참여하기도 했다. 이 단체들은 단체명, 조직명 또는 활동명에서 '공해'를 빼고 '환경'을 택했다. 경실련의 환경개발센터와 배달환경연구소는 대중운동을 하는 대신 연구·분석 활동을 통해 환경운동의 과학적 기반과 대안을 제공하고 이를 위해서는 정부와 기업과 대화할 의도가 있었다. 소비자를 생각하는 시민의 모임은 팔당호 주변 골재 채취 금지를 주장했고, 배달환경연구소는 정부의 환경영향평가 결과를 분석하여 문제를 지적했고 김포 쓰레기 매립장 건설을 백지화하는 등의 성과를 냈다. 배달환경연구소가 1991년에 이미 전국 12개 지부를 설립하고 회원 수도 3,000여 명에 이르렀다는 사실은 이같은 운동 방식이 대중의 호응을 얻었음을 보여준다. 이 환경단체들은 사회가 환경단체에 요구하는 과업의 내용이 달라지자 이를 반영한 프레임을 설정하고 그 프레임에 따라 자원을 재배분하는 데 성공했다고 평가된다.[35]

반면 공해추방운동연합은 위기 국면을 맞았다. 전체 환경운동의 성장과 함께 공해추방운동연합의 회원 수도 꾸준히 증가했으나 같은 시기의 다른 단체들의 급성장에 비해 상대적으로 부진했다. 1990년에 공해추방운동연합은 회원 수 1,000명이 넘는 유일한 환경운동단체였으나 1993년경이 되면 몇 개의 규모가 큰 환경운동단체 중 하나로 위상이 낮아졌다. 그러나 환경운동을 민중운동으로 보는 공해추방운동연합의 인식은 크게 달라지지 않았다. 예를 들어 낙동강 페놀 오염 사태 당시 여러 환경단체가 연대하여 지역 주민들을 지원했지만 그중에서 공해추방운동연합의 구호는 정권 퇴진과 두산전자 폐쇄였다. 반핵 급진 단체라는 공해추방운동연합의 대중적 이미지는 대안 제시와 정책 보완 방식을 통해 온건하게 활동하던 다른 단체에 비해 경쟁력을 가지기 힘들었다. 또한 1992년의 리우 세계회의에서 지속가능한 발전과 같은 새로운 환경 의제들의 영향도 있었다. 공해추방운동연합 내부에서 새로운 운동 방식의 필요성이 제기되었다.

그 결과가 1993년 4월 환경운동연합의 결성이었다. 공해추방운동연합을 포함한 이전의 반공해단체들과 비교할 때 환경운동연합의 특징은 문제 인식과 행동 방식의 전환에 있었다. 창립선언문에 따르면 환경운동연합은 공해와 반핵 용어를 버리고 환경오염을 선택했다. 환경오염의 주범을 이윤만 추구하는 기업과 개발에만 몰두하는 정부라고 보는 점에서는 이전과 동일했다. 다만 기업과 정부를 타도의 대상이 아니라 환경운동연합이 시민운동의 방식으로 환경 파괴를 예방하고 줄이기 위해 적절한 대책을 세우도록 감시하고 촉구하는 대상으로 규정했다. 뿐만 아니라 과거에 공해의 피해자로 인식되던 시민들에 대해서도 새로운 관점을 택했다. 시민 개개인도 일상에서 환경 파괴를 일으킬 수 있음을 지적하고 이를 막기 위해서는 시민들도 자신의 삶의 환경을 잘 가꾸도록 일정한 노력을 해야 한다고 보

〈그림 19〉 환경운동연합 결성대회. (출처: 민주화운동기념사업회)

았다. 이를 위해 환경운동연합은 "단순한 저항과 반대운동"에서 벗어나 과학적인 원인 분석에 기초한 실천운동을 지향한다고 밝혔다. 즉, 시민은 공해 피해자에서 환경 파괴의 요인 중 하나이자 환경운동 실천의 주체로, 기업과 정부는 반대와 저항의 대상에서 감시와 대책 촉구의 대상으로, 운동의 목표는 민중이 주인 되는 사회에서 지속가능한 시민사회 구현으로 전환되었다. 물론 환경운동연합은 반핵 의제를 포기하지 않았다. 다만 반핵을 최우선 과제로 간주하던 것에서 벗어나 다양한 주제를 다루면서 반핵을 그중 하나로 둔 것이다. 실제로 환경운동연합은 방폐장 건설, 원전 신규 건설, 방사능 누출 사고 등에 대한 대응을 통해 반핵운동도 유지했다(〈그림 19〉 참조).[36]

이러한 환경이 불과 수십 년 사이에 엄청나게 파괴되고 오염되었다.…
탐욕스런 기업 활동은 자원과 에너지를 마음대로 사용하면서 엄청난
공해 물질들을 내뿜으며 이윤을 극대화하고자 했으며, 성장정책을 최

우선으로 한 정부는 개발만을 강조하고 환경에 대해서는 단지 문제가 발생했을 때만 임기응변적으로 대처해왔다.… **우리 시민 개개인들 역시 무절제한 소비생활로 환경을 더욱 파괴하고 오염시키는 역할**을 하게 되었다.… 이제 우리는 **단순한 저항과 반대운동에서 한 걸음 더 나아가** 과학적 원인분석을 기초로 시민들이 공감하고 동참하는 실천운동으로 환경운동을 발전시키고자 한다. …… 우리는 기업들이 환경을 지키는 데 앞장설 수 있도록 **파수꾼으로서의 역할**을 더욱 철저히 할 것이며, 정부 역시 환경보전에 대한 굳은 의지를 갖고 **정책을 펴도록 강력히 촉구**할 것이다. (환경운동연합 창립 선언문, 강조는 필자)

환경운동연합은 환경운동 시민단체의 새로운 이미지를 구축하고 안정적인 활동을 위해 대중성, 전문성 확보와 재정 확충 전략을 폈다. 대중성 확보를 위해 조직을 대표하는 얼굴을 사회의 명망 있는 인물들로 바꾸고 재야 운동권 경험을 가진 오래된 활동가들은 실무진으로 물러났다. 또한 기존의 교육 활동 외에 환경을 주제로 한 다양한 문화활동을 통해 환경운동의 대중 기반을 확대했다. 전문성을 확충하기 위해서는 대학교수들을 영입하는 한편 전문 연구자들을 선발하여 연구소를 운영했다. 이러한 전략은 성공을 거두어 환경운동연합은 회원 수와 재정 규모에서 급성장하면서 대중성과 전문성을 모두 갖춘 시민운동단체의 위상을 얻을 수 있었다. 환경운동연합으로 개편한 후 급증한 회원 수와 재정 규모가 이같은 평가를 뒷받침한다. 환경운동연합으로 개편한 뒤 1년 후에 회원 수는 3배 가까운 증가를 보였고 1998년에는 37개 지부에 회원 수 4만7천 명, 2007년 최고치에 이르렀을 때 51개 지부에 회원 수는 12만 명이 되었다. 재정 면에서 보면 공해추방운동연합 시절인 1991년 국내 최대 규모의 환경단체였지만 재정 규모는 약 1억 원 수준이었다가 1998년에 약 11억 원,

2008년에는 약 100억 원 규모로 성장했다. 이 중 약 1/3이 회비이고 나머지는 여러 수익 사업과 정부 환경 사업 참여에서 나왔다.[37]

3) 시민운동의 협치 실험과 제도적 참여

1990년대 이후 시민운동이 태동하면서 환경운동에 나타난 가장 큰 변화는 환경운동단체들이 정책 과정에 제도적으로 참여하기 시작했다는 것이다. 민주화 투쟁 이후 정치적 기회가 열린 상황이었기 때문에 가능한 일이었다. 앞에서 언급한 대로 배달환경연구소는 환경 전문성을 바탕으로 정부 정책을 분석하고 비판하고 대안을 제시했다. 환경운동연합 역시 창립선언문에서 환경 파괴 예방과 대책을 위해 정부의 파수꾼이자 정부 정책 촉진자의 역할을 언급했다. 시민운동의 제도화 또는 제도적 참여 방식은 시민단체가 정부의 공적 의사결정 과정에 참여하거나 제도적으로 합법화된 절차를 통해 요구와 주장을 개진하는 방식이다. 제도적인 참여는 시민단체가 정책 결정 과정과 행정 집행에 참여함으로써 환경정책에서 정부의 파트너 또는 협력자 역할을 하고 시민단체의 주장을 현실에 반영할 수 있다. 그러나 이 경우 시민단체가 자율적인 위상을 가지고 정부 감시 기능을 수행하지 못하고 정부와의 관계에 따라 형식적 참여 또는 정부에 포섭되는 결과를 낳을 수도 있다. 한국의 시민사회는 정치 민주화에 이어 형성되었기 때문에 개혁 성향의 정부에서 시민단체의 제도적 참여는 시민사회가 지향하는 개혁의 성취에 긍정적으로 기여할 수 있다. 그러나 이런 잠재성은 정부의 특성, 시민단체의 요구와 특성에 따라 달라질 수 있다.

환경단체들은 2000년대 중반까지 제도적 참여와 비제도적 참여를 동시에 추진하는 병렬 방식으로 활동했다. 전국 규모의 중요한 환경 사안이 발생했을 때 국내 환경단체들은 연대하여 대응했는데, 이때 각 환경 사안과 관련된 정책 의제 설정, 정책 결정과 집행의 단계별로, 정부에 따른 기회 구조의 정도, 요구 사항의 실현 가능성 등 여러 요인에 따라 제도적 참여와 비제도적 참여의 정도가 다르게 나타났다. 전체적으로 보면 1990년대에 환경운동단체가 급성장하던 시기에는 갈등적 협력을 통해 정부, 지자체, 지방의회 등 다양한 차원에서 제도적 참여가 이루어졌다. 이 시기에는 시민단체가 포섭될 위험보다는 제도 개혁의 성과를 거두었다. 그러나 2000년대 중반 이후 보수적인 정부들은 시민단체의 제도적 참여를 배제했다.[38]

시민단체가 정책에 제도적으로 참여하는 유형은 제도적-협력형, 제도적-경쟁형, 비제도적-협력형, 비제도적-경쟁형의 4가지로 나눌 수 있다. 제도적-협력형은 공청회, 위원회 등에 참여하여 공식적으로 영향을 미치거나 주장을 관철하는 방식으로 정부와 협력 관계에 있다. 제도적-경쟁형은 공청회, 위원회 등의 공식 기구에 참여하지만 정책 결정 과정에서 정부와 갈등 관계에 있다. 비제도적-협력형은 공식적인 루트를 통해 제도화에 참여하지만 내용상으로는 정부와 갈등 관계에 있거나 정부의 특정 부처의 정책에 반대하기 위해 다른 부처와 협력하여 대항한다. 비제도적-경쟁형은 시민단체가 정부와 대립 관계에 있다. 1990년대 이전의 반공해 운동과 반핵운동은 비제도적-경쟁형이었다. 그러나 정치적 기회 구조가 열린 뒤에는 제도적-협력형, 제도적-경쟁형 참여가 점차 증가했다.[39]

영월 동강댐 건설 계획과 새만금 간척은 모두 환경 측면에서 큰 변화를 초래할 수 있는 대형 국책 개발 사업이었다. 환경운동연합을 주축으로 하는 환경운동단체 연대가 각 사안에 대해 제도적, 비제도적 참여를 시도했다. 결과만 보면 영월 동강댐 건설 계획은 최종적으로 건설 백지화 결정이 났고 새만금 간척은 공사가 시작되었으므로 절반의 성공이었다. 성과는 달랐지만 두 사건 모두 환경운동연합이 주도적인 역할을 했기 때문에 비교해보는 것은 의미가 있다. 영월 동강댐 건설 계획은 1991년부터 논의되어 1997년에 건설이 결정되었다. 환경단체들이 댐 건설을 반대하는 사회 여론을 형성하는 데 성공했으나 정부 내에서는 건설교통부와 환경부, 지역에서는 지역민과 지자체, 지방의회 구성원들 사이에 찬반 입장이 대립했다. 환경운동단체들은 동강 트래킹 등의 홍보 방법을 고안하고 언론을 적극 활용함으로써 댐 건설 반대 여론을 만들었고(비제도적-경쟁형) 환경부와 공동조사단을 운영했다(부분적인 제도적-협력형). 1998년 댐 건설 백지화 결정이 난 후에는 동강 보전 방안 수립 등의 활동에 참여했지만(제도적-협력형) 생태보전지구 설정에서는 다시 지자체와 대립하는 모습을 보였다(비제도적-경쟁형).

반면 새만금 간척 사업은 시화호 오염 사건으로 환경단체들이 이미 착공된 새만금 간척 사업을 반대하는 운동을 펼쳤고(비제도적-경쟁적) 이에 정부가 1999년에 공사를 일단 중단하고 공동조사단을 구성하고 조사에 들어갔다. 환경운동단체들은 한편으로는 공동조사단에 참여하면서 다른 한편으로는 지역 주민들과 연대하여 강력한 반대 운동을 했다(제도적-협력형, 비제도적-경쟁형). 조사단이 명확하게 결론을 못 내리자 새만금 간척 사업 시행 여부를 둘러싼 소송이 2001년에 시작되었고 환경단체는 반대 운동을 이어나갔다(비제도적-경쟁형).[40]

이러한 사례들은 환경운동단체가 시민사회를 대표하면서 동시에 대항 전문가로서의 역할을 수행했다는 점에서 높게 평가할 만하다. 특히 참여 정부 시절에는 시민단체들이 정부위원회에 참여하여 대항전문가로서 정책 제안, 정책 결정 등의 과정에서 기술관료와 협치하고 정책 대안을 만들어낼 가능성을 보여주었다.[41] 비록 그 모든 결과가 긍정적으로 평가받지 못한다 하더라도 이러한 시도와 성과는 적어도 환경운동에서 시민단체가 비판에 머무르지 않고 정책 형성의 한 주체로 나아갈 수 있는 가능성을 보여주었다는 점에서 주목할 만하다.

다만 대항전문가의 전문성과 협상 역량 못지않게 협치 상대인 정부의 국정 철학과 과학기술 가치관도 중요하다는 관점에서 보면 이명박, 박근혜 정부에서는 이러한 실험이 저조했다. 정부가 시민단체들의 정책에 대한 제도적 참여를 배제하기 시작했고, 그에 따라 환경운동단체들의 운동 전략에서도 비제도적 참여 형태의 비중이 높아질 수밖에 없게 되었다. 그런데 이미 발생한 과거의 피해가 쟁점이 아니라 미래에 나타날지도 모르는, 피해 대상을 특정하기 어려운 쟁점의 경우 환경운동단체들의 주장이 폭넓고 적극적인 시민사회의 지지를 이끌어내기 어려웠다. 이에 더해 대표적인 환경운동단체인 환경운동연합조차도 회원 수가 감소하고 환경정책과 행정에 제도적 참여를 통해 획득하던 재정의 규모도 축소되는 등 2000년대 중반 이후 활력을 잃고 있다. 반면 기후문제, 생명공학, 미세먼지 등 환경 의제를 다루기 위한 정보와 연구의 수요는 커졌고 실제 연구개발 투자도 커졌다. 두 가지 어려움이 중첩된 조건에서 환경운동단체가 전문성을 갖추고 키워나가는 것이 과거에 비해 힘들어졌다. 환경 이슈와 관련된 기획과 정책 결정에서도 제도권 전문가들과 과학기술관료들의 전문성의 역할이 이전에 비해 커질 가능성이 높아졌다.

환경 의제는 완전히 과학기술의 의제로만 보기는 어렵다. 과학기술을 포함하여 더 많은 경제적, 사회적 의제들이 복합적으로 작용하기 때문이다. 그럼에도 불구하고 환경 의제에서는 다른 사회운동의 영역에 비해 과학기술과의 관련성이 높고 과학기술 전문성의 역할이 크다. 아직 과학기술 시민운동이 발현하지 못하고 기술관료주의가 강력하게 작동하고 있던 산업화 시기에 이미 공해문제를 중심으로 환경운동이 태동되었다는 점, 민주화 투쟁과 변혁을 위한 시기에 과학기술 전공자들이 전공을 살릴 수 있는 사회운동의 의제로 공해문제가 간주되었다는 점, 그리고 환경운동이 과학기술 전공자들에게 시민단체 조직, 다른 분야와의 연대, 제도화의 경험을 제공했다는 점에서 과학기술 시민운동에서 환경운동의 의의가 있다.

5절

과학기술운동의 성장과 분화

반공해운동은 민중운동 중에서 거의 유일하게 과학기술의 문제를 다루었고, 과학기술 전공자들이 과학기술의 사회적 문제에 본격적인 관심을 가지는 계기가 되었다. 1987년 민주화 이전까지 한국의 사회운동은 독재와 자본에 저항하는 정치운동이자 민중해방운동이었다. 개발독재에 비판적이었던 저항 세력도 과학기술의 사회적 상상에서는 개발독재가 강하게 밀어붙였던 과학기술 국가주의를 공유했기 때문이다.[42] 인문사회계열이 주도한 대학 운동권에서도 이공계 전공자의 특수한 관심사나 전공 특성이 두드러지는 일은 거의 없었다. 과학기술 국가주의의 전제, 즉 과학기술은 경제발전을 위한 수단이고 정치적으로 중립이라는 가정이 대체로 통용되었다.

그러나 1980년대 들어 대학에서 이공계 전공자들을 중심으로 과학기술과 사회변혁운동에 대한 다양한 논의와 활동이 이루어졌다. 졸업정원제 도입으로 이공계 대학생의 수가 급격히 증가하고 1980년대부터 국내 대학교의 이공계 대학원도 본격적으로 성장하는 배경 속에서 이공계 대학생과 대학원생들은 소모임 형태로 사회이론을 공부하고 실천을 모색했다. 졸업 후 기업, 출연연 등으로 진출한 후에도 계속 문제의식을 가진 사람들을 중심으로 여러 갈래의 과학기술운동이 시도되었다. 예를 들어 민중을 위한 과학기술이나 기술종속의 문제들이 활동의 주된 관심사였다. 6월 항쟁에 이은 7, 8월의 노동자 대투쟁 이후에는 과학기술 부문에서 노동운동이라는 새로운 의제가 추가되었다.

1990년대 이후에는 시민운동의 맥락에서 과학기술의 문제에 접근하려는 시도가 이루어졌다. 환경, 의료 등 부문별 전문성을 가진 시민단체에 더해 과학기술정책과 제도를 감시하고 대안을 제시하고 과학기술의 민주화에 주목하는 시민단체도 나타났다. 이러한 단체들은 때로 독자적으로, 때로 연대하면서 여러 방식으로 실험적인 과학기술운동을 시도하고 과학정치를 수행하여 제도 개선의 형태로 성과를 내기도 했다. 이 모든 조직과 활동은 한국의 과학기술제도와 과학기술자, 과학기술관료와 대중에게 뿌리내린 과학기술 국가주의에 틈을 내고, 그 틈이 만들어낸 작은 공간에서 다른 종류의 과학기술에 대한 사회문화적 상상을 구현해보려는 노력이었다.

이 절에서는 1980년대 이후 과학기술운동의 흐름을 과학기술운동, 과학기술자 노동운동, 과학기술 민주화운동의 단계로 나누어 살펴본다. 과학기술운동은 시기에 따른 차이에도 불구하고 자신들의 이공계 전문성을 기초로 하려는 강한 경향과 서구의 이론과 제도의 영향을 많이 받았다는 공통점을 보인다. 그러나 이러한 이론과 제도를 실천하려 할 때 한국 사회의 특성들이 제한 요소로 작용했고, 그에 대응하는 과정에서 고유한 시도들을 만들어냈다.

1. 여러 갈래의 과학기술운동 등장[43]

1970년대 말 1980년대 초반 이공계 대학생과 졸업생을 중심으로 민중운동, 정치운동에 과학기술을 결합시키려고 하는 몇 개의 집단이 생겼다. 이들의 관심사는 크게 나누면 민중을 위한 과학기술과 기술종속의 탈피로 구분할 수 있다. 먼저 민중을 위한 과학은 1960년대 서구의 급진주의 민중과학론의 영향을 받아, 과학기술은 자본이 민중을 억압하고 경제적으로 착취하는 수단으로 쓰인다고 비판했다. 그러면서 민중에게 부와 편리를 가져다줄 수 있는 과학기술, 민중의 문제를 해결할 수 있는 과학기술을 추구했다. 다시 말해 과학기술 국가주의와 마찬가지로 과학기술이 중립적이고 비정치적이라는 기능적 관점을 받아들인 뒤 나쁜 쪽, 즉 자본과 권력을 가진 쪽이 아니라 선한 쪽, 즉 가난하고 소외된 민중을 위해 사용될 수 있는 길을 모색한다는 것이다. 반공해운동이 이런 맥락과 닿아 있다. 반드시 연결된 흐름은 아니지만 대안과학기술이나 적정과학기술운동도 이 아이디어와 접점을 가진다. 다른 한쪽은 기술종속에 관심을 가졌다. 이들은 한국을 제3세계 개발도상국으로 규정하고 한국 과학기술은 서구 자본주의에 종속된 것으로 이해했다. 군산복합체를 비판하고 서구로의 두뇌유출이 서구와 한국 과학기술의 구조적 불평등에서 오는 것으로 보고 이를 탈피하는 문제에 관심이 있었다.

이러한 논의에 영향을 받은 이공계 대학생, 대학원생들이 실천을 적극 모색하게 된 것은 1987년 민주화 항쟁 이후였다. 대표적으로 청년과학기술자협의회(이하 청과협)와 한국과학기술청년회(이하 한과청)를 들 수 있다. 청과협의 주축은 1985년에 결성된 YMCA 산하 이공계 대학원생들의 모임인 두리암이다. 두리암은 민중을 위한 과학을 모색하는 모임이었다. 두리암의 회원 중 일부가 주도하여 1987년 8월에 만들어진 청과협은 대학원생 중심의 단체였다. 1980년대에 졸업정원제가 실시되면서 대학생 수가 급증했고 국내 대학원도 성장하기 시작했다. 1970년대에 이공계 석·박사 학위를 받으려면 유학을 가야 했던 것과 달리 1980년대에는 국내 이공계 대학원의 규모가 커져 국내에서도 학위 과정이 가능해졌다. 다시 말해 사회문제에 관심을 가지고 활동할 수 있는 학생의 정체성과 연구개발 활동에 종사하는 과학기술자의 정체성을 동시에 가진 집단이 대학원에 생긴 것이다. 이들의 조직된 활동은 곧 학부생들의 관심을 끌었다. 청과협은 과학기술운동의 이론을 탐색하고 대학원의 연구 민주화 및 연구 환경 개선을 위한 실천운동을 폈다. 이들은 졸업 후 기업의 엔지니어, 정부출연연구소의 연구원이 되었고 각자의 조직에서 노동운동 등 과학기술운동을 계속해나갔다.

한과청은 노동운동보다 한국의 기술종속의 문제에 더 관심을 가진 청과협 회원들이 1989년에 새롭게 만든 모임이다. 한과청 회원들은 민족, 통일 문제에 관심이 많았고 한국의 독자적인 기술개발의 문제에 적극 참여했다. 대표적인 예는 한글코드 문제였다. 1980년대 말 1990년대는 한국에 PC 보급이 확대되기 시작하고 기업, 정부, 연구기관에서 컴퓨터 사용이 증가하던 시기였다. 서구에서 개발된 소프트웨어를 한국어로 사용하기 위한 기초 문제의 하나로 한글을 구현하는 기술 방식의 문제가 떠올랐다. 한과청 회원들은 음절 단위로 코드를 부여하는 완성형 한글코드의 문제점을 제기했다. 당시 정부는 행정 전산화 시스템에 완성형 코드를 적용했다. 완성형 코드는 개발하기 쉽고 사용할 때 자원을 적게 쓰는 효율성이 강점이었다. 그러나 초성, 중성, 종성으로 이루어진 한글의 창제원리와 맞지 않고 코드가 부여되지 않은 음절은 개인의 이름이라 하더라도 행정망에 등재되지 못하는 등의 문제가 있었다. 한과청은 이 문제를 지속적으로 제기했고 1991년에는 한글코드 개정 추진 협의회에도 참여하여

조합형 한글 코드를 개발하고 표준으로 채택하는 데 적극 참여했다. 이후 한과청은 과학기술정책에 현장 과학기술자들의 목소리를 반영하기 위한 활동을 이어갔다. 예를 들어 과학기술정책 포럼을 열어 주요 과학기술정책 의제를 과학기술자의 시각에서 검토하고 의견을 냈다. 그중에는 과학기술과 관련된 최초의 독립적 종합 법령인 〈과학기술특별법〉 제정도 포함된다.

두리암, 청과협, 한과청의 활동은 모두 1990년대에 서서히 축소되었다. 이 단체들은 관심과 열정을 가진 개인들의 자발적 참여에 의한 모임이었고 제도적 기반이 약했다. 그러므로 모임을 주도하던 회원이 졸업하여 활동에 제한을 받게 되거나 신입 회원이 계속 들어오지 않으면 위축될 수밖에 없는 한계를 가지고 있었다.

정보기술 분야에서는 대안과학기술을 모색하던 그룹이 있었다. "정보화 사회를 생각하는 사랑방"이나 서울대학교 동아리 SING은 1990년대 중반에 한창 성장하던 컴퓨터통신 분야에서 활동했다. 이들은 공개 소프트웨어를 개발하여 배포하거나 카피레프트(copyleft) 운동을 하고, 나아가 네트워크상에서 벌어지는 자유, 프라이버시, 인권 침해의 문제를 다루었고 검열 반대, 통신상에서 표현의 자유 수호를 위한 활동을 벌였다.[44] 특히 1995년에는 다른 시민단체들과 연대해 정부의 통합 전자주민카드 도입 계획을 막았다.[45]

2. 노동운동과 과학기술의 접점: 전국과학기술노동조합[46]

1987년 7, 8월 노동자 대투쟁 운동은 민주화 쟁취 이후 사회운동의 핵심 이슈가 노동운동으로 넘어갔음을 보였다. 1987년 한 해에 3,000건이 넘는 노동쟁의가 발생했다. 노동자 조직화에 대한 억압이 없어지자 노동조합 설립도 폭발적으로 늘었다. 6·29 선언 이후 8월 초까지 하루 평균 4개씩 노조가 설립되었다는 보도가 나올 정도였다.[47]

이런 노동조합 설립 붐을 타고 기업의 엔지니어들과 출연연의 연구원들이 노동조합 설립을 시도했다. 이전까지 노동운동의 중심은 생산직 노동자들이었다. 대학을 졸업한 고임금의 대기업 과학기술자들, 출연연에서 안정적인 지위에 있는 석·박사급 과학기술자들이 노동조합을 결성하는 것은 전례 없는 일이었다. 더구나 출연연의 연구원은 공무원은 아니지만 그에 준한다고 사회적으로 여겨지던 때였다. 그러므로 출연연 경영진이나 출연연을 관리감독하는 소관 부처 관료들은 노동조합 설립을 인정할 수 없었다. 이런 상황에서 어떻게 출연연에서 노동조합이 만들어지고 나아가 전국과학기술노조로까지 발전할 수 있었을까?

1987년 12월 이공계 출연연들에 노동조합이 결성되기 시작했다. 한국전자통신연구소의 노동조합이 처음 결성되었고 뒤이어 한국과학기술원, 한국화학연구소, 해양연구소, 인삼연초연구소, 에너지연구소 등에서 노동조합이 결성되었다. 이들의 노동조합 설립 열기가 얼마나 컸는지는 노동조합 결성률과 노동조합 참여율에서 잘 드러난다. 한국과학기술원은 1988년 당시 1,400명 가입대상자 중 1,300여 명, 한국전자통신연구소에서는 1,200명의 가입대상자 중 730여 명이 노동조합에 가입했다. 출연연의 노동조합에는 직급이 없는 일반 연구원들 외에 석·박사 연구원들도 상당수 참여했기 때문에 다른 어떤 노동조합보다 고학력, 전문직 조합원의 비율이 높았다. 박진희는 이들이 설립 단계에서 노동조합에 참여했다는 사실로부터 가입 시점에 이미 노동자로서 정체성을 가지고 있었다고 평가한다.[48] 직급이 없는 일반 연구원들에 대해서는 적절한 평가다. 이전에 한국데이터통신 등 공기업과 대기업의 과학기술자들이 노동조합을 결성한 적이 있었던 점은 노동자 정체성을 가지게 된 데 영향을 주었을 것이다.

그러나 출연연 노동조합의 급성장은 1987-1988년 시기에 출연연의 연구 환경 변화와 그에 따른 과학기술자들의 불만과 문제의식 때문이라고 해석하는 것이 더 적절하다. 1980년대 말 출연연의 연구 환경과 과학기술자들에 대한 대우는 사회적으로 출연연에 대해 가지고 있는 기대치 및 이미지와 달라졌기 때문이다. 1970년대에 집중적으로 설립된 출연연들은 처음 세워진 KIST를 모델로 했다. 1966년 KIST가 설립되었을 때 한국은 심각한 두뇌유출과 우수 과학기술자의 부족 문제를 겪고 있었다. 산업화에 필요한 연구개발을 효율적으로 하기 위해 박정희 정부의 특별한 지원 아래 KIST는 훌륭한 연구 시설과 자율적인 연구 분위기를 조성하고 파격적인 대우를 약속하고 우수 과학기술자를 해외에서 유치해 왔다. 이러한 조건은 대학 등 다른 연구조직의 입장에서 보면 특혜에 가까울 정도로 파격적이었고, 오로지 KIST만 누릴 수 있는 환경이었다. 그래서 KIST는 박정희 정권의 과학기술 우대의 상징이 되었다. 중화학공업화를 지원할 연구개발을 위해 필요한 분야들에 1970년대에 줄줄이 설립된 분야별 출연연에도 이러한 모델이 기본적으로 적용되었다. 당시 해외에서 유치된 과학기술자들은 국내 어떤 대학보다 출연연이 좋은 환경과 좋은 조건을 제시했다고 회고한다. 1968년부터 1980년까지 영구유치 과학기술자가 130명, 단기유치 과학기술자는 182명이었다. 이들은 출연연의 경영진 또는 책임급 연구자가 되었다.[49]

그러나 1980년대로 넘어오면서 사정이 달라졌다. 국내 우수인력 배출에 따라 이상 과학기술자를 유치해 올 필요가 없어졌고, 전체 규모가 커짐에 따라 출연연의 연구원들에게 이전과 같이 파격적인 대우를 해줄 수 없게 되었다. 먼저 출연연들의 잇단 설립으로 국내에 좋은 연구직 일자리가 많아졌기 때문에 유학 후 스스로 귀국하는 과학기술자들이 증가했다. 또한 한국과학기술원(KAIST)[50]을 비롯한 국내 유수 대학원에서도 석·박사급 과학기술자를 배출하기 시작했다. 이에 더해 1980년대에 출연연 연구원의 양적 성장도 두드러졌다. 출연연이 주요 산업 분야별로 설립되었고, 각 연구소의 연구인력 규모도 꾸준히 커졌기 때문이다.『과학기술연감』의 비영리법인 연구원 수의 증가로부터 출연연 연구원의 수를 추산해보면, 1976년 1,101명에서 1979년에는 2,409명으로 증가했다. 1981년 석·박사 연구원이 1,500여 명에서 1990년에는 2,500여 명으로 증가했다.[51] 그결과 오래전에 유치되어 온 고경력 과학기술자들을 제외하면 대부분의 석·박사 연구원들에 대한 경제적 보상은 사회적 기대치 또는 본인의 기대치에 못 미치게 되었다. 반면 1980년대를 지나면 출연연이 대학이나 기업연구소에 대해 가졌던 우위도 상대적으로 약해졌다. 1980년대에 대학원의 성장과 대학의 연구 환경 개선이 이루어졌고, 대기업 연구소야는 급속히 성장하면서 소수의 석·박사 과학기술자들에게 좋은 대우를 해주었기 때문이다.

여기에 출연연의 또 하나의 장점이었던 연구 자율성과 직업 안정성이 이전에 비해 나빠진 것도 노동조합 성장에 영향을 주었다. 1980년 11월 출연연의 통폐합이 있었다. 부처 산하에 있던 16개 연구소를 9개로 통합·개편하여 과학기술처의 관리감독 아래 두게 되었다. 또한 전두환 정부는 연구비 조달 방식을 정부출연금과 특정연구개발사업비 중심의 직접 지원 방식으로 바꾸고 경영에 대한 관리감독을 강화했다. 부처는 연구개발 사업의 관리를 효율화하고 생산성을 높이려는 목적을 내세워 이러한 조치를 취했다. 그러나 소속 연구원들 입장에서는 연구 주제 선정, 예산 집행에서의 자율성이 낮아지고 계속되는 조직 개편으로 신분 불안정, 연구 불연속이 심해졌다. 그러므로 1980년대 말 출연연의 노동조합 설립의 뜨거운 열기는 민주화로 인해 촉빌된 사유로운 분위기 속에서 절대 우위에 있는 경영진과 소관 부처 관료들의 권력에 맞서기 위한 수단으로 이해되어야 한다.[52] 출연연 노동조합이 임금 인상 같은 처우 개선을 넘어 인사 정책 개선, 정부에 대한 연구소의 자율성 확보, 연구소 내부 의사결정의 민주화 등을 중요하게 주장한 것도 이러한 해석을 뒷받침한다.

1990년대로 넘어오면서 조직 개편, 운영정책 변경으로 출연연 상황은 더욱 나빠졌다. 1990년 초부터 통합되었던 연구소들을 분리하여 새로운 방식으로 통합하고 관리감독권을 각각 소관 부처로 보내는 등의 조직 개편이 또다시 일어났다. 뿐만 아니라 1992년에 김영삼 정부는 연구 효율성과 생산성을 높이는 것을 목표로 연구과제중심운영제도(Project Based System, PBS)를 도입했기 때문에 연구원들은 대학, 기업연구소의 과학기술자들과 프로젝트 수주 경쟁을 해야 했다.[53] 출연연 개편과 운영에 관한 정책은 정권마다 바뀐다고 할 정도로 부침을 겪었다. 여기에 더해 경영진과 정부 관료들은 출연연의 노동조합을 탄압하는 여러 인사정책 및 조합원에 대한 부당한 대우 등의 방법을 써 노동조합을 와해하거나 유명무실하게 만들려고 애썼다. 각 노동조합은 파업으로 맞섰다. 역사상 처음 출연연에서 파업이 일어난 것이다.[54]

출연연 노동조합들이 선택한 전략은 공동 대응이었다. 출연연의 대부분은 대덕연구단지에 밀집해 있어 물리적으로 공동 대응에 유리했다. 출연연의 노동조합은 15개 출연연의 노동조합이 지부 형식으로 결합된 '전국과학기술노동조합'을 결성했다. 전국과학기술노동조합은 과학기술 분야 노동자들의 조합이고 과학기술을 명시한 첫 번째 노동조합이었다. 산별노조는 아니지만 전국과학기술노동조합이 되자 과학기술정책 일반, 또는 출연연 정책 일반에 대한 주장을 할 수 있게 되었다. 전국과학기술노동조합은 조합원의 권익 보호라는 본연의 기능 외에도 "과학기술노동자

〈그림 20〉 전국과학기술노동조합 결성대회. (출처: 국가기록원)

집단의 노동권 확립, 과학기술노동의 자율성 확보를 지향"했다. 그리고 "과학기술전문인으로서의 책임성을 과기노조를 통해 실현할 수 있는 토대"가 되었다(〈그림 20〉 참조).[55] 과학기술자들은 노동조합을 설립한 뒤 이를 지키기 위해 투쟁하고 다른 출연연 노동조합과 연대하면서 노동자로서 과학기술자 의식이 생기고 강해졌다고 보는 것이 타당하다. 과기노조는 1990년대를 통해 정부의 과학기술정책, 특히 출연연 정책을 감시하고 비판하고 대안을 제시하는 활동을 했다.

3. 시민사회에 봉사하는 과학기술 실험: 과학상점

과학상점(science shop)은 대학교를 기반으로 대학교수, 대학원생과 학부생들이 공공의 과학기술 수요에 부응하는 연구개발 서비스를 제공하는 제도다. 과학상점에서 대학이 연구개발을 통해 지역사회에 기여하고 이를 통해 시민들은 과학기술에 쉽게 접근할 수 있다. 1973년 네덜란드 위트레흐트대학에서 시작된 과학상점은 '상점'이란 이름 때문에 무엇인가 사고파는 곳으로 오해받지만 누구나 쉽게 오가는 곳이란 뜻에서 붙여진 이름이다. 네덜란드 정부는 대학이 과학상점의 연구 프로젝트에 기금을 쓸 수 있도록 하여 운영을 지원한다. 과학상점의 연구활동은 상주하는 코디네이터가 시민들의 요구와 그 연구를 진행할 대학의 연구자를 연결하고, 연구개발 프로젝트의 진행을 지원하는 방식으로 이루어진다. 따라서 연구자금 못지않게 코디네이터의 역할이 중요하다.[56]

과학상점은 1990년대 후반 과학기술정책 연구자들이 국내에 개념을 소개한 이래 서울대학교와 전북대학교에서 실험적으로 시도되었다. 서울대학교 이공계 학생회와 환경 동아리 '에코에코(eco-eco)'는 '과학상점운동 관악학생특별위원회'를 결성하고 관악구 도림천 살리기에 나섰다. 이들은 과학상점에 관련된 지식을 얻고 세미나를 하는 등의 준비를 했지만 실제로는 과학상점으로서 기능을 하기 어려웠다. 운영에 필요한 재정을 확보하지 못했고, 홍보도 부족한 상태였기 때문이다.

전북대학교의 과학상점은 이보다는 네덜란드 모델에 가깝게 체계를 갖추었다. 전북대학교 과학상점은 한국과학문화재단의 지원을 받아 1999년 6월 문을 열었다. 자연과학대학 분자생물학과 이강민 교수가 운영의 중심 역할을 하고 격일로 근무하는 간사와 전북대학교 학생들이 연구위원으로 참여했다. 대학의 공식 기구였고, 비료공장 주변 양계장 닭이 폐사한 원인을 밝혀달라는 지역민의 의뢰를 받고 대학의 병리학, 환경공학 교수들이 나서 문제를 해결하는 성과도 거두었다. 그럼에도 불구하고 전북대학교 과학상점 역시 네덜란드 모델 방식으로 운영하기에는 여러 한계가 있었다. 공식 지원이 일부 있었음에도 불구하고 예산 부족, 홍보와 인식 부족 등의 문제가 있었다. 제대로 형태를 갖춘 첫 실험이었다는 점을 감안할 때 이 점은 이해 가능하다. 그러나 의뢰받은 연구를 제대로 수행하기 위해서는 학생 연구위원으로는 충분하지 않다는 근본적인 문제가 있었다. 또한 대학의 교수, 대학원생 등 연구자들의 참여가 꼭 필요한데, 대학 차원에서 이를 인정하고 평가해주는 제도가 없기 때문에 현실적으로 연구에 필요한 인력을 조직하기 어려웠다. 외국 제도를 벤치마킹했지만 이를 운영하는 환경과 조건이 다른 데 따른 문제였다.[57]

대전의 과학상점 실험은 위의 두 경우보다 좀더 체계적이고 열린 방식으로 진행되고 있다. 설립 과정에 과기노조가 참여했고 KAIST 학생, 지역의 시민단체들이 함께 대전과학상점 준비 모임을 함께 운영하면서 사전 홍보, 공감대 형성, 회원 모집, 연구과제 제안 등의 활동이 이루어졌다. 설립 준비 단계부터 서울대학교와 전북대학교의 실패 요인을 분석하여 보완 노력을 기울인 것이다. 또 그동안 많은 오해를 낳은 과학상점이라는 이름을 버리고 시민들의 능동적인 참여를 강조하는 이름으로 시민과학센터를 택했다. 시민과학센터는 2004년 7월 개소했을 때 전북대학교 과학상점보다는 더 체계를 갖추었다. 회원이 300여 명인데, 그중에는 시민단체 대전의제 21 회원, 출연연 연구원, KAIST 학생들이 포함되었다. 시민과학센터는 지역의 연구개발 수요를 해결하는 것에 머물지 않고 과학기술과 관련된 지역의 사회적 갈등 중재 등 적극적인 활동도 시도했다.[58] 시간이 지나면서 시민과학센터의 활동 방식도 진화하여 최근에는 리빙랩 방식의 프로젝트도 수행하고 있다.

그러나 풀어야 할 과제도 물론 존재한다. 시민과학센터의 프로젝트에 참여하는 과학기술자의 경우 소속 연구기관에서 이 활동을 정당하게 인정받지 못한다는 문제는 전북대학교 과학상점과 마찬가지로 남아 있다. 시민과학센터의 연구활동은 완전히 개인적인 활동일 뿐이다. 또한 대학의 기금에서 지원받는 네덜란드의 과학상점과 달리 안정적 운영을 위한 재원 마련이라는 과제도 남아 있다.[59]

4. 과학기술 시민단체

1990년대 시민운동 성장의 영향은 과학기술 분야에서도 일어났다. 과학기술정책과 과학기술 활동에 대한 시민사회의 감시와 견제, 대안 제시, 나아가 과학기술의 민주적 통제를 지향하는 조직이 등장한 것이다. 1993년 경제정의실천시민연합(이하 경실련)은 과학기술위원회를 조직했다. 경실련 과학기술위원회는 경실련의 다른 분과 위원회와 마찬가지로 정부의 과학기술정책을 감시하고 건의하고 과학기술계의 안일한 연구문화를 쇄신하는 것을 목표로 설정했다. 현장의 과학기술자들이 정부의 과학기술정책을 감시, 비판하고 대안을 제시한다는 점에서 과기노조와 비슷한 역할을 수행하는 것처럼 보일 수 있다. 그러나 전국과학기술노동조합이 노동운동의 맥락에 위치한 것과 달리 경실련 과학기술위원회는 과학기술 발전을 저해하는 요소들을 개선하는 데 더 집중했다. 그래서 상대적으로 과학기술에 대한 시민사회의 요구를 반영하는 데 소홀했다는 평가를 받기도 한다.[60]

경실련과 쌍벽을 이루는 시민단체인 참여연대 산하에도 과학기술 관련 조직이 있었다. 과학기술자, 과학기술학 전공자들이 주축이 된 과학기술 민주화를 위한 모임이 1997년 11월 참여연대 산하에 결성되었다. 이후 이 모임의 명칭은 참여연대 시민과학센터로 바뀌었고, 2005년에는 참여연대로부터 독립하여 시민과학센터가 독자적으로 운영되었다.[61] 시민과학센터는 서구의 과학기술 비판 이론에 근거해 과학기술과 사회에 대한 많은 새로운 개념을 소개하고 대중화했다. 예를 들어 과학기술 민주화, 과학기술 시민 참여, 시민과학, 기술시민권 등의 개념을 소개하고 연구하고, 강연, 집필, 세미나 등의 활동을 통해 확산했다.[62] 또한 지식 운동에 그치지 않고 이러한 개념을 구현할 수 있는 여러 제도를 고안하고 도입하여 실현되도록 여러 활동을 벌었다. 예를 들어 합의회의나 시민배심원제도 운영에 참여하고, 생명공학에 대한 규제를 제도화하기 위한 실천운동에 참여했으며 과학기술 관련 공공정책이나 위원회에 시민단체를 대표하여 참가하는 등의 활동을 펼쳤다.

과학기술운동은 주체와 주제를 기준으로 각각 과학기술자들의 사회운동 또는 과학기술의 사회적 의제를 중심으로 하는 사회운동의 두 성격을 가진다. 어느 쪽이든 과학기술 전문성이 필요하고 중요하다는 공통점이 있고 이 점이 과학기술운동과 다른 사회운동을 구분 짓는다. 과학기술운동은 과학기술자들, 또는 과학기술 학습이 어느 정도 이루어진 구성원들이 과학기술과 관련된 여러 문제에 대해 비판하고 조사 연구하고 대안을 제시하는 활동을 가리킨다. 아울러 과학기술자들이 시민사회 구성원으로서 자신들의 이해관계와 관심사를 관철하기 위한 활동도 포함된다. 멀리는 일제강점기의 과학운동이 과학기술운동의 기원이지만 가깝게는 1980년대에 결성된 다양한 과학기술 운동권 단체들의 활동이 그 시작이다. 이러한 조직이 결성되고 과학기술운동을 전개하는 것은 민주화운동의 과학기술 영역으로의 확대이다. 민주화 이후 시민사회가 성장하고 어느 정도 전문성을 가진 분야별 시민단체가 활동하기 시작할 때 과학기술 분야에서도 시민단체에 의한 과학기술운동이 나타났다. 과학기술 시민운동의 주체들은 정부와의 파트너십을 통한 정책 참여, 연대 활동, 입법 촉진 활동 등 다양한 활동을 했다. 그 결과 기술위험에 대한 사전예방정책, 연구윤리와 기술영향평가 같은 과학기술에 대한 시민사회의 규제 도입, 과학기술정책 의사결정의 참여 주체 확대 등 과학기술 국가주의 담론에 비판적인 의제들의 도입과 제도화를 촉진했다.

생명공학에 대한 시민사회의 규제

1999년 1월, 한국 정부는 유전자 재조합 기술을 이용한 농수축산물 (Genetically Modified Organism, 이하 GMO)[63] 유통과 소비에 관한 규제안을 마련하겠다고 발표했고 2001년부터 한국에서는 GMO 표시제가 시행되었다. 한국의 GMO 표시제가 유럽에 비해 기준치가 느슨하다거나 가공 원료에 대해서는 표시하지 않는 등 제한적이라는 비판이 있다. 그럼에도 불구하고 GMO 표시제 사례는 과학기술과 시민사회의 관계를 새롭게 규정하는 여러 특징을 가진다. 첫째, 첨단과학기술, 특히 정부가 공들여 육성하려는 생명공학 분야에서 시민들이 요구하여 GMO 재배 금지와 유통표시제를 도입하고 시행하게 만들었다. 둘째, 생명공학과 관련된 여러 시민단체가 연대하여 기술위험 문제를 선제적으로 제기했고, 미디어와 여론을 활용하여 GMO의 문제의식을 대중에 확산하고 GMO 표시제로 제도화하는 성과를 낳았다. 셋째, 그 과정에서 대표적인 과학기술 시민 참여 제도인 합의회의를 소개하고 운영하는 등 참여형 과학기술 거버넌스 경험을 제공했다. 넷째, 기술위험에 대해 사후수습이 아니라 사전예방 원칙을 도입했다. 이 모든 점들은 과학기술 국가주의의 국가경쟁력 중심, 첨단과학기술 우선 투자, 기술관료와 소수의 전문가들이 주도하는 과학기술 거버넌스로부터 한 걸음 벗어나는 시도였다.

GMO 표시제 도입 과정이 흥미로운 것은 1990년대 중반에 정부가 생명공학 육성 의지를 강하게 드러내던 때 시민사회의 요구가 시작되었다는 점이다. 과학기술처는 1994년을 '생명공학 도약의 해'로 선언하고 바이오텍 2000(1994-2007)을 통해 생명공학을 범정부 차원에서 육성한다는 계획을 세웠다. 이것은 정부가 특정 과학기술 분야를 국가 핵심전략기술로 선정하고 집중 지원을 통해 경쟁력을 높이고 산업화로 이어지게 하는, 그동안 익숙했던 국가 주도의 과학기술육성정책의 틀에서 벗어나지 않는 기획이었다.

그로부터 2-3년이 지났을 때 시민사회가 생명공학의 위험(risk) 문제를 제기하면서 일정한 규제가 필요하다고 주장하게 만든 2가지 사건이 있었다. 하나는 1997년에 발표되어 세계를 놀라게 한 복제양 돌리 탄생이었다. 이 소식이 알려진 뒤 서구 선진국들과 마찬가지로 한국에서도 인간 복제 또는 인간 유전자를 이용한 연구의 사회적, 윤리적 문제가 제기되었다. 시민사회는 생명윤리의 문제를 제기하고 생명과학에 대한 시민사회의 규제가 필요함을 주장했고, 이를 제도로 만들기 위한 노력을 기울였다. 다른 하나는 1998년에 한국에 상당한 정도의 GM 곡물이 수입되고 식품 가공 원료로 사용된다는 사실이었다. 당시는 GMO의 상업화가 이루어진 지 불과 몇 년 지나지 않았던 시기였으므로 한국에서 GMO는 생소한 개념이었다. 그럼에도 불구하고 인간 복제 논쟁 때문에 생명공학에 대한 대중의 경각심이 생겨난 상태에서 벌어진 일이었기 때문에 시민사회는 이 사실에 놀랐다. GMO의 안전성에 대해 정부 관련 부처와 생명공학 과학기술자들과 시민사회단체와 다수 소비자들이 다른 의견을 보였다.

　이 절에서는 생명공학 친화적인 시기에 일어난 GM 식품에 대한 대응과 그 결과 GMO 표시제라는 규제가 어떻게 이루어졌는지 살펴볼 것이다. 그리고 그 과정에서 정부 부처, 생명공학 전문가, 시민사회의 상호작용이 어떻게 일어났는지, 일반 소비자들의 인식에 영향을 준 요인은 무엇이었는지 보일 것이다. GMO의 안전성 문제 외에도 곡물 소비 현황, 소비재로서 식품의 특성, 언론 보도, 1990년대에 등장하기 시작한 시민사회 단체들의 역할, 생명공학에 대한 글로벌 규제 등이 어떤 역할을 했는지도 보일 것이다. GMO 표시제 도입 이후 실제 규제는 어떠했는지, 그 영향은 무엇이었는지를 통해 이 제도를 시민사회의 과학기술에 대한 규제 시도로서 평가할 수 있을 것이다.

1. 생명공학의 도약과 유전자 재조합 기술

1990년대 초반 생명공학보다 대중에 더 익숙한 이름은 유전공학이었고 이에 대해 대중들은 판타지에 가까운 이미지를 가지고 있었다. 왜냐하면 유전공학이 처음 국내에 소개되었을 때 언론은 열광에 가까울 정도로 많은 양의 보도를 냈고 그 보도 내용도 과장과 찬사 일변도였기 때문이다. 당시 언론은 유전공학을 소개할 때 "현대판 연금술", "기적의 공학" 같은 언어를 썼다. "호박만 한 감자", 뿌리엔 감자, 줄기엔 토마토가 달린 포마토의 이미지는 이같은 찬사의 언어를 뒷받침했다. 그리고 의학, 농업, 에너지, 환경 등에 무궁무진한 응용 가능성이 있는 것으로 소개했다. 유전공학 보도에 삽입된 이미지들은 그 자체로 대중의 관심을 끌 만한 요소가 있는 데다 다른 과학 보도에 비해 내용면에서도 대중들이 이해하고 접근하기에 진입 장벽이 낮았다. 이 신생 분야를 한국에서 제도화하고 연구 기반을 만들기 위해서는 홍보가 중요하다고 여긴 과학자들도 이같은 언론 보도에 협조적이었다.

그러나 서구에서 1970년대에 이미 유전공학의 근간이 되는 유전자 재조합 기술의 위험과 규제 필요성에 대한 논의가 있었다는 점은 제대로 보도되지 않았다. 대중은 이 신기술에 열광했고 대중의 지지에 힘입어 대학과 산업계의 과학자들은 정부 관료들을 설득하고 이 분야의 연구개발을 제도화하는 데 성공했다. 그리고 짧은 기간 동안 국책연구사업, 특별법 제정, 유전공학센터 설립, 주요 대학에 학과 설치 및 학과 인기 급부상 등 '붐'이라고 할 정도의 성장을 거두었다.[64]

그러나 겉보기에 눈에 띄는 성장에도 불구하고 실제 〈유전공학육성법〉에 천명된 지원이 체계적으로 충분히 이루어지지는 않았다. 〈유전공학육성법〉이 제정되기까지 주도적인 역할을 했던 주체는 '과학정치가' 이상희, KAIST의 한문희, 과학자들의 학술협의회, 기업연구소들이 참여한 연구조합이었다. 그리고 언론 보도가 여론 조성에 한몫했다. 반면 이 법에 따라 실제 지원정책을 수립하고 실시할 주관 부처인 과학기술처 관료들은 상대적으로 유전공학 육성에 소극적이고 수동적이었다. 1980년대 초반은 아직 국책연구개발사업이 폭넓게 자리잡기 전이었고 유전공학의 중요성을 주장한 농업진흥청, 제약기업 등 산업체는 과학기술처 연구개발 사업의 전통적인 파트너도 아니었다. 또한 유전공학이 산업화에 목표를 둔 것도 과학기술처의 당시 업무 영역과 잘 맞지 않았다. 〈유전공학육성법〉 제4조와 제5조에 따른 유전공학 육성 기본계획의 수립과 그에 따른 연차별 시행계획 수립 및 추진이 전혀 이루어지지 않았던 점도 과학기술처가 유전공학 육성에 소극적이었다는 주장을 뒷받침한다. 실제 특정연구개발사업 외에 대학의 유전공학 학술연구비는 문교부를 통해서 지원되었다.[65]

그로부터 몇 년이 지난 1989년에 연구의 중심이었던 KIST 유전공학센터는 실제 연구 및 산업화라는 목표에 충실하기 위해 연구 영역을 재설정해야 한다고 주장했다. KIST 유전공학센터가 1989년에 제출한 보고서 『생명과학과 산업사회 발전에 관한 조사연구』는 제목에서 보듯이 유전공학을 포함한 넓은 의미의 생명과학 관련 기술이 보건의료, 환경, 농림수산, 자원, 공업, 사회에 기여할 수 있다는 주장을 담았다. 이 보고서는 "생명과학의 이론을 바탕으로 산업적인 응용을 이룩할 수 있는 기술"로 생명공학을 정의했고, 과학기술처는 나중에 이 제안을 수용했다.[66]

과학기술처가 이 분야에 대한 입장을 바꾸게 된 계기는 G7 프로젝트에 생명공학이 포함되었기 때문이다. 1991년 노태우 대통령은 '4·30 과학기술정책선언'을 발표했다. 이 선언은 2000년까지 정부 주도로 한국의 과학기술을 선진 7개국 수준으로 발전시키는 것을 목표로 했다. 그래서 이 선언에 따른 국책연구개발 사업, 일명 'G7 프로젝트'가 선언 자체보다 더 잘 알려졌다. 여기에는 정보통신, 원자력, 해양 및 우주, 환경 등과 함께 생명공학이 포함되었다. 다른 분야들과 달리 신생 분야인 생명공학은 연구사업 추진을 위한 기반 구축이 필요했다. 당시 생물 관련 산업에는 진행 중인 이슈들이 있었다. 예를 들어 의약, 농약 개발, 신기능 생물소재 개발 같은 분야에서 기술 보호 추세가 강화되었고 물질특허제도 정착과 우루과이라운드, 그린라운드 영향으로 환경, 농업 분야의 연구개발 수요가 발생했다. 이에 대응해 바이오텍 2000은 중점 추진 분야로서 생물소재 관련 기술, 보건의료기술, 농림수산업 및 식품기술, 환경, 안전관리 및 생물자원보전 이용 기술, 그리고 대체에너지 기술을 선정했다. 이로써 바이오텍 2000은 1980년대 붐을 일으킨 유전공학을 포함하면서 기초연구와 산업화가 절충된 연구 영역으로서 생명공학의 경계를 설정했다.[67]

바이오텍 2000의 5대 중점 추진 분야와 10대 중점 추진 연구개발과제

중 "생물자원의 유전공학적 육종 및 기내증식(器內增殖, in vitro breeding) 기술"과 "게놈분석 및 이용기술"이 유전자 및 유전자 재조합기술과 직접 관련이 있었다. 1990년대 생명공학 분야가 여러 주제로 확대되었기 때문에 전체 생명공학 연구에서 유전자 재조합 기술의 상대적 비중은 이전에 비해 축소되었다. 그럼에도 불구하고 1980년대를 통해 익숙해진 유전공학의 긍정적인 이미지는 오래 남았다. 대중들은 유전학 또는 유전공학을 생명공학의 핵심으로 이해하는 경향이 있었고 이것이 생명공학에 대한 기대와 이미지에 영향을 주었다. 동시에 유전자 재조합 기술 관련 위험 논의는 종종 생명공학의 발전을 가로막는 논의로 이해되었다.

1990년대 중반까지도 생명공학, 특히 유전자 재조합 기술에 대해 긍정적인 기대가 있었다. 유전자 재조합 대신 일반적으로 통용되었던 '유전자 조작'이라는 용어도 처음부터 부정적으로 사용되지는 않았다. 1980년대 유전공학을 앞서서 알리고 유전공학 제도화에 앞장선 인물 중 하나였던 서울대학교의 조완규 교수도 "유전공학이라는 유전자 조작 연구"라는 말을 썼다.[68] 당시 유전자 조작은 유전자 재조합보다 대중적인 표현이었다. 환경운동가들이 유전자 조작 식품의 위험성 문제를 제기하던 시기에도 과학자들은 유전자 조작이라는 익숙한 표현을 계속 사용했다. 유전자 조작을 통한 품종 개발이나 기술개발 성과는 언론에 보도될 때 산업 가능성, 농업 생산에 기여 등 긍정적인 측면이 부각되었다. 오히려 나중에 많이 쓰이게 될 유전자 변형이나 유전자 재조합 같은 용어는 전문가들을 위한 보고서에서나 주로 사용되었다.

예를 들어 보자. 1996년 6월에는 "유전자 조작 생산한 과일 먹어도 안전"하다는 기사가 실렸다. 이 기사는 유전자 조작 식품에 대한 논란이 있지만 "발견된 부작용이 없고 안전하다."는 연구자들의 말을 인용했다.[69] 1996년 11월에는 농업진흥청에서 "완벽한 제초제 저항성"을 갖춘 "유전자 조작 우수볍씨 개발" 소식이 보도되었다.[70] 1996년 12월에는 한국인 삼연초연구원 연구팀이 "유전자 조작기술을 이용, 담배에 가장 큰 피해를 주는 담배 모자이크 바이러스, 감자 바이러스에 걸리지 않는 새로운 담배종 개발에 성공하여 농약비용 절감, 품질향상 기대"를 할 수 있게 되었다고 보도되었다.[71]

물론 GMO 연구 성과가 속속 발표됨에 따라 이러한 연구의 위험성을 지적하는 논의가 한국에서도 나타났다. GMO가 생태계를 교란시킬 위험성은 일찍부터 제기되었다. 연구 과정에서 동식물의 유전자가 혼합되는 등 자연 상태에 존재하지 않는 유전자 섞임이 가져올 생태계 교란 위험, 제초제 내성이 강한 종자의 개발이 장기적으로는 제초제 사용량을 늘리고 그로 인해 슈퍼 잡초가 나타날 위험, 특정 종의 멸종 가능성, 실험실에서 만들어진 GMO가 실험실 밖으로 확산될 위험성 등의 논의가 소개되었다.[72] 그러나 또한 유전자 조작 생물을 긍정적으로 보도하는 사례도 많았기 때문에 유전자 재조합 기술의 위험에 대한 논의는 전문가가 아닌 이상 구체적으로 이해하기 어려웠다. 위험에 대한 논의는 논란으로 소개되거나 사회 비판 세력의 문제 제기 정도로 이해되었다.

보건복지부는 이러한 위험성 문제 제기에 대응해 1997년에 "유전자 재조합 실험지침"을 제정했다. 이 지침은 매우 약한 규제였다. 일단 '실험'에 관한 지침이므로 일반 대중과 별 상관이 없었다. 실험에 관한 '지침'이므로 이를 어기더라도 처벌 조항도 없었다. 뿐만 아니라 보건복지부가 해당 생명공학 실험실의 지침 준수에 필요한 설비와 운영을 직접 감독하기도 어려웠다. 그러므로 환경단체를 중심으로 위험성에 대한 주장과 비판이 있었지만, 1990년대 중반까지 유전자 재조합 기술과 이를 이용한 연구 성과에 대해 한국 사회는 대체적으로 긍정적인 기대를 가지고 있었음을 알 수 있다.

2. 모르고 먹은 수입 유전자 조작 콩

1970년대 초 유전자 재조합 기술이 처음 등장했을 때부터 이 기술은 의약과 농업 부문에서 잠재력을 가진 것으로 이해되었다. 유전자 재조합 기술 초기에 과학자들이 모라토리엄을 결정할 정도로 이 기술은 이전의 생명 현상에 대한 이해에 근본적인 도전으로 간주되었다. 그러나 유전자 재조합 기술을 써서 최초로 상업화에 성공한 물질인 인슐린을 의료에서 이용할 때 위험성 문제는 제기되지 않았다. 이렇게 생산된 인슐린은 공신력 있는 미국식품의약국(Food and Drug Administration, FDA)의 승인을 거친 의약품으로서 안전성이 입증되었고 유전자 재조합된 대장균을 직접 인체에 적용하는 것이 아니었기 때문이다. 반면 농업과 관련 있는 동식물, 특히 식물에 유전자 재조합 기술을 적용하는 연구에 대해서는 일찍부터 환경운동가들을 중심으로 비판이 일었음은 앞서 언급한 바 있다. 농산물의 경우 상업화되어 인체에 적용될 때의 위험 가능성에 대한 논의 역시 서구에서는 일찍부터 있었다. 일부 연구에서는 GMO가 동물 실험에서 독성을 나타내거나 알레르기 반응을 보이는 결과가 나왔다.[73]

일상 소비재라는 식품의 특성 때문에 특히 식품 또는 식용 GMO에 대해서는 상업화되기 이전부터 안전성 논쟁이 있었다. 이 문제에 대한 대응 차원에서는 대립되는 두 입장이 있다. 실질적 동등성과 사전예방원칙이다. 실질적 동등성은 유전자 재조합 기술과 전통적인 교배 방식에 의해 종들 간에 유전자가 섞이는 것 사이에 질적인 차이가 없다는 개념을 바탕으로 한다. 실질적 동등성은 1993년 OECD에서 제안되었고 세계식량농업기구와 세계보건기구(FAO/WHO) 합동자문위원회에서 채택되었다. 그래서 실질적 동등성은 GMO 안전성의 국제 기준이 되었고 GMO 안전성 검사 방법의 근거가 되었다. 현재 GMO의 안전성 검사는 검사대상 GMO 자체 독성에 대한 안전성 검사와 전통 방식으로 생산한 개체와 GMO를 비교 분석하는 검사로 이루어진다. 이는 실질적 동등성 개념에 기반한 것이다. 사전예방원칙은 GMO의 안전성이 충분히 증명될 때까지 시장 출하를 금지하여 위험을 회피하는 접근이다. 사전예방원칙은 GMO가 건강에 해를 일으키는 연구결과가 발표되고, 특히 환경에 GMO가 방출될 경우 문제가 발생해도 생태계 특성상 회수하기 어렵다는 점을 중시한다. GMO의 안전성이나 위험성의 증거가 100% 확보되기 어려운 상황에서 GMO에 대한 대응책은 언제나 이 두 입장 중 하나에 설 수밖에 없다.

서구에서는 이런 논의가 진행되고 있었지만 한국에서는 GM 식품의 위험성에 대해서 별다른 사전 논의와 고려가 없었다. 1994년에 이미 미국 칼진사의 무르지 않는 토마토, 플레이버 세이버(flavor saver)가 상업화 첫 사례로 시장에 출하되었음에도 불구하고 1995년에 제정된 〈생명공학 육성법〉에 GM 식품의 안전성에 관한 조항은 포함되지 않았다. 1993년에 실질적 동등성이 국제기구에 의해 채택되었고, 이 법의 취지가 생명공학 육성과 산업화 촉진이었기 때문에 법 입안자들, 관련 과학기술자들과 관료들에게는 규제를 최소화하는 것이 당연했을 수도 있다. 또한 GMO의 상업화가 그렇게 빨리 진전되고 한국 사회에 영향을 줄 것을 예상하지 못했을 수도 있다. 동시에 한국에서도 1990년대 이후 장기적으로는 재배와 상업화를 염두에 두고 유전자 재조합 기술을 농산물에 적용하는 연구를 진행했다. 앞에서 "완벽한 제초제 저항성을 갖춘 유전자 조작 우수 볍씨" 개발 사례를 언급한 바 있다.

일단 GMO의 상업화가 시작되자 승인받은 GMO 품종 수와 생산량은 급속하게 증가했다. 칼진의 토마토가 승인된 지 2년 뒤, 1996년에 세계 최대 곡물 생산자 중 하나인 몬산토는 자사 제초제 라운드업(round-up)에 내성을 가진 콩인 라운드업 레디(round-up ready)를 시장에 출하했다. 뒤이어 또 다른 세계 최대 곡물 생산자 중 하나인 카길도 여러 종의 GM 곡물을 시장에 내놓았다. 두 거대 곡물 생산기업이 GMO 유통에 적극 뛰어든 결과 소비용 곡물과 식품 가공 원료로 사용되는 GM 곡물의 양은 빠른 속도로 증가했다.[74]

몬산토의 라운드업 레디 상업화와 관련된 보도는 한국에 유전자 조작 콩을 둘러싼 논의를 대규모로 촉발시킨 계기였다. 『한겨레』는 일찍부터 이 문제에 관심을 가지고 보도했다. 1996년 11월 11일자 기사에서 몬산토의 유전자 조작 콩의 상업화가 촉발한 안전성 논쟁의 찬반 두 주장, 즉 유해성 실험 사례와 환경 위험, 그리고 실질적 동등성에 기반한 안전성 주장을 소개했다. 그리고 미국이 콩 수출 대국이므로 몬산토의 유전자 조작 콩이 곧 세계인의 식탁에 오를 것, 한국의 콩 수입이 연간 140만 톤인데 이 중 110만 톤이 미국산이라는 것을 지적했다.[75] 이 기사는 "이 논란은 강건너 불이 아니다."로 끝났다. 그리고 11월 13일에는 유전자 조작 콩에 대한 반대가 전 유럽에 확산되고 있다는 소식과 11월 26일에는 일본에서 유전자 조작 농산물 수입 및 가공이 공식 허용되자 일본의 시민단체가 유전자 조작 수입식품 불매운동을 시작했다는 소식을 전했다.[76] 1997년부터 국내에는 좀더 다양한 서구의 논의가 소개되고 이 문제에 대한 논의가 시작되었다.

당시 GM 식품에 대한 대중의 반향이 컸다고 보기는 어려웠고 당장 규제를 요구하는 목소리로 나타나지 않았다. 이런 논의가 일반 소비자에게 현실감이 없었기 때문이다. 한국에서 개발되는 GM 곡물은 상업 재배가 금지되었고, 우리의 주식인 쌀은 미국 다국적기업들이 개발한 품목에 포함되지 않았다. 게다가 소비자들은 비슷한 시기에 국내에서 개발된 유전자 조작 농산물에 대한 긍정적인 기사를 함께 보고 있었다.

그러나 1998년에 유전자 조작 콩이 직접 한국에 수입되고 있다는 소식이 전해진 후에는 사회의 반응이 달랐다. 8월 24일 『한겨레』는 미국 농업 회사 카길에서 '유전자 조작' 콩과 옥수수가 대량 수입되고 있다는 소식을 전했다. 이 기사는 "유전자 조작 식품 우리식탁 '넘실'"이라는 제목 아래 미국산 콩과 옥수수가 대량 수입되고 곡물보다는 두부, 식용유, 두유, 과자, 시럽 등으로 가공되어 사용된다고 보도했다.[77] 이 보도 당일 환경, 과학기술, 소비자운동 분야 시민사회단체들은 생명안전·윤리 시민사회단체 연대모임의 이름으로 수입 즉각 중단을 요구하는 성명서를 발표했고 다음 날에는 탑골공원에서 반대 집회를 열었다. 이에 대해 식품의약품안전청장은 해당 제품이 유전자 조작 식품이라는 것을 소비자가 알 수 있도록 강제할 것인가 여부를 고민하고 있으며 소비자 단체와 공청회를 가진 후 표시 여부를 최종 결정하겠다는 입장을 밝혔다.[78]

GM 콩의 수입 관련 보도는 계속되면서 사회의 관심을 환기시켰다. 특히 국회에서는 자민련 이완구 의원이 1998년 10월에 국내 수입된 미국산 콩에 대한 검사 결과 1997년산 유전자 조작 콩이 발견되었다는 사실을 밝혔다. 시민단체들의 반대 운동이 계속되는 동안에도 미국산 콩이 대규모로 수입되었고 이 콩은 유전자 조작 콩으로 의심받았다. 1998년 하반기 내내 GM 콩 수입 사실이 보도되었고 위험성과 안전성에 대해 엇갈리는 평가가 계속 보도되었다. 결국 정부는 1999년 1월에 GMO 유통과 소비에 관한 규제안을 마련하겠다고 발표했다.[79]

3. 실질적 동등성 vs. 소비자의 알 권리

유전자 재조합 농산물 연구를 포함해 생명공학을 육성할 입장에 있는 정부가 사회적 문제로 제기된 뒤 몇 개월 지나지 않아 GMO 규제 방침을 결정했다. 이 사실로부터 사회가 정부에 매우 큰 압력을 주었음을 알수 있다. 사회적 압력의 근원은 소비자들의 불안감이었다. 분산되고 잘드러나지 않는 그들의 불안을 조직화된 목소리로 대변하고 다양한 방식으로 규제를 요구한 시민단체의 역할도 컸다. 어떤 사안에 대해 사회적규제가 일어나려면 소수가 비용을 부담하고 그로 인한 성과를 다수, 또는 공공이 누리는 경우여야 한다. 이때 혜택을 누릴 다수 또는 공공은분산되어 있고 조직화하는 비용을 감수하기에는 개인으로서 누릴 혜택의 기대치가 낮기 때문에 조직화된 목소리를 내기 어렵다. 또한 규제 요구가 지속적이지 못하다. 그래서 다수의 공공이 가진 공통의 이해와 잠재하고 있는 문제의식을 조직화하는 기업가적 정치인(political entrepreneur)의 역할이 중요하다. 기업가적 정치인은 전문지식과 에너지를 투자하여문제를 발견하고 스스로 대중의 대변자가 되어 정치적 해결 방안을 요청한다. 1990년대 한국에서는 전에 없던 시민단체들이 각 분야에서 생겨나기업가적 정치인의 역할을 하기 시작했다. GMO 표시제 도입 과정에서는 생명안전·윤리 연대모임이 그 역할을 했다.[80]

생명안전·윤리 연대모임은 1997년 복제양 돌리 발표 이후 서구 국가들과 달리 비판 이론이 잠잠한 한국 사회에 문제를 제기하기 위해 환경운동단체를 중심으로 시민단체들이 모여 토론하던 비공식 모임에서 시작되었다. 이들은 『한겨레』의 GM 콩 수입 사실이 보도된 날 바로 수입 금지를 요구하는 성명서를 발표하고 다음 날 탑골공원에서 집회를 했다. 사실 이때 이들이 내건 생명안전·윤리 시민단체 연대모임은 실체가 분명하지 않은 상태였다. 이들은 정부가 복제 연구 및 유전자 조작에 대한 시민단체의 문제 제기를 〈생명공학육성법〉에 일부 조항으로 포함시킨 개정안을 비판했다. 그리고 9월 11일 국회의원회관에서 "생명공학육성법 개정 관련 시민단체 연대모임" 토론회를 개최했다. 이들에게 복제 연구에 대한 규제와 유전자 조작 식품에 대한 규제는 생명공학에 대한 시민사회의 규제라는 하나의 맥락에 있었기 때문에 이 둘을 포함하는 독자적인 생명윤리에 관한 법 제정을 요구했다. 그리고 이 토론회를 계기로 9개 시민단체가 참여하는 생명안전·윤리 연대모임[81]이 공식 출범하게 되었다. 그런데 현실에서 복제 연구 관련 부처는 과학기술부, 보건복지부, 농림부였고, GMO 안전과 관련된 사항의 소관 부처는 농림부, 보건복지부, 식품의약품안전청이었다. 즉 두 사안의 소관 부처가 다르거나 같은 부처에서도 담당 조직이 달랐다. 따라서 두 이슈 모두 생명안전·윤리 연대모임이 중심 역할을 했지만 실천은 두 갈래로 진행되었다.

생명안전·윤리 연대모임의 GMO 반대 운동은 지식 생산과 확대, 성명서와 토론회, 그리고 대중집회 등이 결합된 형태로 이루어졌다. 이 모임은 탑골공원에서 시위하고 12월에 수입 GM 콩이 인천항에 도착했을 때 농산물유통공사 앞에서 반대 집회를 벌였다. 모임 회원들은 외국에서 이루어진 GMO 독성 실험 사례, 반대 논리, 규제 사례들을 지속적으로 소개하고 인터뷰, 기고 등 적극적인 미디어 활동을 했다. 이같은 활동은 이전까지 이름조차 생소했던 유전자 조작 식품이라는 개념과 관련된 정보를 대중에 확산하는 데 기여했다. 또한 생명안전·윤리 연대모임의 적극 참여 단체 중 하나였던 참여연대 과학기술 민주화를 위한 모임[82]은 유네스코 한국위원회가 주최하는 유전자 조작 식품에 관한 합의회의에도 적극 참여했다.

한국 최초의 합의회의는 1998년 11월 14일부터 16일까지 유네스코 한국위원회 주관으로 열렸다. 합의회의는 유럽에서 개발된 대표적인 과학기술 시민 참여 제도 중 하나다. 합의회의는 시민 패널이 질문하고 전문가 패널이 답을 하는 방식으로 관련 지식을 공유하고 이를 바탕으로 시민

패널들이 숙의를 거쳐 합의된 내용을 최종보고서로 발표하는 방식으로 이루어진다. 합의회의 결과가 정부에 강제되는 수준은 합의회의 운영 주체, 해당 국가의 정부 또는 관련 부처가 합의회의 위상을 어떻게 보느냐에 따라 달라진다.[83]

첫 합의회의 주제는 투표 등 여러 절차를 거쳐 유전자 조작 식품으로 결정되었다. 개최 시기가 때마침 유전자 조작 식품 관련 보도와 사회 관심이 증가하던 때였다. 또한 유전자 조작 식품은 첨단생명공학 문제이면서 동시에 일상에서 중요한 먹거리 문제였기 때문에 대중의 관심과 주목을 끌기에도 적절한 주제였다. 합의회의에는 전문가 패널 14인과 시민 패널 14인이 참여했는데, 전문가 패널 중 적어도 2명은 생명안전·윤리 연대모임 관계자였다.[84] 시민 패널의 보고서에는 유전자 조작 식품이 건강, 환경에 가할 수도 있는 위험과 농업, 의약 등에 기여할 수 있는 유용성에 대한 내용이 모두 포함되었다. 그리고 이 모든 것을 감안하더라도 소비자의 알 권리를 존중하기 위해 GMO 표시제가 필요하다는 내용이 포함되었다.[85]

GMO 표시제는 GMO의 안전성에 대한 과학적 증거, 과학기술의 사회적 가치관, 환경생태에 대한 가치관, 소비자-시민의 알 권리, 비용 부담, 낙인효과, 무역 분쟁 소지까지 다양한 측면이 관련되었다. 농업진흥청, 농산물유통공사, 연구자 등은 안전성이 입증되고 위험성이 확인되지 않았는데도 표시제를 실시하는 것은 GMO에 부당하게 기술위험의 낙인을 찍을 우려가 있다고 주장했다. 또한 표시제를 할 경우 최대 곡물 수출국이자 실질적 동등성 원칙에 따라 GM 식품 상업화를 인정하는 미국이 세계무역기구(World Trade Organization, WTO)에 제소하는 등 무역 갈등과 분쟁의 소지가 생길 것을 염려했다. 관련 부처는 우루과이라운드 등 농산물 관련 무역 분쟁의 경험을 무시하기 어려웠을 것이다. 반면 여러 시민단체들은 유럽의 사례를 예로 들면서 위험의 가능성이 완전히 없는 것은 아니고, 안전성이 입증되었다 하더라도 소비자의 알 권리와 선택의 권리를 존중해야 한다고 주장했다.

사실 GMO 표시제 이전에도 식품 안전을 위해 소비자 시민단체가 정부에 규제를 요구하는 일은 있었다. 그러나 대개는 규제가 미약하여 사고 또는 위험이 발생하거나 불신하게 되었을 때, 즉 사후에 규제가 실시되었다. 대표적인 예 중 하나가 삼양라면 우지(牛脂) 파동이다. 우지 파동은 1989년 라면업계를 선도하던 삼양라면이 비식용 쇠기름을 썼다고 검찰에 투서가 날아들면서 시작되었다. 비록 이 라면을 먹고 건강 피해를 입은 사람은 없었다 하더라도 비식용 원료를 식용으로 사용했다는 것은 분명한 상황이었다. 이 사건에는 미국과 한국의 쇠기름 등급 규정이 달라서 생기는 문제도 있었다. 그러나 비식용 쇠기름이 공업용 쇠기름으로 부적절하게 알려지면서 소비자의 공분을 샀고 삼양라면의 매출은 급감했다. 소비자들은 보건사회부에 재발 방지 대책을 세울 것을 요구했고, 그 결과 중 하나로 〈식품공전 및 축산물위생처리법〉이 개정되어 수입 식용우지의 기준이 수입국, 수출국에서 동일하도록 변경되었다.[86]

반면 GMO 표시제 요구는 아직 문제가 발생하지 않은 상태에서 소비자의 알 권리에 기반하여 제기되었다. 소비자의 알 권리, 특히 식품과 관련한 소비자의 알 권리는 한국에서는 1990년대에 새롭게 부상한 개념이다. 이 권리를 주장하고 그에 기반해 정보 제공 방식의 규제를 요구한다는 것은 이전에 비해 능동적이고 정보를 갖추고(informed) 그에 따라 스스로 판단하는 소양 있는 시민-소비자가 있을 때 가능하다. 이는 1990년대 시민사회운동으로 새롭게 떠오른 소비자운동과도 관련이 있었다. 비용을 부담하더라도 환경친화적 소비 또는 사회적 소비를 하려는 경향이 증가함에 따라 국산 식품, 유기농 식품에 대한 관심이 증가한 것을 예로

들 수 있다. GMO 표시제 요구에도 이런 성격이 있었다.

4. 뜻하지 않은 조력자: 두부 파동

1999년에 들어서 정부는 GMO 유통과 소비에 관련된 규제 방안을 마련하는 쪽으로 방침을 발표했다. GMO의 경우 곡물 형태로 수입되고 식품으로 가공되기 때문에 농림부, 환경부, 식약처, 보건사회부가 관련되었다. 신설 〈농수산물품질관리법〉, 〈산업종자법〉과 "유전자 재조합 식품안정성 평가자료 심사지침"[87]을 통해 체계적으로 일괄 관리하겠다는 발표가 있었다. 그리고 마침내 11월, 농림부는 표시제 내용을 담은 〈유전자변형농산물표시요령(안)〉을 입법예고했다. 이 안은 비의도적 혼합비율을 5%로 정해 표시제를 실시하는 외국 사례들 중 가장 느슨한 수준을 택했다.

규제 방침을 마련하는 과정에서 정부 부처인 농림부는 언론과 시민단체에서 주로 사용하는 유전자 조작 농산물, 유전자 조작 식품이라는 용어 대신 유전자 변형 농산물이라는 용어를 사용했고 식약처는 유전자 재조합 식품이라는 용어를 썼다. 유전자 조작 식품이라는 용어를 비판적인 시민단체가 선점하고 주로 사용했기 때문에 그에 따른 '위험'의 함의를 피하기 위한 것이었다. 또한 GMO 위험성 논란이 확산되는 과정에서 유전자 조작 식품의 조작은 한국어 '조작'의 뜻 중 "작업 따위를 잘 처리하여 행함"에서 "어떤 일을 사실인 듯이 꾸며 만듦"의 부정적인 뉘앙스로 바뀌었다고 본 것이다. 그리하여 부처에서 더 중립적이라고 판단한 변형 또는 재조합으로 용어를 바꾸었다.[88]

정부의 규제 방침이 발표될 때마다 생명안전·윤리 연대모임은 즉각 반대 서명 또는 문제 제기를 통해 더 강한 규제를 요구했다. 1999년 1월에는 유전자 조작 콩이 사용된 식품의 유통을 즉각 중지하라는 성명서를 발표했다.[89] 2월 3일, 주한 미국공보원의 미국 농무부 관계자들은 GMO가 "인체와 환경에 부작용이 없다는 사실이 입증된 만큼 유전자 조작 식품의 판매 유통은 자유롭게 허용되어야 한다."고 주장했다. 그리고 GMO 의무표시제에 반대 의견을 밝혔다. 이에 생명안전·윤리 연대모임은 다음 날 항의서한을 보냈다.[90] 이와 관련해 1999년 6월 16일에는 "유전자조작 식품 안전성과 표시제" 간담회가 주한 미국공보원에서 진행되었다. 이 간담회에는 정부 관련자나 언론 없이 미국 FDA 및 농무부 담당자와 시민단체만 참여했다. 미국은 GMO의 안전성을 내세워 별도의 표시가 필요하지 않다는 기존 입장을 유지했다. 그러나 계속되는 토론을 통해 생명안전·윤리 연대모임 측은 다른 나라에서 "소비자들의 요구에 의해" GMO 표시제를 시행하게 된다면 미국이 이를 반대하지는 않는다는 답변을 받아냈다. 이로써 미국의 반대를 우려한다는 정부 측 표시제 반대 논지 중 하나는 힘을 잃었다.[91]

생명안전·윤리 연대모임은 국내 연구개발 활동에 대해서도 안전 규제를 요구했다. 3월에 농촌진흥청이 유전자 조작 작물 8종 개발에 성공했다고 보도되자 농촌진흥청으로 가서 안전에 대한 규제 없이 연구가 진행되는 문제를 지적하면서 안전 규제가 만들어질 때까지 해당 기관을 봉쇄하는 퍼포먼스를 벌였다. 당시 농림부는 주요 표본지에 현장 재배 후 문제가 없으면 2000-2001년 사이에 농가에 보급한다는 계획을 밝혔다.[92]

5월에는 식품의약품안전청이 발표한 유전자 재조합 식품·식품 첨가물 안전성 평가자료 심사지침(안)의 전면 재검토 및 공청회를 요청했고[93] 공청회 대신 이루어진 간담회에 참여했다. 생명안전·윤리 연대모임은 심사지침(안)이 실질적 동등성을 채택하는 것에 대해 문제를 제기했다. 그리고 안전성심의위원회에 시민환경소비자단체를 대표하는 전문가를 포함시키고 모든 위원의 신상을 공개할 것, 식품첨가물 안정성 평가 연구조사를 실시한 후 그 결과에 따라 심의 기준을 마련할 것을 주장했다.[94] GMO의 비의도적 혼합률도 유럽 기준에 맞춰 1%로 할 것을 주장했다.

1999년 한 해 동안 생명안전·윤리 연대모임의 GMO 규제 운동은 강력한 규제를 요구하는 쪽에 집중되었다. GMO 수입 사실이 드러나기 이전부터 생명공학 전반에 대해 규제의 필요성을 주장했고, GMO에 대해서는 안전성에 우선순위를 두고 안전성이 확보되기 전에는 전면 수입 또는 유통 금지, 안전성 확보를 위한 자료 수집과 기준이 마련되면 표시제와 엄격한 기준 설정 등을 요구했다. 정부의 입장과는 간극이 컸다.

이러한 간극을 좁히고 타협의 실마리를 제공한 것은 유전자 조작 콩으로 만든 두부 파동이었다. 1999년 11월 3일 한국소비자보호원은 시중에 유통되는 즉석두부와 포장두부 각 11종을 검사하고 이 중 81.8%인 18종에서 미국 몬산토의 "유전자 변형 콩"이 함유되었다고 발표했다. 검사 대상에는 영세업체 외에도 풀무원, 초당두부 등 유명 두부 제조회사의 제품도 포함되었다. 특히 풀무원 두부의 경우 국산콩 100%로 표시된 제품에서도 GMO 콩이 함유된 것으로 나타났다.[95] 환경단체를 포함한 시민단체들은 풀무원 사옥 앞에서 시위하면서 이를 계기로 의무표시제를 즉각 시행해야 한다고 압박했다. 생명안전·윤리 연대모임도 의무표시제 실시를 요구했다. 소비자들이 이전 1년여 동안 진행된 GMO의 안전성에 대한 논의의 영향을 얼마나 받았는지는 이 보도에 대한 반응에서 알 수 있다. 보도가 나간 후 전체 두부 판매량은 급감했다. 기업에 따라 이전 판매량의 40-80% 정도가 감소했다. 두부 제조업체 중 가장 규모가 크고 친환경 또는 바른 먹거리를 내세워 지명도와 호감도를 높였던 풀무원에 비판이 집중되었다. 풀무원은 한국소비자보호원 발표 이후 판매량이 40% 정도 줄어들었다고 했다.[96]

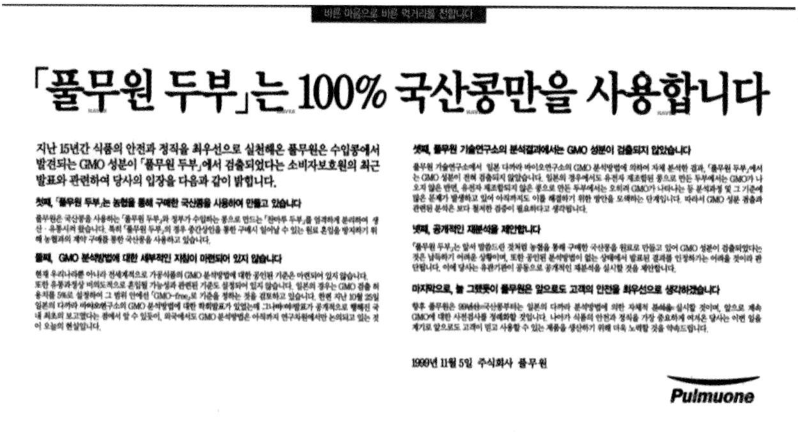

「풀무원 두부」는 100% 국산콩만을 사용합니다

〈그림 21〉 풀무원 사과문 광고. (출처: 『한겨레』 1999. 11. 05. 사회면 광고)

업체들의 입장은 '몰랐다, 억울하다'였다. 특히 기업 이미지에 큰 타격을 받은 풀무원은 주요 일간지에 광고를 내고 한국소비자보호원의 검사 방법이 공인 검사 방법이 아니라는 점, 생산이나 유통 과정에서 발생할수 있는 비의도적 오염에 대한 기준치가 없다는 점 등을 제기했다. 특히 농협에서 공급받은 국산콩을 사용한 제품에서도 GMO 콩이 포함된 것으로 나타났다는 점을 들어 풀무원은 생산이나 유통 과정에서 생길 수있는 비의도적 오염의 허용치가 없음을 지적했다(〈그림 21〉 참조).[97] 공방은 법정으로 이어져 녹색연합 환경소송센터는 풀무원을 상대로 환경소송을 냈고, 풀무원은 소비자보호원을 상대로 106억 원의 손해배상 소송을 냈다. 이로써 두부 파동에서 풀무원 또는 두부 업체의 책임 정도는 법정에서 가려지게 되었다.[98] 그러나 풀무원은 3년 뒤 소송을 취하했다.

법적인 다툼과 상관없이 두부 파동은 소비자들에게 GMO 콩의 안전성 문제를 깊이 새겼다. 두부의 판매 급감에서 보듯이 소비자들은 안전성의 쟁점을 얼마나 정확히 인지하는지 여부와 상관없이 일단 소비를 꺼리는 행동을 보였다. 이 과정에서 소비자들은 한국의 곡물 수입 의존도, 그 중에서도 콩과 옥수수 같은 곡물 수입의 미국 의존도가 얼마나 높은지에 대해 새롭게 알게 되었다. 두부 판매량은 긴 시간이 지난 후 회복되었지만 전국을 떠들썩하게 한 유전자 조작 콩 두부 파동이 GM 식품의 안전성에 부정적인 인상, 특히 수입 콩에 부정적인 인상을 강하게 남긴 것은 분명하다.

두부 파동의 또 다른 효과는 GM 식품에 대한 규제 요구에서 시민단체의 협상력이 높아졌다는 것이다. 한국소비자보호원과 풀무원 사이의 공방을 통해 공인된 검사 방법과 기준이 없고 비의도적 혼합의 정도를 판단할 기준이 마련되어야 한다는 점이 분명해졌다. 또한 '모르고 먹었다'는 소비자들의 반응은 알 권리를 보장하는 표시제에 정당성을 부여했다. 그 결과 중 하나는 비의도적 혼합 기준치가 농림부가 정한 5%에서 생명안전·윤리 연대모임이 주장한 1%의 중간 값인 3%로 낮아졌다. 여기에 더해 예상하지 못했던 외부의 도움이 추가되었다. 표시제와 관련된 규제 시행(안)을 정하는 중인 2000년 1월, 몬트리올에서 바이오안전성의정서가 채택된 것이다. 이 의정서는 사전예방원칙에 근거하여 특정 유전자 변형 생물체에 대해 수입을 허가하지 않을 수 있도록 하는 내용을 담고 있다.

이러한 모든 과정을 거쳐 GMO 작물 규제 내용과 기준(안)이 2000년 8월에 최종 고시되었고 2001년 7월부터 시행되었다. 일반적으로 표시제로 부르지만 실제로는 농림부 소관의 곡물에 대한 규제인 "유전자 변형 농산물 표시요령"과 가공식품과 원료에 대한 규제인 식품의약품안전청의 "유전자 재조합식품 등의 표시기준" 두 가지가 있다. 이 기준들에 따르면 콩, 옥수수, 콩나물과 이를 주요 원료로 사용하여 제조하거나 가공한 식품 중 최종 제품에 DNA나 외래 단백질이 남아 있는 식품에는 GM 표시를 해야 한다. 비의도적 혼합비율의 기준은 3%이고 위반할 때의 처벌 기준이 포함되었다.

5. GMO 표시제 도입의 의의

GMO 표시제 도입은 두 가지 점에서 의의를 찾을 수 있다. 첫째, 정부가 특히 육성 의지를 가지고 집중 투자하는 생명공학 분야에서 일정한 규제를 이루었다. 둘째, 그 규제가 시민사회의 성장 초기에 과학기술 분야에서 시민단체들의 연합체에 의해 도입되었다. 셋째, 그 과정에서 일반 소비자는 시민-소비자가 되었으며 GMO에 대한 정보를 얻고 판단하는 경험을 했다. 이 제도가 시행된 뒤에 이루어진 설문조사에서도 이 점이 잘 드러났다. 2001년 11월부터 2002년 1월까지 전국 7대 도시 일반가구를 대상으로 실시한 설문조사의 결과를 보자. 설문조사 결과 GMO를 인지하고 있다는 응답은 85.7%로 높지만 GM 농산물의 안전성에 대해 의구심을 가지고 있다는 응답도 71.6%로 높았다. GM 농산물 개발에 따른 이익으로는 식량 증산과 기아 해결을 들었다. 응답자들이 가장 크게 우려하는 것은 식품 독성과 환경 위해 가능성이었다. 정보원의 신뢰도에서는 시민단체가 44.9%로 가장 높고 언론이 19.3%인 반면 농림부와 식약처 등 정부 기관은 9.6%로 낮았다. 이는 시민단체가 1980년대의 운동권 이미지에서 벗어나고 있음을 보여준다. 절대 다수인 응답자의 99.6%가 표시제에 찬성했다. 이 응답이 단순히 일반적으로 좋은 것에 대한 선택이 아니라는 것은 7.4%만이 GMO 표시 제품을 구매하겠다는 뜻을 가지고 있다는 점에서 알 수 있다. 이렇듯 GMO에 대한 인지도와 관심이 높은 반면에 GMO 표시제가 시행되고 있는지에 대해서는 61.7%가 잘 모른다고 응답했다.[99]

시민단체의 입장에서 보면 2001년에 도입된 GMO 표시제의 한계도 분명했다. 첫째, 가공식품의 경우 원재료의 함량을 기준으로 함량이 많은 5개 원재료에 포함된 GMO만 표시의 대상이었다. 이는 2001년 당시 〈식품위생법〉에 따라 다른 모든 가공식품과 같은 기준이 적용되었기 때문이다. 나중에 〈식품위생법〉이 개정되어 전(全)성분표시가 의무화된 후에도 GMO 표시제는 오랫동안 5순위까지만 표시하는 방식을 유지했다. 둘째, GMO가 5순위 이내로 많이 사용되는 원료라 하더라도 가공 이후 유전자 재조합에 의한 변형 DNA가 남아 있을 경우에만 표시 대상이었다. 식용유처럼 제조 과정에서 열처리, 발효, 추출, 여과 등 고도의 정제 과정을 거쳐 변형 DNA 성분이 남아 있지 않게 되면 표시 대상이 아니었다. 1999년에는 전체 콩 수입의 89.3%가 미국산이었고 그중 GMO는 약 50% 수준이었다. 그런데 미국산 대두로 만든 식용유에서 GMO 표시를 찾아볼 수 없는 것은 이 때문이다.

GMO 표시제 도입 이후 이 제도가 GM 식품 소비 행위에 영향을 미쳤는지에 대해서는 연구가 필요하다. GMO 표시가 있는 제품을 구매하지 않겠다는, 즉 GM 식품을 소비하지 않겠다는 의지를 가진 소비자라 하더라도 현실에서 GMO를 원료로 쓴 가공식품을 피해가기는 어렵기 때문이다. 시민단체들은 이것이 소비자의 알 권리와 선택의 권리를 위한 GMO 표시제 도입의 취지에 부합하지 못한다고 지적했다.

GMO 표시제의 문제에 대해 다음과 같은 취지의 보도는 계속되었다. 첫째, 함량비율 5순위 이내 원료에 대해서만 표기함으로써 GMO 원료가 6순위지만 일상 소비량이 많은 가공식품의 경우 실제 GMO 섭취량은 많을 수 있다. 둘째, 최종 가공품에 남아있는 변형 DNA를 기준으로 하지 말고 처음 혼입되는 원료가 GMO 여부인지를 기준으로 표시해야 한다. 그렇지 않으면 표시제가 목표로 하는 소비자의 알 권리와 선택할

〈그림 22〉 GMO완전표시제 촉구 운동. (출처: 한살림 홈페이지)

권리가 실질적으로는 충족되지 않는다. 셋째, 표시 대상 GMO의 종류를 특정 품목으로 제한하지 말고 모든 GMO로 확대해야 한다. 넷째, 가공식품의 경우 생산자만 표시할 것이 아니라 해당 가공식품을 이용하여 만든 식품을 판매하는 최종 판매자, 예를 들어 식당 주인도 표시 책임을 가져야 한다.[100] GMO 표시제의 역사가 오래되었으면서도 현실에서 실제 표시된 제품이 거의 없는 것은 이러한 점들 때문이다.[101]

　GMO 표시제는 2017년에 개정되었지만 이러한 문제 제기는 여전히 계속되고 있다. 2017년 2월부터 시행된 개정 표시제는 원재료 함량 5순위 기준을 삭제하여 변형 DNA가 조금이라도 남아 있으면 표시하도록 했고, 표시 대상도 안전성 심사를 통과한 기존 옥수수, 콩 외에 알팔파, 카놀라, 면화, 사탕무 등 6종으로 확대되었다. 그럼에도 불구하고 시민단체들이 제기한 다른 문제는 수용되지 않았다. 2018년 경실련은 식품의약품안전처로부터 받은 최근 5년간의 GMO 농산물 수입량과 사용에 대한 통계를 분석했다. 식용으로 사용된 양을 기준으로 국민 1인당 매년 약

40kg을 소비하고 있다고 지적하면서 사용된 모든 GMO를 표시하는 완전 표시제 도입을 주장했다.[102]

GMO 표시제는 국가주의 과학기술과 시민사회에 의한 과학기술 민주적 통제 사이의 긴장과 갈등을 분명히 보여주었다. 이 제도의 도입 자체는 시민사회에 의한 민주적 통제의 초기 성과 중 하나다. 그러나 생명공학이 1990년대 중반에 급속한 성장을 하게 된 배경에는 G7 프로젝트의 기획처럼 국가경쟁력을 최우선 순위로 하여 기술관료들이 주도한 과학기술발전 기획이 있다. 그 직후 문제가 된 GM 식품의 안전성 논의는 이후 계속될 생명공학의 기술위험에 대한 사회적 통제와 국가경쟁력 사이의 대립과 갈등의 전초전이었다. 특히 존재하지만 실질적으로 작동하지 않는 GMO 표시제는, 시민-소비자의 요구를 외면할 수 없지만 동시에 GM 작물의 경쟁력과 상업화를 포기할 수 없는 상황에서 나온 절충안이었다.

경상도 응원하는 노무
경상도 지금도 배고프냐?
장 양 보 해 라 !
군 산 환 경 운 동 시 민 연 합
정부가 밀어주는 경
한국광고
정 조장하는 정부는 각성하라!
전소 승인에 697억원 줄 수 있나?
군산수산물센터번영회
경상도는 "반대세력과 찬
똘똘 뭉쳐 경
역시 군
697억 퍼주고 군산은 기형아 사진 퍼주나!!
정부+경상도 잘살아라
해신동

참여의
제도화

2000년대 이후 시민운동이 전반적으로 성장하는 가운데 전문가들의 시민운동 참여가 확대되는 경향을 보였다. 그에 따라 시민운동에서 전문성을 바탕으로 하는 제도 개혁, 대안 제시, 매체 홍보 등 다양한 활동이 이루어졌다. 과학기술 분야의 시민운동에서는 과학기술정책 의사결정의 민주적 절차를 강화하고 시민사회의 참여를 높이기 위한 정책을 도입하고 이를 안정적이고 실효성 있게 운영하기 위한 방안으로서 관련 법령 제·개정에 노력을 기울였다. 3장에서는 그러한 사례 중 과학기술정책의 전반을 포괄하면서 근간이 되는 〈과학기술기본법〉, 첨단과학기술에 대한 시민사회의 참여와 규제를 위한 〈생명윤리 및 안전에 관한 법률〉, 과학기술에서 소수자 집단을 고려하는 〈여성과학기술인 육성 및 지원에 관한 법률〉, 기술위험 수용에서 지역 주민의 의사결정을 보장하는 〈중·저준위 방사성 폐기물 처분시설의 유치지역 지원에 관한 특별법〉(이하 〈중·저준위 방폐장 특별법〉)을 선택했다. 과학기술 국가주의와 국가경쟁력 담론의 기본 입장과 대립하는 내용을 담고 있다는 점에서 이러한 법 제정은 과학기술 국가주의가 이전에 비해 약화되고 과학기술에 대한 시민사회의 통제가 시작되었다고 볼 수 있다.

그러나 법이 제정되는 과정을 보면 과학기술 국가주의가 국가경쟁력의 이름으로 여전히 강력하게 작동하고 있음을 알 수 있다. 예를 들어 〈여성 과학기술인 육성 및 지원에 관한 법률〉 제정 과정에서는 여성 과학기술인이 국가경쟁력을 위해 필요한 인적 자원이라는 설득 논리가 제시되었고, 〈생명윤리 및 안전에 관한 법률〉 제정과 관련한 위원회에는 처음으로 인문·사회 전공자 및 종교인들이 참여했으나 이러한 법이 연구개발의 발목을 잡는다는 과학기술자들과 관계 부처의 반대는 법률의 내용에 영향을 주었다.

7절

과학기술정책 시민 참여의 제도화

1990년대에 시민운동의 성장을 배경으로 시민 참여형 과학기술 거버넌스를 요구하는 목소리가 생겨났다. 과학기술 국가주의와 국가경쟁력에 기반하여 과학기술 전문가들과 기술관료들 외에 시민들이 정책 참여를 통해 과학기술 의사결정의 민주화를 이루어야 한다는 주장이었다. 6절에서 다룬 과학기술 시민단체들, 그중에서도 시민과학센터가 관련 이론 및 유럽에서 개발된 실천 프로그램 소개에 에너지를 쏟았다. 합의회의를 포함한 다양한 기술영향평가 제도가 대표적인 사례다. 이들은 1990년대 후반 이후 시민사회가 관심을 가진 과학기술 의제들을 재빨리 포착하여 합의회의 주제로 삼았고 다른 시민단체들과의 연대를 통해 기술위험의 사전 평가, 예방 필요성과 그 과정에서 시민 참여의 중요성을 역설했다.

2000년대의 과학기술정책에서는 이러한 시민사회의 주장을 포함하여 경쟁력만을 중시하는 과학기술 국가주의 틀에서는 고려되지 않았을 주장과 관점들도 제도적 영역에 일부 포함되었다. 과학기술의 시민 참여 외에도 예를 들어 기술영향평가, 여성 과학기술자 지원정책, 과학기술문화

정책, 생명윤리와 연구윤리 정책이 있다. 그 제도화의 결과 중 대표적인 것으로는 2000년에 제정된 〈과학기술기본법〉과 2004년에 제정된 〈생명윤리 및 안전에 관한 법률〉이 있다. 〈과학기술기본법〉은 1967년에 제정된 〈과학기술진흥법〉을 대체하기 위해 처음으로 과학기술정책 전반을 포괄하는 상위법으로 제정되었다. 그리고 〈생명윤리 및 안전에 관한 법률〉은 생명공학이 발전함에 따라 생명윤리 정책을 체계화하라는 요구에 대응하기 위해 제정되었다. 또한 두 법률이 제정되는 과정에서 과학기술정책 이슈에서는 처음으로 시민사회단체들의 목소리가 일정하게 반영되었다.

1. 임시방편으로서 〈과학기술혁신을 위한 특별법〉

1) 과학기술 법령체계 정비의 필요성 제기

1980년대를 통해 한국의 과학기술 연구개발은 양적, 질적 측면에서 모두 빠른 속도로 성장했다. 연구개발을 통한 과학기술 육성이 산업과 경제발전을 위해 필요하다는 인식이 커졌고 이를 위한 제도와 정책이 만들어졌기 때문이다. 정부는 1982년에 특정연구개발사업을 추진했고, 1983년에 〈유전공학육성법〉을 제정한 것을 계기로 유전공학 연구개발을 제도화하기 시작했고, 1991년에는 G7 프로젝트같이 장기 연구기획을 통해 개발된 국책 연구개발 사업을 시작했다. 그 밖에 과학기술 고등교육기관 설립과 영재교육 확장, 출연연 통폐합 등 여러 정책 사업이 있었다.

그런데 이러한 정책들이 하나의 큰 청사진 아래 진행된 것이 아니라 정책 필요가 생길 때마다 필요한 관련 법령과 제도가 하나씩 만들어졌기 때문에 체계적이지 못하고 법령끼리 충돌하는 등의 문제가 있었다. 그리하여 1990년대 초가 되면 과학기술 관련 법령 정비의 필요성이 제기되었다. 1990년대 초까지 과학기술정책의 법적 근간은 1967년에 제정된 〈과학기술진흥법〉이었다. 이 법은 당시 신설되는 과학기술처가 과학기술정책 전반에 대한 전담부서라는 점과 이를 위한 위원회와 기금 설치 관련 내용을 주로 담고 있었다. 다만 과학기술정책 수행을 위한 체계적인 법적 기반을 제공한다기보다 과학기술처에 정책 재량권을 포괄적으로 부여하는 일종의 헌장에 가까웠다. 〈과학기술진흥법〉은 1972년에 종합과학기술심의회와 과학기술재단 설치를 위해 일부 개정된 적이 있을 뿐, 그 후 1991년까지 20년간 법 개정이 이루어지지 않았다. 이 기간 동안 새로운 과학기술정책을 위한 법적 기반은 〈과학기술진흥법〉과 무관하게 그때그때 사업 목적을 위해 필요한 법을 특별법같이 별도로 제정하는 방식으로 이루어졌다.[1]

1991년에는 과학기술을 둘러싼 환경 변화를 반영하여 〈과학기술진흥법〉을 대폭 개정했다. 주된 개정 내용은 첫째, 과학기술정책의 의제를 종합적이고 체계적으로 설정하여 포함하고 둘째, 기획, 예산배분과 심의, 추진 체계를 확립했다. 개정 이전의 과학기술정책 의제는 연구개발, 인력개발, 자원조사, 기술협력과 기술도입이었다. 그러나 1991년의 개정 이후에는 과학기술진흥 종합계획에 연구개발의 체계적 추진과 이를 위한 기반 확보 항목이 망라되었다. 연구개발, 인력개발 외에 투자, 과학기술 정보유통, 과학기술 연구개발 기관, 산학연 협동, 국제협력, 과학기술 국민이해 증진과 국민생활 과학화 등이 추가되었다. 1991년의 〈과학기술진흥법〉 개정은 이전에 비해 과학기술정책의 범위를 확장하고 체계적으로 만들었다는 점에서 진전이었다. 그러나 이러한 의제들을 효과적으로 추진할 수 있는 행정체계 구축과 재원 확보 측면에서는 구체성이 부족했다.

2) 〈과학기술혁신을 위한 특별법〉의 제정

1980년대 후반부터 1990년대 중반까지 국가의 과학기술정책에서는 연구개발 사업의 확대와 이를 위한 기반 구축이 두드러졌다. 거의 모든 부처에서 독자 기획 아래 연구개발 사업을 추진했고 국가 전체로 볼 때 연구개발 사업에서 민간의 역할도 커졌다. 아울러 반도체, 정보통신 분야에서 경쟁력을 가지기 위해서는 독자적인 기술 혁신과 지식 축적이 필요하다는 인식이 확산되면서 기초연구의 중요성이 강조되고 연구중심 대학 등 대학의 연구개발 역량을 높이기 위한 정책이 추진되었다.[2] 1991년의 〈과학기술진흥법〉 개정은 이 변화를 반영하기 위한 것이었는데, 실제로는 과학기술정책의 범위를 확장하고 일부 체제를 정비하는 데 그쳤다. 개정 결과 과학기술정책의 형식적인 체계는 갖추었으나 실질적인 작동에서는 미흡한 점이 많다고 평가되었다.

김영삼 정부는 집권 초기 신경제 정책의 취지에 맞추어 과학기술정책을 수립했다. 당시까지 과학기술을 위한 5개년 계획은 경제사회개발 5개년 계획의 부문계획으로 존재했다. 제7차 경제사회개발 5개년 계획(1992-1996)은 노태우 정부 말기에 수립되었기 때문에 새 정부의 정책 이념이 충분히 반영되지 못했다. 김영삼 정부는 신경제 5개년 계획의 부문계획으로서 기술개발전략 5개년 계획(1993-1997)을 수립했다. 이 계획은 제7차 경제사회개발 5개년 계획과 현황 파악 및 목표에서 기본 방향을 공유하지만 정부 주도의 성장전략이 한계에 도달했다는 문제의식을 가지고 국가기술혁신체제의 확립과 운영을 강조했다. 이를 위한 정책 방향으로 첫째, 민간 주도의 기술혁신체제 확립, 둘째, 시장수요 지향적 연구개발체제 확립, 셋째, 국가연구개발사업의 강화와 효율적 추진을 위한 투자재원의 합리적 배분체계 구축과 합리적 투자를 제시했다.[3]

그러나 1991년에 개정된 〈과학기술진흥법〉은 이 계획의 정책 과제를 법적으로 뒷받침하기에는 충분하지 않다는 지적과 함께 국가 과학기술혁신 체제 확립과 궤를 같이하는 과학기술 법을 제정해야 한다는 주장이 등장했다. 김영삼 정부는 1996년에 국가과학기술자문회의의 건의에 따라 〈가칭〉〈과학기술 특별법〉 제정을 결정했다. 정부가 제시한 입법 방침은 5년간 한시법으로 하고 정부 총예산의 일정 비율(약 5%)을 국가 연구개발 사업비로 확보한다는 점을 명확히 하는 것이었다. 한편 공청회 등을 통해 제기된 주요 입법 방침은 다음과 같다. 첫째, 정부 예산 중 연구개발 투자를 일정 비율로 확보한다. 둘째, 국가 연구개발사업의 효율성과 경쟁력을 높이기 위해 산학연 협력체제를 구축하고 관련 정보를 국가 데이터베이스로 만들어 체계적으로 관리하고, 전담 기구를 두어 연구사업의 기획, 평가, 관리를 담당한다. 셋째, 기초연구 지원을 적극 확대한다. 넷째, 민간 연구개발을 촉진하기 위해 세제 지원을 포함한 지원 제도를 마련한다. 다섯째, 이러한 정책의 사회적 기반으로서 과학기술문화 창달과 과학기술자 연구 의욕을 고취한다.[4]

1997년 7월에 국회를 통과한 〈과학기술혁신을 위한 특별법〉과 이 법에 따라 수립될 과학기술혁신 5개년 계획의 핵심은 효과적인 국가 과학기술 혁신체계의 구축과 이를 운영하기 위한 투자 확대에 있었다. 이 법의 내용을 이전의 〈과학기술진흥법〉이나 계획들과 비교해보면 연구개발 투자 확대를 넘어 이를 종합 조정하고 효율적으로 추진하겠다는 의도가 드러난다. 기존의 종합과학기술심의회 대신 과학기술 장관회의[5]를 신설했고 연구개발 사업의 기획, 평가, 성과 관리 체계를 도입했다. 또한 산업기술과 기초연구를 구분하여 각각에 대해 차별화된 지원 제도를 도입했다. 그리고 이 모든 과학기술 투자 확대를 위한 국민적 공감대를 형성하기 위해 과학기술문화를 강조했다. 이전의 과학기술에 대한 국민의 이해 제고와 같은 정책 목표와 방향만 제시한 것이 아니라 전담 기관, 재원, 사업 내용을 포함하는 구체적인 내용이 포함되었다. 이처럼 〈과학기술혁신을 위한 특별법〉은 국가 과학기술혁신체제라는 새로운 과학기술정책 패러다임을 도입한 시도였다.

그러나 한계도 분명했다. 먼저 정부 예산의 일정 비율을 연구개발 투자로 명시하려는 시도는 관철되지 못했다. 법체계 측면에서 보면 〈과학기술혁신을 위한 특별법〉에 기반한 과학기술 장관회의가 다른 과학기술 연구개발과 관련된 법들에 기초한 각 부처의 연구개발 사업을 종합 조정하지 못했다. 또한 1997년 4월 국회 통신과학위원회에서 기본법 제정이 필요하다는 의견이 제기되었으나 이 법은 한시법으로 남게 되어 이후 법체계 보완이 불가피했다.[6]

2. 〈과학기술기본법〉의 제정

1) 〈과학기술기본법〉 제정의 쟁점

〈과학기술기본법〉의 제정은 김대중 대통령의 과학기술 분야 공약 중 하나였다. 이미 제기된 대로 국가 과학기술혁신체제를 확립하고 늘어난 과학기술 투자를 효과적으로 집행하기 위해서는 과학기술 행정체제에 대한 개편이 필요하다는 문제의식이 있었다. 1997년 대선에서 김대중 후보는 연구개발 투자를 국민총생산 대비 5%로 확대하고 과학기술처의 위상을 높여 과학기술정책과 행정을 통합하고, 대통령 직속의 국가과학기술위원회(이하 국과위)를 설치하겠다고 공약했다. 이의 법적인 근거를 위해서도 〈과학기술기본법〉 제정은 필요했다.[7]

김대중 정부가 출범한 뒤 〈과학기술기본법〉 제정을 위한 활동은 곧 시작되었지만 법안이 확정되기까지는 우여곡절이 있었다. 새정치국민회의

(이하 국민회의)-자유민주연합(이하 자민련)의 여당연합과 과학기술부를 비롯한 정부 부처가 과학기술 종합 조정 체계를 놓고 밀고 당기는 과정을 겪었기 때문이다. 1998년 5월, 여당연합의 정책기획단은 대통령을 위원장으로 하는 국가과학기술위원회를 종합 조정 기구로 제안하고 이를 포함한 〈과학기술기본법(안)〉을 마련하여 10월에 국회에서 공청회를 열었다. 이 법안이 기존의 〈과학기술진흥법〉, 〈과학기술혁신을 위한 특별법〉과 가장 다른 점은 새롭게 제안된 국가과학기술위원회의 위상에 관한 것, 즉 국가과학기술위원회의 민간 전문가 참여 비율과 국가과학기술위원회 운영을 책임지는 사무국을 어디에 둘 것인가 하는 것이었다. 이 내용에 따라 과학기술 분야 종합 조정에서 정부 부처의 주도권을 확보하는 정도와 사무국의 위상에 따라 국가과학기술위원회 운영에서 정부 부처의 영향력이 달라지기 때문이었다. 여당연합이 제안한 법안에 대한 반대 의견이 많았기 때문에 당정이 협의하여 1999년 상반기 중에 새로운 법안을 만들기로 합의했다.

당정 협의에도 불구하고 〈과학기술기본법〉 제정을 둘러싼 여당연합과 과학기술부의 긴장은 계속되었다. 새로운 법안이 작성되고 있는 도중에 과학기술부는 긴급함을 이유로 〈과학기술혁신을 위한 특별법〉을 개정하여 과학기술장관회의를 국가과학기술위원회로 변경했다. 이는 새로운 법을 제정해야 할 가장 중요한 근거를 축소하는 일이었다. 과학기술부는 당정협의에 따라 준비되는 새로운 법안 작성에 참여하면서 동시에 한국법제연구원과 공동으로 독자적인 법안 작성을 위한 작업을 시작했다. 그 결과 1999년에는 양쪽에서 각자 마련한 법안에 대한 공청회를 여는 등 난맥상을 겪었다. 9월에 당정이 참여하는 과학기술기본법 제정기획단__실제로는 국민회의와 자민련의 과학기술위원이 주축이 된__은 민간, 정부 부처의 의견을 수렴하여 마련한 법안에 대한 공청회를 국회에서 개최했는데, 이 공청회에서도 의견 불일치가 나타났다. 공동 여당과 과학기술계에서는 시대 조류에 맞게 국가과학기술위원회의 민간 전문가 참여 비율을 높여야 하고 사무국을 독립적으로 운영해야 한다고 주장했다. 반면 과학기술부를 비롯한 정부 부처에서는 부처 전문가들이 대거 참여하는 것이 정책 효율성에 유리하다고 주장하고 원활한 운영을 위해 사무국을 과학기술부 산하에 두는 것이 바람직하다고 주장했다.[8] 정부 관련부처가 과학기술정책의 방향 설정과 자원 배분에 대한 의사결정 권한을 기술관료 중심으로 행사하는 기존 체제를 최대한 유지하려는 데 따른 갈등이었다. 〈과학기술기본법〉 제정이 늦어지자 1999년 11월 15일에 다시 공동 여당과 충분히 협의한다는 전제 아래 과학기술부 주도로 〈과학기술기본법(안)〉을 만들고 2000년 정기국회에 상정하기로 결정했다.[9] 그에 따라 2000년에 과학기술부는 한국법제연구원의 용역 연구결과를 바탕으로 작성한 법안에 대한 각계의 의견 수렴과 수정을 거쳐 최종안을 만들었다. 이 과정에는 신설된 국가과학기술위원회를 포함해 과학기술정책의 전통적 이해관계자인 정부 부처, 과학기술계 외에 시민사회단체가 목소리를 냈다는 점이 주목할 만하다.

2) 〈과학기술기본법(안)〉 작성 과정

과학기술부의 용역으로 한국법제연구원이 작성한 〈과학기술기본법(안)〉(법제연구원안)은 내용 측면에서는 변화하는 과학기술정책 환경을 반영하고 법의 위상 측면에서는 과학기술 법령체계의 최상위 법의 위상에 부합하게 만드는 것을 기본 방향으로 삼았다. 법안이 참고로 한 것은 〈과학기술혁신을 위한 특별법〉과 1998년 국민회의-자민련의 법안(이하 국민회의안)과 1999년 9월 당정이 참여하는 과학기술기본법 제정기획단이 공청회에서 제시한 안(이하 1999년 공청회 안)이었다. 한마디로 정리하면 이 법안은 몇몇 쟁점 사항을 빼면 체제와 내용에서 〈과학기술혁신을 위한 특별법〉을 이어받았다.

법제연구원 안은 3장, 28개 조로 구성되었다. 전체 법안은 1장 총칙, 2장 국가과학기술지식의 창출, 관리체계의 구축, 3장 과학기술지식 제고 환경의 조성으로 크게 구분되었다. 특기할 만한 내용을 몇 가지로 추릴 수 있다. 첫째, 이 안은 과학기술기본법의 적용 범위를 "인문사회과학을 포함하는 과학기술"로 규정했다. 과학기술과 인문사회과학을 엄격히 구분하는 것이 한국의 지식 풍토였기 때문에 이전의 어떤 과학기술 관련법에서도 인문사회과학을 언급하지 않았던 것과 대조적이다. 이 조항은 연구팀이 대만과 일본의 과학기술기본법의 관련 조항을 참고한 결과였다.

둘째, 쟁점이 되었던 (독립) 사무국 설치를 수용하지 않음으로써 〈과학기술혁신을 위한 특별법〉 체제에서와 마찬가지로 국가과학기술위원회를 과학기술부가 주도할 수 있는 여지를 남겨두었다. 〈과학기술혁신을 위한 특별법〉에서는 과학기술부 장관을 간사위원으로 하고 사무를 간사위원이 처리하도록 했다. 이와 달리 1999년 공청회 안은 독립적인 사무국을 두는 방안을 제안했다. 과학기술부는 과학기술 관련 업무를 수행하는 수많은 정부 부처들 중 하나인데, 종합 심의, 조정을 하는 국가과학기술위원회의 운영을 담당하는 것이 적절하지 않다는 것이 이유였다. 그러나 법제연구원 안은 과학기술부 장관이 간사위원인데 별도의 사무국을 두는 것은 행정체계상 맞지 않고 운영에 혼선을 가져올 수 있다는 점을 들어 이를 수용하지 않았다.

셋째, 국가연구개발사업에 대한 조사, 분석, 평가 전담 기구를 설립하도록 하여 한국과학기술평가원(2001년 한국과학기술기획평가원으로 확대 개편)의 설립 근거를 제시했다. 〈과학기술혁신을 위한 특별법〉은 이 업무를 도입하고 담당할 주체로 과학기술부 장관을 지정하고 정부가 예산을 지원하는 법인 형태의 한국과학기술평가원 설립을 규정했다. 이에 대해 1999년 공청회 안은 기존 방식대로 하면 과학기술부가 사업을 진행하고 그 결과의 평가도 과학기술부가 하기 때문에 평가에서 공정성의 문제가 생긴다는 점을 들어 국가과학기술위원회 산하에 국가과학기술평가원을 설립할 것을 제안했다. 법제연구원 안은 이 점에서도 마찬가지로 1999년 공청회 안을 수용하지 않았다.

2000년 5월 9일 과학기술부는 〈과학기술기본법(안)〉(이하 과기부 5월 법안)을 입법예고했다. 이 법안은 법제연구원의 용역 연구결과를 근간으로 했으나 일부 내용이 수정되었다. 주요 수정 내용은 다음과 같다.[10]

첫째, 〈과학기술기본법〉의 적용 범위를 좁은 의미의 과학기술인 연구개발로 한정했다. 대신 자연과학과 인문사회과학 간의 조화로운 연계 발전을 선언함으로써 학문의 균형 있는 발전의 취지는 분명히 했다. 그러나 〈과학기술기본법〉 적용 범위에서 인문사회과학을 포함했던 법제연구원 안에서는 한 발 물러선 것이었다.

둘째, 과학기술정책에 민간의 참여를 확대했다. 우선 국가과학기술위원회의 위원 수를 〈과학기술혁신을 위한 특별법〉과 법제연구원 안에는 20인 이내로 했는데 1999년 공청회안을 수용하여 25인 이내로 했다. 당연직 위원의 수는 고정되어 있으므로 국과위에 민간 위원의 수가 늘어나면 전체 운영과 의사결정에서 민간의 영향이 이전보다 커질 수 있게 되었다. 또한 연구개발사업 수요 조사에서도 민간 수요를 조사하여 반영할 것을 명시했다.

더 주목할 만한 것은 과학기술정책에 시민사회의 참여를 언급한 것이다. 제5조 과학기술정책의 중시는 신설된 항목으로서 〈과학기술기본법〉이 국가 전체의 과학기술정책의 근간임을 분명히 하기 위한 것이다. 흥미로운 점은 과학기술관료들과 소수 전문가들이 독점하다시피 했던 과학기술정책에 과학기술 '비정부 기구'의 참여를 확대하고 일반 국민의 의견 수렴을 언급한 것이다.

셋째, 과학기술이 편익을 증진할 뿐 아니라 부작용을 초래할 수 있음을 인정하고 이와 관련하여 기술영향평가를 도입했다. 기술의 발전 추세를 예측하고 과학기술정책에 이를 반영해야 한다는 아이디어는 〈과학기술진흥법〉에도 있었다. 그러나 이는 과학기술의 '적절한', '빠른' 발전을 위한 것일 뿐 과학기술의 사회적 영향에 대한 고려를 담은 것은 아니었다. 1998년 국민회의 안과 1999년 공청회 안에서도 이같은 기본 입장은 유지되었다. 주목할 점은 과학기술 예측에서 '과학기술 내용' 외에도 과학기술이 정치, 경제, 사회, 환경, 문화 등에 미치는 영향에 대한 내용이다. 특히 1999년 공청회 안은 새로운 과학기술이 사회에 초래할 "편익 증진효과와 부작용을 사전에 검토, 분석, 평가하고 이에 대비"할 것을 명시했고 법제연구원 안은 그 결과를 과학기술계획 수립의 기초로 삼도록 했다. 과학기술부의 5월 법안에서는 '편익증진'과 '부작용' 같은 구체적인 서술이 삭제되었다. 대신 기술영향평가 개념을 도입했고 그 결과를 "정책에 반영하여야 한다."고 명시했다.

넷째, 과학기술정책의 새로운 의제로서 여성 과학기술인 양성과 과학영재 육성이 등장했다. 이전까지 이 문제에 별도의 정책적 관심이 없었거나 있다 하더라도 과학기술인력 정책의 일부로 간주되었을 뿐이다. 그런데 2000년 5월 법안에서는 이 두 의제가 별도의 조항으로 포함되었다.

3) 과학기술 시민 참여 제도화의 배경

여러 〈과학기술기본법(안)〉에서 과학기술 시민 참여나 과학기술이 초래하는 문제와 부작용에 대한 내용이 포함된 배경에는 시민사회의 오랜 요구가 있었다. 〈과학기술기본법〉 제정을 위한 논의와 별개로 1990년대에 과학기술정책에서 과학기술과 시민사회에 대한 새로운 관점을 도입한 논의와 실험들이 있었는데 그중 하나가 과학기술 시민 참여였다. 환경운동, 과학기술운동 관련 시민단체들과 과기노조 등은 기존의 경쟁력을 중심으로 과학기술 전문가들과 기술관료들이 독점하던 과학기술정책에 시민 참여, 공익, 의사결정의 민주화 등을 도입해야 한다고 주장했다. 그중에서 특히 참여연대 시민과학센터의 활동이 두드러졌는데, 이들의 활동은 관련 연구, 외국 프로그램 벤치마킹 등 이론과 실천 두 측면에 걸쳐 있었다. 기술영향평가와 관련한 내용이 〈과학기술기본법〉에 포함된 것은 참여연대 시민과학센터의 가장 두드러진 활동 중 하나였다.

1990년대 중반 과학기술정책관리연구소(현 과학기술정책연구원)의 김환석과 이영희는 과학기술과 사회의 상호작용을 강조하는 관점에 기초한 과학기술정책 제도를 도입하는 연구를 선구적으로 주도했다. 이들은 과학기술학의 구성주의 및 과학기술과 사회의 상호작용을 강조하는 서구의 이론들과 그에 기반한 기술영향평가 제도들을 소개했다. 이들은 과학기술이 사회에 이미 확산된 후의 영향을 전문가 중심으로 평가하는 미국의 제도, 구성주의 과학기술관에 입각해 시민사회의 적극 개입을 강조하는 유럽의 기술영형평가 제도들을 연구했다. 이들의 연구는 우리나라에 과학기술의 경제적 가치를 평가하는 기술평가가 아닌, 과학기술의 사회문화적 가치와 영향력을 평가하고 나아가 그에 대한 의사결정에 시민사회가 참여하는 소위 참여 기술영향평가 개념을 도입하고 이를 정책으로 제도화할 것을 주장했다.[11] 이들은 1990년대 후반에 대학으로 옮긴 뒤 참여연대 과학기술 민주화를 위한 모임에 적극 참여하면서 과학기술 시민운동의 주요 주체가 되었다. 이 보고서를 쓸 당시에 참여연대 시민과학센터는 아직 설립 전이었다.[12]

참여연대 시민과학센터는 기술영향평가에서 시민 참여 가능한 여러

〈그림 23〉 1998년 합의회의. (출처: 유네스코 한국위원회)

방식을 한국에 도입하는 실험에도 적극 참여했다. 그 첫 시도가 '합의회의'였다. 합의회의는 덴마크에서 개발된 참여 기술영향평가의 한 방식으로서 시민 패널들이 과학기술 쟁점에 대해 전문가들의 도움을 받아 집중적으로 숙의하고 패널의 만장일치로 합의 의견을 도출하는 제도다. 합의회의 운영 주체가 누구인지—가령 국회인지, 민간인지, 정부인지—에 따라 합의회의 결과가 정책 결정에 얼마나 강제력을 가지는지 등은 제도를 운영하는 나라마다 다르다. 한국의 첫 합의회의는 유네스코 한국위원회의 주최로 1998년과 1999년에 두 차례 열렸다. 참여연대 시민과학센터를 비롯한 관련 시민단체들은 합의회의 기획과 진행의 전 과정에 참여했다. 1998년의 주제는 유전자 조작 식품의 안전과 생명윤리, 1999년의 주제는 생명복제 기술이었다(〈그림 23〉 참조).[13] 당시 시민사회는 농산물 개방에 따른 유전자 조작 식품 수입 문제 및 1997년의 복제양 돌리의 충격 때문에 생명공학의 문제들에 큰 관심을 가지고 있었다. 따라서 주제 자체에 대한 관심과 일반 시민이 첨단생명공학 기술과 관련된 정책 의견을 제안한다는 형식의 새로움 때문에 첫 두 차례의 합의회의에 언론은 많은 관심을 보였다. 이후에도 여러 주체들이 주관한 합의회의가 몇 차례 더 있었지만 제도화되지 못했고 언론의 관심도 오래가지 않았다. 그러나 〈과학기술기본법〉 제정 이후 실시된 기술영향평가에서 시민 참여를 위해 합의회의 방식은 여러 번 채택되었다.

4) 〈과학기술기본법(안)〉에 대한 각계의 반응

2000년 5월 법안이 발표되자 각계의 반응은 다양하게 나타났다. 먼저 정부의 다른 부처들은 과학기술부의 영향력이 커지는 것에 대해 반발했다. 과학기술 연구개발 관련성이 큰 산업자원부와 정보통신부는 과학기술부가 국가과학기술위원회 간사 부처로서 운영까지 맡는 것은 적절하지 않다고 주장했다. 또한 법안에 따르면 국가연구개발사업 조사, 분석, 평가를 담당할 과학기술평가원을 과학기술부 산하에 두는 것 역시 적절하지 않다고 보았다. 산업자원부와 정보통신부는 〈과학기술기본법〉 제정을 위해 당정이 합의한 '원안'에 따라 총괄 조정 기능이 있는 국무조정실이 국가과학기술위원회 간사 부처를 맡고 독립된 사무국이 국가연구개발사업의 평가를 맡아야 한다고 주장했다. 교육부는 과학영재 양성과 관련된 과학교육이 교육부 업무와 중복이라는 점을 지적했고, 국방부는 국방 관련 연구개발사업의 비밀 특성을 고려하여 평가 대상에서 뺄 것을 요구했다.[14]

국가과학기술자문회의는 다른 부처가 제기한 문제들에 대해서 구체적인 의견을 밝히는 대신 지속적인 협의가 필요하다는 두루뭉술한 입장을 보였다. 반면 새로 포함된 제26조 여성 과학기술인 양성은 독립조항 신설이 부적합하다는 의견이 나왔다. 그 이유로는 과학기술이 능력을 중시하는 영역이라는 점, 이 조항이 정치적 성격을 가진다는 점, 구체적 내용 없이 선언적이라는 점이 지적되었다. 그러면서도 제5조에서 과학기술 비정부기구의 과학기술정책 참여에 대해서는 정치적 성격을 우려하기보다 실질적 확대를 위한 제도적 방안이 반영되어야 한다는 평가를 내놓았다.[15]

한편 시민단체들은 과학기술부의 입법안과 관련하여 시민사회의 의견수렴이 부족하다고 비판하면서 시민단체 연합으로 수정 의견을 제시했다. 참여연대 시민과학센터는 과학기술부가 2000년 6월 1일에 개최하기로 발표한 〈과학기술기본법(안)〉 공청회에 토론 패널에 시민단체와 현장 과학기술자들이 포함되지 않았음을 지적했다. 그리고 시민사회 입장에서 과학기술부에 전달할 수정 사항과 요청 사항을 수렴하기 위한 시민단체 간담회를 2000년 6월 7일 개최했다. 그 결과를 6월 19일, 과학기술부 장관, 여당(새천년민주당)과 야당(한나라당) 정책위원장, 국회 과학기술 정보통신 위원장에게 각각 보냈다. 여기 참여한 시민단체는 경제정의실천시민연합, 녹색연합, 장애우 권익문제 연구소, 전국과학기술노동조합(이하 과기노조), 참여연대 시민과학센터, 환경과공해연구회, 환경운동연합이었다.

이 의견서는 2000년 5월 법안이 과학기술정책의 새로운 방향성을 적절하게 포착했지만 그 과정에서 시민 의견 수렴 노력이 부족했고 법안의 실천 방안은 미흡하고 추상적이라는 점을 지적했다. 예를 들어 "일반 국민의 다양한 의견을 수렴할 수 있는 방안을 강구하여야 한다"는 조문이 추상적이라는 것이다. 시민사회단체들은 이를 보완하기 위해 주요 과학기술위원회에 민간 전문가 외에 시민단체 대표의 참여를 제도화하고, 기술영향평가가 독립적으로 이루어질 수 있도록 전담 기구를 국회 산하에 둘 것과 합의회의 등 시민 참여 방식의 기술영향평가를 도입할 것을 제안했다. 또한 공익적 연구개발에 대한 지원을 제도화하는 조항을 신설할 것을 요구했다. 현장 과학기술자들의 목소리를 반영한 의견으로는 정부출연연구기관의 평가 체계를 일원화할 것과 여성 과학기술인 관련 조항에

교육과정 개선과 정책과정 참여 제도화 등을 추가할 것이 제시되었다.[16]

이러한 안팎의 평가에도 불구하고 2000년 9월에 과학기술부가 확정 발표한 법안은 이전과 크게 달라지지 않았다. 국가과학기술위원회와 한국과학기술평가원과 관련된 조항이나 여성 과학기술인 양성, 과학영재교육 등의 조항이 그대로 남아 있었다. 변화를 보인 것은, 과학기술정책에 과학기술 관련 비정부기구 참여를 명시한 항목과 기술영향평가 관련 항목이었다. 5월에 발표된 법안에 대한 의견서를 낸 시민사회단체 중에는 과기노조가 포함되었다. 과기노조는 출연연 종사자들을 중심으로 1994년에 설립되었다. 이미 연구과제중심운영제도(PBS), 이사회 제도 등으로 연구 행정과 연구개발사업 수행에서 통제를 받는다고 여겼던 과기노조는 과학기술부의 영향력이 큰 형태의 새로운 과학기술 행정체제에 대해 비판적이었다. 국가과학기술자문회의는 IMF 외환위기 이후 과기노조가 출연연 관련 정책에 대해 불안감을 느끼고 기본법에서 국가과학기술위원회 사무국과 한국과학기술평가원의 독립성 문제를 계속 제기할 것이라고 평가한 바 있다. 그 때문인지 수정된 법안에서는 제5조 3항에서 정책 참여 촉진 대상 중 과학기술 관련 비정부기구를 아예 삭제해버렸다. 또한 제14조는 과학기술예측을 기술영향평가로 바꾸었으나 평가 결과를 정책에 반영해야 한다는 시민단체들의 요구는 관철되지 않았다. 반면 기술영향평가의 경우 제14조의 제목을 과학기술예측에서 기술영향 및 기술수준의 평가로 바꿈으로써 기술영향평가 개념이 좀더 분명히 포함되었다. 그러나 평가 결과를 정책에 반영해야 한다는 강한 입장에서 물러나 기술영향평가 결과에 "대비해야" 한다고 수정했다.

이에 시민사회단체들은 다시 문제를 제기했다. 이들은 수정된 내용을 '개악'이라고 평가하고 이를 바로잡을 것을 각 언론사 과학부, 사회부, 비정부기구 담당 기자, 국회 과학기술정보통신위원회 의원, 과학기술부 장관에게 보냈다. 그 결과 비정부기구는 삭제된 채 그대로 두고, 기술영향평가 결과를 정책에 반영해야 한다는 원래 안으로 되돌아갔다.[17]

3. 과학기술 시민 참여에서 〈과학기술기본법〉의 함의

한국의 과학기술정책을 주도해온 정책의 핵심은 과학기술 국가주의에 기반한 경쟁력, 특히 산업 경쟁력을 높이는 것이었다. 경쟁력이 주도하는 과학기술정책은 고유한 영역과 전문성을 가진 과학기술 성장을 위한 진흥정책 중심이 될 수밖에 없다. 과학기술정책이 독자적 위상을 추구하기 시작했을 때 이를 뒷받침하던 가장 근본이 되는 법 이름이 1967년 제정된 〈과학기술진흥법〉이라는 점은 이를 상징적으로 드러낸다.

경쟁력이 주도하는 과학기술정책은 다음과 같은 특징을 가진다. 첫째, 과학기술정책에서 정치적 가치와 경제적 가치를 중시하고 다른 종류의 가치, 예를 들어 사회적 가치, 생태적 가치를 후순위로 보냈다. 둘째, 정부, 기업, 전문가들이 과학기술정책을 주도했고 행정기구와 제도는 진흥 중심으로 설계되었다. 따라서 이 경우 시민사회의 참여는 제한적이다. 셋째, 과학기술정책의 영역에서 인문사회과학, 융합 분야, (한)의약학 분야가 배제 또는 축소된 채 좁게 정의된다.[18]

〈과학기술기본법〉이 제정되던 1990년대 말과 2000년대 초에는 세계적으로 과학기술정책의 패러다임이 변화하고 있었다. 1999년 세계과학회의는 이러한 변화를 잘 드러내준다. 세계에서 과학기술정책은 산업 경쟁력 일변도에서 벗어나 지속가능한 발전, 평화와 평등을 추구하는 발전에 관심을 가지기 시작했다.[19] 〈과학기술혁신을 위한 특별법〉과 〈과학기술기본법〉이 제정되던 시기에 한국에서도 이러한 새로운 경향이 인지되고 있었다. 또한 추격체제에서 탈추격체제로 전환해야 하는 시기를 맞아 이러한 새로운 경향을 반영하면서 장기 관점에서 과학기술을 바라보려고 시도했다. 『2025를 향한 과학기술 장기비전』이 대표적인 예다. 특히 한국이 이러한 법령과 과학기술정책을 새롭게 형성할 때 벤치마킹하는 외국의 과학기술 관련 법령은 경쟁력 일변도의 과학기술정책에서 이미 벗어나기 시작한 후였다.[20]

〈과학기술기본법〉은 과학기술정책의 새로운 패러다임을 수용하려고 시도했다. 〈과학기술혁신을 위한 특별법〉의 기술예측은 미래 기술에 최대한 빨리 도달하는 것에 목적을 두었다. 반면 〈과학기술기본법〉은 과학기술이 미래에 초래할 수도 있는 여러 형태의 부작용을 미리 예측하고 그 결과를 정책에 반영하도록 하는 기술영향평가 제도를 도입했다. 또한 과학기술정책에 민간, 특히 과학기술 관련 비정부기구와 일반 국민의 참여를 언급함으로써 기술관료주의나 전문가 주의에서 벗어난 듯한 인상을 주었다. 과학기술계에서 상대적으로 약자로 간주되는 여성 과학기술인에 대한 정책 관심도 세계과학회의 의제와 맥이 닿아 있다.

그러나 적어도 제정 당시를 기준으로 할 때 〈과학기술기본법〉의 이러한 새로운 관점은 선언적이고 추상적이었고, 실제 과학기술정책 집행에서 구현되기에는 한계가 있었다. 무엇보다 법안의 문안이 검토되고 각계의 의견이 수렴되는 과정에서 결과적으로는 부처, 특히 이 법 제정을 실질적으로 주도한 과학기술부의 입장 또는 과학기술관료들의 입장이 관철되었다. 첫째, 과학기술정책에서 민간의 참여는 국가과학기술위원회 위원 수를 확대하는 것에 그쳤고 과학기술 관련 비정부기구 참여 내용은 삭제되었고 일반 국민 의견 수렴도 선언에 그쳤다. 둘째, 국가과학기술위원회 사무 부처로서의 위상과 운영 업무 기능을 유지했고 국가연구개발사업을 평가하는 기능이 강화된 한국과학기술평가원을 산하기관으로 두겠다는 의지를 반영했다. 셋째, 기술영향평가 결과를 정책에 반영해야 한다는 조항을 수정하지는 못했지만 실행에 대한 구체적인 언급을 두지 않음으로써 이 조항에 의해 구체적인 정책 활동이 제약을 받지 않도록 했다. 이는 과학기술부가 직접 영향력을 행사할 수 있는 과학기술문화 창달 부문에 관해서는 전담 기관, 소관 업무, 재원 조달까지 제시된 점과 대조적이었다.

기술영향평가의 추진 과정을 보면 이러한 의의와 한계가 잘 드러난다. 〈과학기술기본법〉에 의해 2003년부터 실시된 기술영향평가는 미래 사회에 역할이 커질 기술 영역을 폭넓게 다루었다. 역대 기술영향평가의 주제는 NBIT(나노생명정보통신 융합기술, NT+BT+IT), 나노소재기술, 기후변화협약 대응기술, 빅데이터, 3D프린터, 인공지능 등이다.[21] 또한 기술의 사회적 영향을 평가하기 위해 여러 형태의 프로그램을 시도했다. 기술영향평가 수행 주체는 일반 시민들이 해당 주제에 대해 숙고하고 의견을 형성할 수 있는 기회를 제공하기 위해 온라인 게시판 운영, 합의회의, 시민배심원, 시민포럼 등 참여 기술영향평가를 위해 개발된 다양한 방법을 실험적으로 실행했다.

2020년까지 15번의 기술영향평가가 이루어졌는데, 그 전개 과정을 보면 이 제도가 형식적으로는 자리를 잡은 것으로 보인다. 시행 초기에는 격년 시행 또는 누락되는 해가 있는 등 제도 운영에서 불안정한 모습을 보였다. 그러나 2011년부터 안정적으로 매년 실시되고 있으며 경우에 따라서는 한 해에 2-3개의 복수 주제에 대해 기술영향평가가 시행되기도 하는 등 양적 성장을 보이고 있다(〈그림 24〉 참조). 뿐만 아니라 기술영향평가 제도의 도입으로 신기술의 사회적 영향이 처음부터 우려되었던 분야에서는 별도의 자체 기술영향평가를 시행하는 일종의 정책 스핀오프가 일어났다. 예를 들어 나노기술의 경우 〈나노기술촉진법〉은 나노기술

〈그림 24〉 2013 기술영향평가 포스터.

영향평가를 실시하고 이를 정책에 반영할 것을 명시했고, 국가나노기술
정책센터가 이를 담당하고 있다.

그러나 기술영향평가의 궁극적인 목적, 즉 기술영향평가의 결과를 정
책에 반영하여 시민사회의 의사가 반영된 과학기술정책을 추진하는 문제
에서는 아직 과제가 남아 있다. 첫째, 기술영향평가 추진 방식에 한계가
있다. 〈과학기술기본법〉이 제정될 때 기술영향평가의 항목이 포함되었지
만 이 제도의 취지를 살리기 위한 깊은 논의에 바탕한 것은 아니었다. 따
라서 이 제도가 실효성을 거두기 위해 필요한 다른 제도적 장치를 도입
하지 않았고 그런 상태에서 매년 기술영향평가를 담당하는 주체들이 여
러 형식을 실험하고 있는 것으로 보인다. 둘째, 〈과학기술기본법〉은 기술
영향평가 결과를 정책에 반드시 반영하도록 규정하고 있지만 실제로는
이를 구현할 제도적 근거가 미약하다. 과학기술부는 과학기술 진흥을 1

차 목적으로 하는 부처인데 기술영향평가는 위험의 사전 예방이나 부작용에 대한 고려를 포함한다. 따라서 이 두 영역은 서로 충돌할 가능성이 있다. 그런데 현실에서는 과학기술 진흥을 목적으로 하는 과학기술부가 기술영향평가의 책임 기관이기 때문에 기술영향평가의 결과가 정책에 반영되는 정도가 미약하다는 평가가 있다. 덴마크나 네덜란드의 경우 전담 기구가 국회 산하에 있거나 정부와 연계되어 있더라도 독립성을 가진다. 따라서 어떻게 하면 더 많은 시민들의 참여와 숙의에 바탕한 기술영향평가 결과를 도출할 것인가, 그리고 그 결과를 어떻게 정책에 반영시킬 것인가가 약 20년 가까운 기간 동안 진행된 기술영향평가의 과제로 남아 있다.[22]

그럼에도 불구하고 〈과학기술기본법〉이 기술영향평가, 민간 참여, 여성 과학기술인 양성과 지원 등의 의제를 새롭게 포함한 것은 이후의 과학기술정책의 전개와 관련해서 의미를 가진다. 왜냐하면 이러한 법조항은 정부 부처, 과학기술계 이해당사자와 시민사회가 관련된 영역의 정책 기획과 집행을 요구할 수 있게 하는 합법적이고 정당한 출발점이기 때문이다.

생명공학에 대한 규제 확대

2004년 1월, 인간 배아를 이용하는 연구와 인간 유전자 활용에 관한 〈생명윤리 및 안전에 관한 법률〉(약칭 〈생명윤리법〉)이 제정되었다. 이 법은 국민의 건강과 삶의 질 향상을 위해 생명과학기술에서 인간의 존엄과 가치를 침해하거나 인체에 위해를 주는 것을 방지하고 동시에 인간의 질병 예방과 치료를 위해 생명과학기술이 개발, 이용될 수 있는 여건을 만들기 위한 것이었다. 〈생명윤리법〉에서는 인간 배아의 생산, 연구, 폐기 과정에서 지켜져야 할 지침과 유전자 정보 검사, 활용, 정보 보호를 위해 준수되어야 할 사항이 규정되었다. 이에 따르면 인간 배아 관련 연구의 상당 부분은 엄격히 통제된다. 또한 인간 개체 복제 및 이를 지원, 방조, 교사하는 행위는 금지되고 체세포 핵이식 방법으로 인간 배아를 창출하거나 불임치료 이외의 목적으로 체외수정 방법을 통해 인간 배아를 창출하는 행위도 금지된다. 단, 불임치료 목적으로 체외수정 방법에 의해 창출된 배아 중 난자 및 정자 제공자의 동의를 얻은 경우에만 제한적으로 연구가 허용된다.

〈생명윤리법〉은 생명과학기술이 발전함에 따라 생겨난 여러 문제들에 대한 사회적, 윤리적 관심과 우려, 경고를 법적으로 제도화한 첫 번째 시도였다. 1970년대에 서구의 유전자 재조합 기술이 소개될 때 이 기술에 대한 서구 사회의 안전과 윤리 관련 논의 및 연구 모라토리엄 관련 내용도 함께 소개되었다. 그러나 이러한 소식은 곧 묻혔고 1980년대 초에 새로운 생명과학기술에 대한 기대와 낙관적인 전망이 한국 사회를 휩쓸어 "유전공학 붐"을 이루었다. 유전공학을 육성하기 위해 1983년에 〈유전공학육성법〉이 제정되었고 1995년에는 〈생명공학육성법〉으로 개정되면서 "생물학적 시스템, 생체 또는 그들로부터 유래되는 물질"에 대한 연구와 활용까지 적용 범위가 넓어졌다. 이 법들의 1차 목적은 이름에서 알 수 있듯이 유전공학 또는 생명공학을 육성하는 것이다. 그러나 유전공학 등장 초기부터 논의된 윤리적 문제도 법에 반영되었다. 〈유전공학육성법〉 제15조는 이미 유전공학 연구와 산업화 과정에서 일어날 수 있는 생물학적 위험성과 윤리적 문제 발생을 사전에 방지할 수 있는 조치를 포함하는 실험지침을 작성하여 시행할 것을 명시했다. 그러다가 1997년 OECD와 생물다양성협약 가입에 따른 조치라는 실질적인 필요성이 생겼을 때 비로소 "유전자 재조합 실험지침"이 제정되었다. 이 실험지침은 사람을 대상으로 하는 유전자 재조합같이 인간의 존엄성을 해치는 연구를 금지하는 등 윤리적 문제 발생을 방지하는 데 필요한 조치를 강구하도록 규정하고 있다. 그러나 구체적인 규제 방식이 미흡하고 구속력도 약했다. 그리고 적용 범위도 유전자 재조합 기술에 국한되었다.

유전자 재조합 실험지침의 제정에도 불구하고 〈생명공학육성법〉의 추가 개정 또는 생명윤리를 위한 독자 입법이 필요하다는 주장은 계속되었고 다양한 형태의 입법 시도가 이어졌다. 왜냐하면 1997년 초에 제정된 유전자 재조합 실험지침은 당시 논의되었던 생명공학의 사회적, 윤리적

이슈들에 대응하기에 불충분했기 때문이다. 예를 들어 1994년 미국에서 유전자 조작 토마토의 시판이 허용된 후 GMO의 위험성에 대한 인식과 비판이 증가했다. 1997년 2월 체세포 복제양 돌리 탄생 소식과 잇단 여러 복제 연구결과를 놓고 과학적, 종교적, 윤리적 비판이 쏟아졌다. 그로부터 2004년 1월 〈생명윤리법〉이 제정될 때까지 관련 입법 활동에는 국회의원을 포함한 정치인들, 정부 부처와 관료들, 정책 연구자들, 생명윤리 관련 연구자들, 종교계, 그리고 환경, 과학기술, 여성 등 관련 시민단체들이 행위자로 참여했다. 이들은 각자의 관심사와 주장을 입법 과정에 포함시키기 위해 경쟁하고 갈등하고 타협하고 동맹하는 등의 행동을 보였다. 그 결과가 〈생명윤리법〉 제정이었다.

〈생명윤리법〉이 제정되는 과정에서 3가지 점을 주목해야 한다. 첫째, 생명윤리의 취지를 내세워 생명공학의 연구개발과 활용을 일부 제한하고 규제할 것을 제도화했다. 생명공학 관련 정부 정책의 근간을 이루는 법기반인 〈유전공학육성법〉과 그 뒤를 이은 〈생명공학육성법〉의 이름에서 드러나듯 한국에서 과학기술은 육성과 지원의 대상이고 그에 따라 발생할 수 있는 과학 내적, 외적 문제는 부작용으로 간주되었다. 따라서 〈생명윤리법〉은 부작용을 예방하거나 줄이기 위한 조치를 법률의 형태로 제도화한 첫 시도였다.

둘째, 시민사회는 이러한 법의 제정 필요성을 제기하고 사회적으로 의제화했으며 실제 법 제정 과정에 참여했다. 시민사회는 생명공학 연구에서 생명윤리와 안전을 위해 이러한 규제가 필요하다고 주장했다. 그것을 제도적으로 실현하기 위한 일련의 활동에 과학기술 전문가와 관료 외에 인문사회 전문가와 시민사회가 적극적인 참여 의지를 보였다.

셋째, 이름과 달리 이 법은 생명윤리와 안전의 문제를 인위적으로 생산된 인간 배아와 유전자 정보 활용 및 보호에 국한했다. 1980년대 이후 생명윤리에 관한 학술적, 사회적 논의는 낙태, 대리모, GMO 등 다양한 주제를 다루었다. 그러나 제정된 〈생명윤리법〉은 생명윤리와 안전에 관한 많은 의제들 중 생명공학 연구개발 영역, 그중에서도 인간의 배아와 유전자 문제만 다루었다. 그 밖의 연구결과들을 산업에서 이용할 때 제약이 없도록 연구개발에서의 규제, 통제를 최소한으로 했다.

이 절에서는 〈생명윤리법〉 제정 배경과 제정에 참여한 행위 주체들의 역할을 중심으로 위에 언급한 세 가지 내용을 규명할 것이다. 이를 위해 먼저 〈유전공학육성법〉과 〈생명공학육성법〉의 제정과 주된 내용, 배경, 유전공학과 생명공학 발전에 따라 대두된 생명윤리의 문제들에 대한 논의, 〈생명윤리법〉의 제정을 촉발한 이슈들과 그에 대한 시민사회의 반응, 여러 버전으로 발의된 생명윤리 법안들의 내용을 비교하고 그 과정에서 시민사회의 역할, 최종 법안 확정에 관여한 요인들을 차례로 살펴본다. 이러한 논의의 배경에는 1990년대 말에서 2000년대 초반까지 달라진 사회적, 정치적 맥락이 있다.

1. 유전공학 산업화를 위한 〈유전공학육성법〉과 실험지침

1) 유전공학에 대한 우려

유전자 재조합 기술에 기반한 새로운 연구 분야로서 유전공학은 등장할 때부터 생명윤리 문제가 함께 제기되었다. 1970년대 초 베르그(Paul Berg) 등이 유전자 재조합 기술을 창안했고 그것이 실험실에서 구현되었을 때 과학자들은 긴장했다. 1973년 고든 컨퍼런스(Gordon Conference)에서 과학자들은 이 기술이 본격 연구되고 활용되기 전에 이 기술의 안정성과 활용에 대한 사회적 합의를 이끌어내야 하고, 이러한 합의를 이끌어낼 때

〈그림 25〉 아실로마 회의. (출처: 미국 국립과학원)

까지 일부 연구를 일시적으로 중지하자고 제안했다. 이에 대한 대응으로 1974년 미국 학술원은 이 문제를 다룰 위원회를 설치했고, 1975년 2월에 캘리포니아 아실로마(Asilomar)에 모인 생물학자 140여 명은 유전자 재조합기술의 일시적 모라토리엄을 선언했다. 이 기술을 계속 연구하고 활용할 경우 생길 수 있는 문제를 예방하기 위해 논의할 시간이 필요하기 때문이었다. 과학자들 사이에 진행되었던 이 모라토리엄은 미국에서 점차 정치, 사회 문제로 커졌고 미국을 넘어 세계의 관심을 끌었다. 이 모라토리엄은 관련 연구의 문제에 대해 과학자사회와 시민사회가 생각해 보는 계기가 되었고 필요한 연구의 가이드라인을 제정하는 결과로 이어졌다 (〈그림 25〉 참조).[23]

한국의 언론에서도 유전공학이라는 새로운 과학과 과학자들의 모라토리엄 선언을 소개했다. 그 내용은 유전공학이 열어줄 수 있는 장밋빛 미래보다는 모라토리엄 선언이 중심이 되었다. 과학기술이 무엇인가 문제를 일으킬 수 있고 그 때문에 과학자들이 연구를 일시 중지했다는 것 자체가 정부가 과학기술입국을 기치로 내걸었던 한국 사회에서는 흥미로운 기삿거리였다. 1974년에 『중앙일보』는 "유전자 연구 중지하라"는 제목의 기사를 실었고, 서울대학교 동물학과 박상대 교수는 『대학신문』에 "인공 합성 유전자, 그 연구의 규제 운동"이라는 제목의 기사에서 유전공학을 원자력 기술에 비유하면서 위험 가능성을 강조하고 모라토리엄을 긍정적으로 소개했다. 이후에도 미국에서 유전자 재조합 기술과 모라토리엄 관련 논의가 진행됨에 따라 그 내용이 지속적으로 한국 언론을 통해 알려졌다. 그 내용은 대개 미국에서 진행된 연구 규제 등이 중심을 이루었기 때문에 대부분 부정적일 수밖에 없었다. 이세영, 강현삼 등 일부 과학자들이 유전자 재조합 기술을 국내 학계와 언론에 소개했으나 학계를 벗어나면 이 주제에 대한 사회의 긍정적 관심은 그리 크지 않았다.[24]

2) 우려에서 기대로

1980년대로 넘어오면서 언론의 유전공학 보도가 크게 증가했고 그에 따라 이 분야에 대한 사회의 관심도 커졌다. 이 역시 미국 사회의 유전공학에 대한 관심의 변화를 반영한 것이었다. 1980년 미국 벤처기업인 바이오젠이 유전자 재조합 기술을 이용해 인터페론의 합성에 성공했다. 미국 언론 보도는 이 새로운 연구 분야에 대한 긍정적 기대를 형성했고 그것이 한국에 그대로 전달되었다. "항생제에 이은 기적의 약"[25]이라는 인터페론 찬사에 이어 이 기술을 식물에 적용할 가능성이 강조되었고 식량, 에너지, 의약품 등 현대 사회가 안고 있는 문제들을 해결해줄 만능열쇠로 소개되었다. 대중 독자의 흥미를 끌기에 충분한 기사들이었다.

이 분위기를 타고 1980년대 초에 유전공학 연구에 관심이 있거나 이미 연구에 뛰어든 과학자들은 유전공학의 경계를 설정하고 사회적 기대를 형성하고 필요한 지원을 얻어내기 위한 과학정치 활동을 벌였다. 신향숙에 따르면 "과학자들은 언론을 통해 형성된 유전공학에 대한 사회적, 대중적 관심을 이용해 유전공학의 이슈화 및 공론화를 위해 노력했다."[26] 한문희, 강현삼, 이세영, 조완규, 이성규 등은 학술회의와 언론 인터뷰, 좌담회, 과학기술처 관료들과 정치인 등 그들이 활용할 수 있는 모든 채널을 통해 유전공학의 전망이 밝고 정부가 이를 지원해야 한다고 주장했다. 이들은 당시까지 생명과학에 대한 이미지, 즉 전통적, 비경제적, 기초 분야라는 이미지를 벗어나 첨단 미래기술로서 유전공학의 이미지를 설정하려고 노력했다. 아울러 비슷한 것으로 이해될 수 있는 다른 영역들과 자신들이 주장하는 유전공학의 경계를 분명히 설정하려고 노력했다. 그 과정에서 이 활동에 참여한 과학자들 사이에 의견이 완전히 일치되지 않았다. 그러나 유전공학의 지위 확립과 연구 지원 확보라는 공동 목표를 향한 활동에서 이러한 차이는 절충과 타협이 가능했다. 그 덕분에 한국에서는 드물게 과학계와 산업계 연구자들이 한목소리로 유전공학 육성의 필요성을 주장했고, 과학기술자들이 먼저 나서서 유전공학의 '경제적, 산업적' 가능성에 대한 기대를 긍정적으로 만들었다.

3) 실험지침을 통한 규제 I

한국판 유전공학 붐에서 가장 눈에 띄는 결과는 1983년 12월에 통과된 〈유전공학육성법〉의 제정이었다. 이 법이 발의되고 통과되는 과정에서 약학대학 출신으로 과학기술계를 대표하는 정치인을 자임하던 민주정의당(이하 민정당) 국회의원 이상희가 산파 역할을 했다. 그는 집권 민정당에 유전공학에 대한 지원을 설득했다. 당시까지 특정 분야를 육성하기 위한 법률을 제정하는 것은 주로 1970년대에 정부가 주력 산업으로 지정한 분야, 예를 들어 〈기계공업육성법〉, 〈철강공업육성법〉 같이 경제발전을 위한 전략 산업 분야에 국한되었다. 1980년대 초는 산업이 아닌 기초 또는 응용연구에 대한 학술연구 지원정책이 아직 미약했던 때였다. 일군의 과학자들과 이상희는 기초연구와 응용연구의 기준이 분명하지 않고 미국 등 선진국에서 경제성 있는 연구결과를 산출했다는 점을 강조함으로써 과학기술연구 육성법도 없던 시기에 〈유전공학육성법〉 제정에 성공했다.

〈유전공학육성법〉은 말 그대로 육성을 목적으로 하는 법률이었다. 이법은 과학기술처 장관에게 유전공학육성 기본계획을 수립하고(제4조), 공동연구 및 신기술 제품의 생산을 지원하며(제11조), 유전공학 기금을 운용, 관리할 임무(제17, 18조)를 부여했다. 그러나 법 제정 과정과 제정된 이후에도 과학기술 연구개발 정책을 전담하고 실제 이 법에 따른 지원정책을 수행할 주관 부처인 과학기술처는 미온적인 태도를 보였다.[27]

〈유전공학육성법〉에는 유전공학의 부정적 가능성에 대한 대비 조항이 포함되기는 했다. 제15조는 정부가 유전공학 연구와 산업화 과정에서 예견될 수 있는 위험성 및 윤리적 문제 발생을 사전에 방지하는 데 필요한 조치가 포함된 실험지침을 작성하고 시행할 것을 명시했다. 그런데 1984년 9월에 제정된 〈유전공학육성법 시행령〉은 유전공학 육성을 위한 모든 정책 추진 및 부처 종합 조정은 과학기술처의 소관으로 했지만 제15조 관련 사항은 보건사회부 소관으로 넘겼다. 실험지침에서 고려될 위험 사항은 첫째, 유전공학적 변이생물체의 전파·확산을 방지하기 위한 봉쇄방법 등 생물학적 위험 발생의 사전 방지에 필요한 사항과 둘째, 사람을 대상으로 하는 유전자 재조합 기술 등 인간의 존엄성을 해치는 결과를 가져올 수 있는 실험의 금지 등 윤리적 문제 발생을 사전에 방지하기 위해 필요한 사항으로 규정했다.

유전공학 실험지침에 관한 조항은 1970년대를 통해 소개되었던 유전공학의 위험성에 대한 보도, 아실로마 회의의 모라토리엄 선언 이후 서구 선진국들이 작성한 유전공학 실험 가이드라인, 그리고 국내에서도 이러한 지침이 필요하다는 과학계 의견을 반영한 것이었다. 그러나 법 제정을 주도했던 인물들이 유전공학의 위험 가능성과 규제 필요성을 진지하게 인정했다고 보기에는 무리가 있다.

왜냐하면 법 통과 이전에 이미 이런저런 형태의 유전공학 연구 관련 지침들이 작성되었거나 작성되어야 한다는 주장이 있었기 때문이다. 예를 들어 〈유전공학육성법〉 제정에 관한 논의가 진행되고 있던 1983년 4월에 서울대학교 미생물학과 홍순우 교수는 "유전공학"을 통해 유전자 조작 안전지침을 만들자고 제안했다. 그는 DDT와 같은 신기술의 예기치 못했던 부작용과 환경오염, 그리고 서구 국가들의 유전공학 연구지침을 언급하면서 이같은 주장을 펼쳤다.[28] 그리고 1983년에 한국유전공학연구조합에서 발간하는 유전공학 기술정보지는 2차례에 걸쳐 "재조합 DNA 연구에 관한 실험지침"을 실었다.[29] 또한 국립보건원에서도 유전자 재조합을 위한 안전실험지침을 지정고시했다.[30] 이 지침에는 재조합 유전자가 실험실 밖으로 확산돼 새로운 질병을 유발하는 등의 위험을 예방하기 위한 물리학적, 생물학적 봉쇄 방법, 재조합된 유전자의 보관 및 운반 방법, 그리고 유전공학 연구 종사자들을 대상으로 한 윤리 교육과 특수 건강진단도 포함되어 있었다. 『동아일보』 사설은 유전공학의 가능성과 위험성을 동시에 지적하면서 이러한 지침의 필요성을 옹호했다. 이 사설에서 지침의 필요성과 관련해 "과학의 도덕성"을 언급한 것이 흥미롭다.[31]

그러나 정작 〈유전공학육성법〉 제정에 따른 후속 조치는 전반적으로 미흡했다. 1985년 여름까지도 관련 과학자들은 이 법이 제 기능을 하지 못한다는 문제를 제기했다. 과학기술처 소관인 유전공학육성 기본계획이 마련되지 않았고 관련 위원회들은 구성만 되었을 뿐 소집되지 않는 등 필요한 조치들이 제대로 이루어지지 않았다는 점을 지적했다. 실험지침과 관련해서도 마찬가지였다. 국립보건원은 지침을 작성했으나 정작 법에 명시된 주관 부처인 보건사회부는 1985년 여름까지도 공식 실험지침을 작성하지 않았다.

이러한 비판에 직면하여 후속 조치로 실험지침이 작성되는 과정에는 우여곡절이 있었다. 1986년 12월 16일에 보건사회부는 "재조합 DNA(유전공학) 실험지침"의 초안을 작성하여 발표했다. 언론 보도에 따르면 대체로 국립보건원의 실험지침과 유사할 것으로 예상되었다. 보건사회부 장관이 실험의 안전성 확보를 위해 필요한 업무 조치, 실험의 사전 승인, 안전지침의 유권적 해석 등 DNA 연구 활용에 대해 감독권을 행사할 수 있도록 규정한 점이 눈에 띈다. 이 지침은 그로부터 1년여가 지난 뒤 최종 심의만을 남겨놓은 상태가 되었고 1987년 1/4분기 중에 확정고시될 예정이었다. 그러나 이후 이 실험지침에 대한 보도나 자료가 없어서 실제로 이 지침이 확정고시되었는지 여부, 확정고시되었다면 어느 정도 실행되었는지 분명하지 않다.[32] 또한 언론 보도에서 유전공학 연구에 대한 보건사회부의 감독권을 강조하는 것으로 미루어 과학기술처 또는 유전공학 연구자들과의 갈등 가능성도 있었던 것으로 보인다.[33]

이 지침이 확정고시되고 시행되었다고 하더라도 그 목적이 생명 안전에 대한 우려나 생명윤리 측면에 있었다고 보기 어렵다. 법과 시행령, 그리고 작성된 각종 실험지침(안)에서 안전과 윤리라는 단어가 사용되고 있었지만 연구자에 대한 규제보다는 연구결과의 활용, 생산된 산업적 결과물의 확산과 이용에 필요한 안전 보장으로서의 함의를 가졌기 때문이다. 이러한 실험지침의 작성과 시행을 규정한 〈유전공학육성법〉의 제15조는 이 지침의 1차 목적이 "유전공학연구 및 산업화의 촉진"이라고 분명히 밝히고 있다.

2. 인간 복제와 생명윤리 이슈의 폭발

1) 1990년대 중반 이전의 생명윤리

1997년 이전에 한국의 윤리학에서 생명에 관한 논의는 주로 의료와 관련되었다. 생명윤리(bioethics)는 1970년에 생물학, 생태학, 의학과 인간의 가치들을 통합하는 새로운 학문 분야를 지칭하는 용어로 제안되었다. 이 때의 생물학은 유전자 재조합과 같은 생명공학이 아니라 전통적인 생물학이었다. 그러므로 생명공학이 본격적으로 발전하기 전까지 생명윤리는 의료윤리에서 직업윤리 측면을 제외한 여러 이슈들과 구분되기 어렵다. 그래서 연구자에 따라서는 1997년 이전에 대해서는 생명윤리와 생명의료윤리를 구분하지 않는 경우도 있다.[34]

1960년대 이후 한국의 생명윤리 논의는 의사의 윤리, 인공 임신중절, 안락사, 뇌사를 주요 주제로 다루었다. 1961년 대학의학협회가 채택한 의사 윤리는 생명의 윤리적 측면에 대한 내용을 포함하고 있으나 의사의 직업윤리 측면이 강하므로 이 글에서는 다루지 않는다. 인공 임신중절, 즉 낙태 문제는 1960-1970년대에 가장 빈번하게 논의된 생명윤리 문제였다. 제3공화국에서 낙태는 가족계획사업에서 인구 억제를 위한 수단 중 하나로 간주되었다. 이런 상황에서 낙태와 관련된 신학적, 윤리적 문제들, 즉 산모의 건강권과 자기결정권, 태아의 생명권, 배아의 지위 등이 고려되기는 어려웠다. 또한 가족계획사업이 완화된 이후에 피임 수단으로서 개인의 결정에 의해 선택된 낙태와 관련해 여성주의 논의, 종교적 논의, 사회적 논의가 이어졌을 뿐 생명윤리 논의는 많지 않았다.

서구에서는 죽음 문제를 다루는 안락사와 뇌사 역시 생명윤리의 중요한 연구 주제였다. 그러나 한국에서 안락사 문제는 오랫동안 학계와 사회의 관심사가 아니었다. 반면 뇌사는 연명치료에 따르는 경제적, 사회적 비용과 부담의 문제, 그리고 새 생명을 위한 장기 공여 문제 때문에 논의의 필요성이 있었다. 그러나 생명이 무엇인지에 대한 규정과 오랜 관습, 법적인 문제들 때문에 뇌사를 죽음으로 인정할지를 의학적, 법적, 사회적으로 규정하는 것이 쉽지 않았고 윤리적 논의는 이 관점들을 폭넓게 다루었다.[35]

2) 돌리와 인간 복제의 공포

1997년에는 생명윤리와 관련하여 2개의 중요한 사건이 있었다. 하나는 체세포 복제양 돌리의 탄생이었다. 다른 하나는 보라매 병원에서 병원 동의 없이 퇴원한 환자의 사망과 관련된 재판의 판결이었다. 이 두 사건은 각각 생명공학윤리, 생명의료윤리와 관련하여 연구자와 의료계의 관심을 촉발했고 한국의료윤리학회(1997)와 한국생명윤리학회(1998)가 탄생하는 계기가 되었다.[36]

　1997년 2월 25일 체세포 복제양 돌리의 탄생 소식이 국내 언론을 통해 알려졌다. 이전까지 개체 복제나 인공적인 생명 탄생은 체외 인공수정으로 태어나는 시험관 아기나 축산업에서 우수 형질을 가진 개체를 다수 확보하기 위해 수정란 분할로 태어나는 유전적으로 동일한 쌍둥이 개체들이었다. 이와 달리 돌리는 생식세포 없이 유전적으로 동일한 개체가 인위적인 방식으로 탄생한 포유류 개체였다. 돌리 소식은 국내는 물론 전 세계에 인간 복제의 공포를 불러일으켰다. 언론은 외국 과학자들의 발언을 이용하여 "죽은 자식과 똑같은 사람을 만들 수 있다"거나 복제인간과 원본인간 같은 자극적인 단어를 썼다.[37] 유전자 재조합 기술의 개발 이래 막연하게 우려해왔던 인간 복제가 현실에서 가능하게 되었다는 함의가 있기 때문이다. 언론의 이러한 보도들은 대중들에게 뭔가 인간의 존엄을 해칠 가능성이 있는 인간 복제에 대한 공포를 불러일으켰다. 천주교에서는 대통령과 국회의장에게 인간 복제 관련 실험을 금지해달라는 내용의 청원서를 보냈다. 녹색연합, YMCA, 불교환경교육운동 등 종교단체와 시민단체들은 유전자 복제에 대해 특별법같이 강제성이 있는 제도적, 법적 금지 장치를 마련하라고 정부에 촉구했다.[38]

그러나 1997년 초에 돌리 탄생의 정확한 의미가 대중들에게 전달되었는지는 분명하지 않다. 체세포 복제는 엄밀하게 말하면 유전자 재조합 기술과는 상관이 없다. 그럼에도 불구하고 언론에 인용된 보건복지부 관계자는 "시험관 아기 등 이미 우리나라에서도 초보적인 유전자 재조합 과학기술이 응용되고 있다."[39]고 했다. 시험관 아기는 유전자 재조합 기술과 관련 없는 체외수정 기술이다. 즉, 시험관 아기, 유전자 재조합 기술, 돌리 탄생에 사용된 체세포 복제 배아 기술은 모두 생식 과정이나 유전에 인위적으로 개입하는 결과를 낳는 기술이지만, 서로 다른 기술인데 명확하게 구분되지 못했던 것이다. 따라서 한동안 인간의 존엄성을 해칠 수 있는 인간 복제 실험에 대한 규제를 요구하는 주장 속에 실제로는 유전자 재조합 관련 논의도 포함되었다.

3) 실험지침을 통한 규제 II

한편 1997년 4월에는 인간 복제에 대한 공포와 다른 맥락에서 〈유전자 재조합 실험지침〉이 공포되었다. 〈유전공학육성법〉에 따르면 1986년 보건사회부가 같은 이름의 지침을 제정했어야 하지만 이러한 지침이 정식 공포되지 않았거나 공포되었더라도 제 기능을 했다는 증거를 찾기 어렵다. 1980년대를 통해 유전자 재조합 이외의 생명공학 기술이 발전했고 한국에서 생명공학 성과가 나오기 시작하면서 1995년에는 이를 반영하여 기존의 〈유전공학육성법〉을 〈생명공학육성법〉으로 개정했다. 한국에서 이루어진 생명공학 성과를 판매 또는 수출하기 위해서는 생성된 결과물의 안전이 담보되어야 했다. 그에 따라 "유전자 변형 생물체와 관련한 안전기준을 마련해야 한다"는 내용이 법 개정 과정에서 추가되었다. 또한 1980년대 중반과 달리 1990년대 중반이 되면 생명공학의 발전을 위해서 〈유전자 재조합 실험지침〉이 실질적으로 필요하게 되었다. 게다가 1997년 OECD와 생물다양성협약에 가입하게 됨에 따라 유전자 변형 생물체와 관련한 안전 기준을 마련할 필요도 있었다.[40] 한편에서는 〈생명공학육성법〉을 개정하여 이러한 내용을 반영할 것을 주장했지만 정부는 법 개정 대신 법에 명시된 〈유전자 재조합 실험지침〉 공식화를 선택했다.

이 실험지침은 1980년대 중반에 마련되었던 지침안과 내용에서는 크게 다르지 않았지만 인간 복제에 대한 관심을 일부 반영했다. 실험지침의 주된 내용은 실험실에서 만들어진 돌연변이 생물체가 외부에 확산되지 않도록 하는 통제, 연구자들의 안전 보장, 관련 연구기관들의 안전위원회 설치 운영 등이었다.[41] 실제로는 당시 한국의 생명공학 연구기관에서 유전자 재조합 작물의 야외 재배 실험이 이루어지는 등 연구가 빠른 속도로 확대되고 있었다. 그럼에도 불구하고 지침은 이러한 상황에 적용할 내용을 충분히 담고 있지 못했다. 지침은 강제성이 없기 때문에 지침의 내용을 과학자들과 연구기관이 준수하는지 파악하기 어려웠다. 뿐만 아니라 인간 복제에 대한 관심이 급증하던 시기에 지침이 발표되었음에도 불구하고 인간 복제 관련 실험에 대한 내용을 거의 포함하지 않았다. 유일한 관련 내용은 윤리적 문제 발생의 사전 방지를 다룬 제23조에 포함되었으나 이 내용은 매우 일반적이고 복제 연구를 직접 지칭하는 내용은 포함되지 않았다. "해당 부처·청의 장과 시험연구기관의 장은 사람을 대상으로 하는 유전자 재조합 등 인간의 존엄성을 해치는 결과를 가져올 수 있는 실험의 금지 등 윤리적 문제발생의 사전 방지에 필요한 조치를 강구하여야 한다."[42] 즉, 이 실험지침은 당시 이루어지고 있는 생명공학

연구와 인간 복제를 비롯한 생명공학에 대한 시민사회의 우려를 줄여주는 역할이나 윤리에 관한 내용을 구체적으로 담고 있다고 보기 어려웠다.

이 실험지침이 발표될 무렵에는 실질적인 규제를 위한 더 강화된 지침 또는 법률이 필요하다는 시민사회의 주장이 끊이지 않았다. 이미 생명복제, GMO와 관련하여 안전과 윤리 지침이 필요하다는 주장이 퍼져 있는 상황에서 이 실험지침은 원칙적으로 실험실 또는 연구기관으로 적용 범위가 한정되었고 연구 이외에 안전 지침이 없었기 때문이다. 돌리 탄생 이후에 원숭이, 소 등 여러 포유류 생명복제 연구가 이어졌고 1999년 2월에는 황우석 연구팀이 만든 복제소 영롱이가 태어났다는 소식도 전해졌다. 뿐만 아니라 유전자 재조합 기술을 이용한 작물 개발과 실험 재배를 하기 시작했는데 이와 관련한 안전지침의 필요성이 인식되어 환경부, 식품의약품안전처와 민간 연구기관들이 각자 업무에 필요한 규정 또는 지침을 만들기 시작했다. 유전자 재조합 작물에 대한 관심은 상업적 GMO가 시장에 출시됨에 따라 GMO의 안전에 대한 우려를 반영한 것이기도 했다. 참여연대 과학기술민주화 모임을 비롯한 시민단체들은 생명안전윤리특별법 제정을 요구하는 서명운동을 벌이겠다는 계획을 세웠다.[43] 이전의 〈유전자 재조합 실험지침〉보다 안전, 윤리 측면이 강화된 새로운 지침이 필요하다는 인식이 확산되고 있음을 알 수 있다.

생명공학 전반에서 안전과 윤리를 위한 규제가 필요하다는 시민사회의 주장과 이를 위한 입법, 제도 마련 활동은 점차 인간 복제 이슈로 수렴되었다. 관련 규제가 없는 한국에서 체세포 복제와 인간 배아를 이용한 연구결과가 경쟁적으로 발표되었고 언론이 큰 관심을 가지고 이를 보도했기 때문이다. 3가지 주요 계기가 있었다. 첫째, 한국의 연구자들이 체세포 복제 인간 배아를 만드는 데 성공했다. 1998년 12월 14일, 경희대학교 불임클리닉 이보연 교수팀은 체세포 복제 방식으로 만든 배아가 4개의 세

〈그림 26〉 1998년 경희대 인간복제 반대 시민단체 시위. (출처: 『서울신문』, 2004. 11. 01.)

〈그림 27〉 복제송아지 영롱이. (출처: ⓒ 『연합뉴스』, 전수영)

포로 분열하는 것을 관찰하는 데 성공했다고 발표했다. 이 결과는 곧 "인간복제 실험 국내 성공"이라는 제목으로 언론에 대서특필되었다. 언론에는 이 배아를 이용하면 복제인간이 태어난다, 세계 2번째 성과다, 불임치료와 장기이식 분야의 발전을 앞당긴다는 식으로 보도되었다. 윤리적 우려도 언급되었지만 "난자 제공자의 동의를 받았고 정자와 난자의 수정란이 아니고 자궁에 착상시키지 않았으므로 법적 하자가 없다"는 연구팀의 의견을 인용했다(〈그림 26〉 참조).[44]

둘째, 체세포 복제소 영롱이가 태어났다고 발표되었다. 1999년 2월 19일 서울대 황우석 교수팀은 체세포 복제 방식으로 12일 태어난 암송아지 영롱이가 체세포 공여 소와 유전적으로 동일함을 확인했다고 발표했다. 이 소가 일반 소보다 3배 많은 우유를 생산하는 슈퍼 젖소라는 점이 강조되었고 이 기술을 이용해 가축의 품종 개량과 인간에 장기를 제공할 수 있도록 형질 전환된 동물 복제의 가능성이 제시되었다. 영롱이 사

례는 동물 복제였기 때문에 인간 배아 연구만큼 즉각적인 윤리 문제를
촉발하지는 않았다(〈그림 27〉 참조).[45]

셋째, 국내 의료진이 인간 배아에서 줄기세포를 배양하는 데 성공했다.
2000년 8월 30일 마리아불임클리닉 기초의학연구소 박세필 소장은 불임
클리닉에서 냉동 보관 중이던 폐기 대상 인간 배아에서 줄기세포를 배양
하는 데 성공하고 이를 특허출원했다고 발표했다. 이에 대한 보도 역시
세계 3번째라는 점이 강조되었고 손상된 조직에 줄기세포를 이식하면 건
강한 세포가 자랄 수 있다는 치료 가능성을 제시했다. 인간 배아 연구와
관련된 윤리 이슈를 의식한 연구팀의 "보존기간이 끝나 폐기해야 할 배아
로 실험했기 때문에 윤리 문제를 최소화할 수 있다."는 말이 인용되었다.[46]

이 세 가지 연구 성과를 보는 사회의 입장은 둘로 나뉘었다. 과학기술
처를 비롯한 정부 부처와 연구 지원기관, 과학자들은 대체로 첨단과학기
술 분야에서 한국의 과학자들이 거둔 성취와 이 연구결과들이 산업, 의
료, 연구에서 가지는 잠재성을 높게 평가했다. 이들은 윤리적 문제의 소
지가 있다거나 조심스럽게 접근해야 한다는 점을 언급하지만 이를 위한
규제책을 만들어야 한다는 적극적인 입장을 취하지 않았다. 익숙한 과학
기술 국가주의 시각이 반영되었다. 반면 시민사회는 1990년대 후반부터
이미 단순한 실험 과정의 안전을 위한 지침을 넘어서는, 생명공학에서의
안전과 윤리 문제 전반을 다룰 강력한 규제를 요구했다. 다만 주된 관심
과 배경을 달리하는 시민단체들의 입장은 인간 복제에 관심을 집중하는
것부터 생명공학 전반에 대해 문제 제기를 하기에 이르기까지 넓은 스
펙트럼을 보였다. 이러한 시각과 입장의 차이는 〈생명윤리법〉이 제정되는
과정에 참여한 행위자들의 행동과 전략에서 드러났다.

3. 〈생명윤리법〉 입법 과정

1) 〈생명공학육성법〉 개정을 통한 규제—국회 입법 시도와 실패

복제양 돌리의 탄생 소식이 전해진 1997년 초 한국에는 인간과 관련된 생명공학 연구를 규제할 구체적인 규정이 없었다. 1995년에 〈유전공학육성법〉에서 개정된 〈생명공학육성법〉의 시행령에도 실험지침에 "생명공학적 변이생물체의 전파 확산을 방지하기 위한" 조치와 "사람을 대상으로 하는 유전자 재조합 등 인간의 존엄성을 해치는 결과를 가져올 수 있는 실험의 금지 등 윤리적 문제 발생을 사전에 방지"하는 데 필요한 사항을 포함할 것을 명시하라는 것이 관련 조항의 전부였다. 그러나 실험지침은 1997년에야 제정되었고 거기에도 인간 복제에 대한 내용은 포함되지 않았다. 그래서 적절한 규제책이 마련되어야 한다는 의견이 대두되었다.

정치권에서는 인간 복제에 대한 우려와 함께 생명공학 전반에 걸쳐 커져가고 있는 불안과 규제의 필요성을 반영하여 〈생명공학육성법〉을 개정하려는 두 번의 시도가 있었다. 하나는 장영달 외 46인의 의원이 1997년 7월 2일에 발의한 〈생명공학 육성법 개정법률안〉이었고 또 하나는 이상희 외 35인이 1998년 11월 19일에 발의한 개정법률안이었다. 먼저 제출된 장영달 안이 국회 과학기술·정보통신위원회에 회부된 뒤 계류된 상태에서 이상희 안이 회부되었기 때문에 과학기술·정보통신 위원회 전문위원실에서는 두 개정안을 함께 검토했다.[47]

두 개정안의 검토는 연구 금지의 범위, 규제, 관리, 감독 기구의 위상과 역할, 금지 행위에 대한 처벌 규정과 관련된 내용을 중심으로 이루어졌다. 장영달 안은 국내 의견 수렴 과정을 거치지 않았지만 외국의 관련 입법 사례를 참조하여 작성되었다. 연구개발 금지 대상은 인간 복제 실험, 인간과 동물의 배반포 융합 또는 인간과 동물 간의 배반포 또는 태아 이식 행위, 유전자 요법을 통한 인간 생식세포와 배반포 변조, 다음 세대로 전이될 가능성이 있는 인간 유전자 조작 행위 등이었다. 특히 유전자 치료법 개발과 관련이 큰 인간 유전자 조작을 금지한다는 점이 주목할 만하다.

이상희 안은 규제의 범위와 정도가 장영달 안에 비해 약했다. 이 안은 인간 복제 행위, 인간과 동물의 수정란, 체세포를 상호 융합하거나 수정란이나 태아를 상호 이식하는 행위를 금지하도록 규정했다. 금지 행위에 대해 장영달 안은 신체형이나 벌금 같은 처벌 규정을 두었지만 이상희 안은 두 안이 공통으로 명시한 연구비 회수 외에 별도의 처벌 규정을 두지 않았다. 규제 관리감독기관과 관련해서는 두 안 모두 과학기술부 장관 산하에 기구를 둘 것을 제안했다. 장영달 안은 생명공학 윤리위원회를 두어 제15조 2의 규정과 함께 인간 복제 실험에 따르는 위험과 이에 따른 적절한 안전장치 등에 관한 법적, 윤리적 문제의 심사 기능을 가지도록 하고 구성 및 운영은 대통령령에 위임했다. 반면 이상희 안은 "생명공학 안전·윤리위원회"를 두어 제15조 2의 규정 사항을 심의하도록 하고 관계 부처 공무원, 종교계, 학계, 연구기관, 산업계관계자로 구성하도록 했다.

두 개정안은 국회 과학기술·정보통신위원회 전문위원회에 의해 검토되었으나 둘 다 통과되지 못했다. 전문위원회는 과학자, 정부 부처, 시민단체 의견을 수렴하여 보고서를 작성했는데, 그 내용은 이상희 안보다 연구 금지 대상을 더 축소하는 것이었다. 예를 들어 인간 복제 목적이 아니면 인간의 복제 배아를 만들고 연구하는 것을 허용했다. 지나치게 연구 금지 범위를 확대할 경우 과학 발전을 저해할 수 있다는 과학기술부 및 전문 과학자들의 견해를 반영한 결과였다. 이미 보았듯이 인간 복제와 연결될 수도 있는 인간 배아 연구나 인간과 동물 간 유전자, 배아 등의 상호 이식 행위가 윤리적으로 문제될 수 있음을 인정하면서도 연구의 필

<그림 28> <생명윤리기본법> 제정 100만인 서명운동. (출처: 참여연대)

요성, 치료제 개발이라는 전망을 버리지 않았다. 시민단체들은 생명공학을 육성할 주체인 과학기술부가 동시에 규제의 주체로 명시된 모순을 지적하고 인간 복제에 대한 더 엄격한 규제가 필요하다는 입장을 내놓았다. 그러던 중 경희의료원의 인간 복제 연구가 발표되어 인간 복제 관련 규제에 대한 관심이 다시 폭발했다. 국회는 1998년 12월 23일부터 1999년 2월 27일까지 56일간 전자공청회를 실시하여 결정하기로 했다.

이 두 개의 개정안에 대한 시민단체들의 비판과 의견은 다음과 같이 요약될 수 있다. 법 개정이 진행되던 1998년 생명윤리와 안전에 대한 문제의식을 가지고 활동하던 시민단체들은 연합체, 생명안전·윤리연대모임(이하 연대모임)을 결성했다. 9월에 9개의 단체로 시작한 연대모임은 2000년 11월이 되면 17개 단체가 참여하는 조직으로 확장되었다. 연대모임은 인간 복제뿐 아니라 생명공학의 여러 이슈들에 고무되어 문제의식을 가지고 활발하게 활동했으며 처음부터 별도의 생명안전·윤리법을 제정할 것을 요구했다(<그림 28> 참조).

인대모임이 전지공청회에 낸 의견서는 이 문제에 대한 시민사회의 요구를 압축하여 보여주며, 시민사회에 의한 과학 연구의 규제를 강하게 요구하고 있음을 알 수 있다. 첫째, 관련법은 필요하지만 생명공학 육성을 목적으로 제정된 법의 한 조항으로 생명윤리 문제가 포함되고, 육성 주체인 과학기술부가 규제까지 담당하는 것은 모순이며 형식적이라는 점을 지적했다. 그리고 〈생명공학육성법〉의 상위법으로 생명안전·윤리법(가칭)을 별도로 제정할 것을 요구했다. 둘째, 이 법은 인간의 존엄성과 수정란의 생명권을 위협하는 배아 복제 실험을 완전 금지할 것을 포함하고 동물 복제의 허용 여부도 사회적 합의를 거쳐 법률로 정할 것을 요구했다. 따라서 인간 복제를 목적으로 하지 않는 한 인간 배아 연구를 허용하도록 금지 대상을 완화한 전문위원실의 의견에 반대했다. 셋째, 외국법의 사례를 들어 금지 행위를 했을 경우 신체형과 벌금형 등 강력한 처벌을 요구했다. 과도한 처벌이 생명공학 연구를 위축시킬 가능성을 언급하며 연구비 지급 금지를 처벌로 제안한 전문위원실 의견에 반대했다. 넷째, 생명공학안전·윤리 심의기구를 기존의 생명공학 정책심의회와 별도로 신설하되 과학기술부 산하에 둘 것이 아니라 국무총리실이나 대통령 산하로 위상을 높일 것을 요구했다. 생명공학의 영역과 규모 확대에 따라 전 부처가 관련 연구 및 기술개발 활동을 하므로 부처 간 조정이 필요하기 때문이다. 뿐만 아니라 심의기구 구성에서 생명공학 기업 임원이나 연구비를 지급받는 자, 즉 이해관계 당사자는 제외하고 시민, 시민단체, 생명안전·윤리전문가를 과반수 이상 확보할 것을 주장했다. 다섯째, 안전, 실험과 관련된 지침을 규정으로 강화하여 구속력을 가지도록 하고 지침의 내용도 구체적으로 명시할 것을 주장했다.[48]

국회의원들이 발의한 〈생명공학육성법〉 개정안과 그에 대한 전문위원실의 의견과 시민사회의 요구 사이에는 큰 간극이 있음을 알 수 있다.

1990년대 이후 생명공학 연구의 성과가 시장에 일부 출시되는 등 발전에 대한 뜨거운 기대감과 복제 연구 등으로 촉발된 윤리적 우려가 공존하고 있었다. 이 간극을 메우는 것이 쉽지 않았다. 더구나 과학자들의 전문 영역으로 생각되던 연구개발 활동을 안전과 윤리 문제 때문에 규제하는 것 자체도 경험한 적이 없는 한국 사회에서 그러한 규제가 시민사회의 요구에 따라 이루어지도록 하는 제도를 만드는 것은 결코 쉽지 않았다.

연대모임의 주축 조직 중 하나였던 참여연대 과학기술 민주화를 위한 모임(나중에 시민과학센터로 바뀜)은 시민사회에 의한 과학기술 규제의 가능성을 여러 가지로 모색하고 있었다. 참여연대 과학기술 민주화를 위한 모임과 유네스코가 공동으로 주최한 "생명복제기술 합의회의"가 1999년 9월에 실시되었다. 합의회의는 전문가 패널과 시민 패널이 토론하고 서로의 주장을 이해하고 설득하는 과정을 통해 시민 패널의 공감과 합의를 이끌어내는 제도다. 전문가 패널로는 인간 배아 복제에 찬성 입장을 가진 황우석, 서정선, 박세필, 비판적 입장을 가진 황상익, 진교훈, 송상용이 참여했다. 합의회의 결과 시민 패널의 결론은 인간 배아 복제를 금지하는 것이었다.[49] 이는 전자공청회를 통해 연대모임이 제안한 내용과 같았고 인간 배아 복제에 대한 연대모임의 주장이 지지의 기반을 가지는 것으로 이해되었다.

1999년 11월 5일 이성재(당시 새정치국민회의 의원) 외 19인은 〈인간복제 금지법안〉을 발의했다. 이 법안은 이름에서 알 수 있듯이 인간 복제 금지에 초점을 맞추었고 인간의 배아 관련 연구를 이상희 안 수준으로 금지하고, 어겼을 때 강력한 처벌 조항을 두고, 생명윤리위원회를 국무총리 산하로 두도록 했다. 연구 금지 범위는 인간 복제에 국한되었지만 많은 부분에서 시민사회의 주장을 반영한 법안이었다. 이 법안은 원래 보건복지위원회에 제출되었지만 기존 법안과 유사하다는 이유로 과학기술정보통신위원회로 넘어갔다. 그리고 이전의 〈생명공학육성법 개정안〉들과 함께 계류되다가 2000년 5월 29일 국회 임기가 끝나면서 폐기되었다.

이 시기 생명윤리 입법 활동은 돌리와 인간 복제 실험으로 촉발된 과학기술에 대한 기대와 시민사회의 규제 요구가 긴장 관계에 있는 상황에서 이루어졌다. 시민사회의 우려를 반영하되 과학기술발전을 저해하지 않도록 〈생명공학육성법〉의 취지 아래 규제 조항을 신설하려던 움직임이 있었다. 그리고 그에 대한 시민사회의 조직적이고 연대된 반대 활동이 있었다. 이 둘이 부딪히자 관련 입법 활동은 결론을 내리지 못한 채 유보의 형태로 남았다. 그러나 이 과정을 거치면서, 또 외국의 사례를 보더라도 어떤 형태로든 생명공학에 대해 안전과 윤리의 측면에서 일정한 규제가 제도화될 필요가 있다는 공감대는 형성되었다.

2) 생명공학 규제의 주도권 경쟁: 과학기술부 vs. 보건복지부

〈생명공학육성법〉 개정안들이 표류하고 있는 동안 법 정비와 관련된 의사결정은 더 어려운 상황이 되었다. 기존의 유전자 재조합 생물체 관련 논의와 인간 복제 연구 관련 논의만 해도 복잡한데, 여기에 인간의 유전자 검사 및 유전자 치료와 관련된 의제가 추가되어 논의 초점을 하나로 모으기는 더욱 어렵게 되었다. 첫째, 2000년 6월 미국에서 인간게놈 프로젝트가 완성되었다. 인간게놈 프로젝트의 목표는 인간의 전체 유전자의 염기서열을 분석하여 유전자 지도를 작성하는 것이었다. 이 프로젝트가 완성되었다는 것은 원칙적으로 그동안 동식물을 대상으로 해오던 유전자 재조합 기술을 이용한 형질 변형 등이 인간에 대해서도 가능해졌다는 뜻이었다. 인간게놈 프로젝트는 그 자체로도 인간의 유전자 정보 오남용 가능성과 개인의 유전자 프라이버시 문제를 안고 있었기 때문에 인간게놈 프로젝트가 출범될 때부터 관련된 윤리적, 법적, 사회적 문제들을 함께 연구하는 ELSI(Ethical, Legal, and Socieal Issues) 프로그램이 포함되었다. 둘째, 2000년 8월에는 황우석 연구팀이 체세포 복제배아를 세계 최초로 배반포 단계까지 배양하는 데 성공하여 미국을 비롯한 세계 15개국에 특허출원했다고 발표했다.[50] 인간 복제 연구의 규제에 대한 입법이 지지부진한 상태에 있는 동안 관련 연구는 훌쩍 앞서나갔던 것이다. 더 이상 입법 또는 법 개정을 미루기 어려운 상황이 되었고, 정부의 인간 복제 연구 지원에 대한 비판과 관련 입법 요구는 더욱 강해졌다.

이번에는 정부 입법이 시도되었다. 달라진 환경을 반영하듯 〈생명공학육성법〉 개정이 아니라 독자적인 법률 제정으로 방향이 바뀌었다. 여기에는 관련된 부처인 보건복지부와 과학기술부가 관여했다. 보건복지부는 〈유전공학육성법〉 제정 당시부터 안전 문제 때문에 생명공학 규제 기능을 했던 반면 과학기술부는 생명공학 육성을 담당했다. 두 부처는 입법을 둘러싸고 생명공학 육성과 규제와 안전이라는 부처 고유의 기능과 목적을 강조하고 그 과정에서 주도권을 가지려고 경쟁했다. 두 부처는 각각 2개씩의 법안을 번갈아 제출했다. 상대적으로 보건복지부 안이 시민사회의 주장을 좀더 반영한 형태였다면 과학기술부 안은 연구 자율성과 지원을 바라는 과학자들과 기술관료의 입장을 좀더 반영한 형태였다.

한국보건사회연구원은 보건복지부의 용역 과제로 〈생명과학보건안전윤리기본법안〉의 시안을 만들어 2000년 12월에 발표하고 공청회를 열었다. 이 법안은 작성 과정에서 시민단체, 종교계와 과학계를 포함한 다양한 의견을 수렴하여 반영했고 규제에서 보건복지부의 주도권이 강조되었다. 임신 이외의 목적으로 인간 배아를 만들거나 인간 배아를 이용하는 것을 금지함으로써 인간 복제나 체세포 복제 연구를 차단했다. 또한 규제 대상을 확대하여 유전자 검사와 치료, 유전자 재조합 식품 및 의약품, 유전자 변형 생물체에 관한 조항도 포함하여 생명공학 전반에 걸친 규제 내용을 담았다. 예상할 수 있듯이 시민단체들은 이 안에 호의적인 반응을 보였다. 그러나 과학자들과 과학기술부는 이 안이 연구활동을 저해한다며 강력하게 반발했다. 보건복지부는 공식 입장이 아니라고 한 발 물러섰다.[51]

이와 별개로 국무총리실은 생명공학 실무 부처인 과학기술부가 자문위원회를 구성하여 추진하도록 결정했다. 과학기술부는 인문·사회과학, 시민 단체와 종교계, 생명공학, 의학계에서 각 5명씩 위촉하여 생명윤리자문위원회를 구성하고 2000년 11월부터 2001년 8월까지 운영했다. 생명윤리자문위원회는 (가칭)〈생명윤리법(안)〉의 핵심내용을 작성하여 5월에 공청회를 열었다. 이 안 역시 인간 배아 복제를 금지하고, 줄기세포 연구는 성체 중심으로 하되 냉동 배아를 이용하는 줄기세포 연구를 한시적으로 허용했다. 새로운 관심사가 된 유전자 치료, 동물 유전자 변형 연구와 활용, 인간 유전자 정보 연구와 활용, 생명 특허에 관한 규정을 담고 이를 어길 경우 민형사상 처벌을 명시했다. 그리고 대통령 소속의 독립 상설기구로서 '국가생명윤리위원회'를 설치하여 생명과학 발전에 따르는 윤리와 안전 문제를 총괄하도록 했다. 이 안에 대해서는 과학계와 산업계가 공식 반대 성명, 국회 공청회 등 다양한 방식으로 반대 의견을 강력하게 전달했다. 과학기술부 역시 이 안이 공식 입장이 아니라는 대응을 했다.[52]

이후 보건복지부와 과학기술부는 다시 각각의 안을 만들었다. 두 안 모두 과학계의 반발을 고려하여 규제를 완화했다. 먼저 보건복지부는 다시 한국보건사회연구원의 용역으로 (가칭)〈생명윤리 및 안전에 관한 법률(안)〉을 작성하여 2002년 7월에 공청회를 열었다. 이 안은 인간 배아 복제와 이종 간 핵이식을 전면 금지했다. 그러나 기존에 진행되고 있는 연구는 일단 계속하되 3년 후 허용 여부를 다시 검토하는 일몰 규정을 두어 규제 완화의 여지를 남겼다. 그러나 보건복지부가 법안을 국무조정실에 최종 제출할 때에는 인간 배아 복제와 이종 간 핵이식 연구의 허용 여부 자체를 대통령 직속 국가생명윤리위원회 심의를 통해 결정하는 것으로 수정되었다. 생명윤리가 생명공학, 특히 복제 관련 연구에서 국가경쟁력을 훼손하면 안 된다는 과학계의 강력한 반대에 직면하여 원칙과 명분은 남기되 첨예한 문제를 유보하는 우회 방식을 택한 것으로 보인다. 비슷한 시기에 제출된 과학기술부의 수정안은 인간 배아 복제와 이종 간 핵이식을 허용하되 허용 범위를 생명과학안전윤리위원회에서 결정하도록 했다. 시민사회는 과학기술부 수정안에 강력하게 반발했다.

결국 국무조정실은 보건복지부가 제출한 안을 기초로 한 법안을 가지고 공청회를 열었으나 이번에도 확정하지 못했다. 공청회 안은 인간과 동물의 이종 간 핵융합이나 인간 복제 연구를 원칙적으로 금지하지만 예외 조항을 두어 연구의 가능성을 열어두었고, 체세포 복제 연구에 대한 3년 일몰 규정도 남겨두었다. 자문위원회는 과학계와 시민사회가 각각 9인 이내로 비슷한 규모로 참여하고 보건복지부와 과학기술부에서 1인씩 참여하는 방식으로 제안되었다.[53] 시민단체들은 법 제정이 시급하고, 제안된 법안은 지나치게 생명윤리를 무시한다고 주장했다. 산업계는 국회에 나가 정부가 연구를 규제해서는 안 된다는 입장을 표명했다. 사실 이 법안은 명목적인 금지에 비해 실제 연구가 가능할 수 있는 여러 가능성과 우회로를 열어두었기 때문에 입법 제정에 대한 사회의 압력을 고려하면 공식 발의될 수도 있었다. 그러나 부처 협의가 원만하게 진행되지 못했고 법 제정은 다시 무산되었다.

3) 시민사회 규제 실험 좌절과 과학기술 국가주의의 승리

정부 입법이 지지부진하자 다시 국회의원들의 관련입법 발의가 이어졌다. 보건복지위원회 소속 김홍신 의원은 2002년에 기존 보건복지부 안을 일부 수정하여, 자문위원회 심의를 거쳐 이종 간 핵이식도 일부 허용하는 〈생명윤리 및 안전에 관한 법률안〉을 발의했다. 또한 2003년에는 같은 보건복지위원회 소속 이원형 의원이 과거 이상희 안과 유사한 내용의 법안을 발의했다. 그 밖에도 2003년 12월까지 김덕규 의원, 정세균 의원, 김홍신 의원이 추가로 입법청원한 안들이 국회에 제출되었다. 이들 중 12월 국회에서 통과된 것은 김홍신 안을 기본으로 한 정부 단일안이었다.[54]

2003년 참여정부의 대통령직인수위원회(이하 인수위)와 국무조정실은 김홍신 안을 일부 수정하여 정부단일안을 만들었는데 이 안은 국회를 최종 통과할 때까지 심사 단계에서 수정에 수정을 거듭했다. 그 결과 최종 통과된 법은 이전에 제출되었던 어떤 법안보다 연구 금지가 완화되고 조건부 허용의 폭도 넓어졌다. 이러한 허용 여부를 결정하는 과정에서는 물론 과학자들과 관료들의 의견이 대폭 반영되었다. 연구 금지와 관련해서는 희귀, 난치병 치료를 위한 배아 복제 연구를 허용하고 이종 간 핵이식 역시 허용하되 허용 범위는 국가생명윤리자문위원회의 심의를 거쳐 대통령이 정하도록 했다. 또한 배아 관련 연구의 계획서는 사전에 보건복지부 장관에게 승인받도록 했다. 이렇게 되자 국가생명윤리자문위원회의 역할이 연구 규제의 실질적인 결정에서 중요해졌다. 이름은 자문위원회지만 실제로는 특정 연구를 예외적으로 허용해 줄지 말지를 심의하는 기능을 가지게 되기 때문이다. 정부단일안의 초기 버전에서 국가생명윤리자문위원회는 위원장과 보건복지부, 과학기술부 소속 1인을 제외하면 과학계와 시민사회의 위원이 비슷한 규모로 참여하도록 구성되었다. 그러나 국회를 최종 통과한 법률에서는 국가생명윤리심의위원회로 이름이 바뀌었고 구성에서도 정부 관료 7인 이내, 연구전문가 7인 이내, 시민단체 등 7인 이내로 구성이 바뀌었고 보건복지부와 과학기술부 장관이 간사를 맡도록 수정되었다. 관료, 과학기술자, 시민사회의 참여가 평등하게 이루어진 것처럼 보이지만 사실은 그렇지 않았다. 긴 법 제정 과정에서 보았듯이 기술관료들과 과학기술자들은 과학기술 국가주의와 기술관료주의 입장을 공유하기 때문이다. 위원회 구성이 바뀐 이유에 대해 정부는 "여러 부처에서 다양한 입장 표명을 했는데 이를 법안에 담기는 어렵고 향후 의견 개진 채널을 열어두기 위해서"라고 답했다.[55]

〈생명윤리 및 안전에 관한 법률〉이 2003년 12월 국회를 통과했을 때 시민사회는 즉각 비판했다. 돌리 탄생 이래로 7여 년에 걸친 생명공학 규제 입법과 그 과정에서 시민사회의 참여를 목표로 활동했지만 실질적으로 그들의 주장이 거의 반영되지 못했다. 2003년 12월 한국은 영국에 이어 인간 배아 복제를 난치병 허용 같은 조건부라 하더라도 공식 허용한 2번째 나라가 되었다. 뿐만 아니라 법의 이름과 달리 생명윤리의 범주를 복제 관련 연구와 유전자검사/치료 관련으로 국한하고 GMO 등 생명공학에서 윤리와 안전의 문제가 제기될 수 있는 다른 항목들을 포함하지 않은, 매우 제한적인 법률이 되었다. 그 배경에는 입법 논의가 진행되는 동안 복제 연구와 그에 기반한 형질 변환 연구에서 한국 과학자들이 갑작스럽게 부상하면서 성과를 냈다는 점이 있다. 복제 연구와 관련된 처음의 공포는 점차 완화된 반면 언론을 통해 대대적으로 보도되는 국가경쟁력 가치에는 더 익숙해졌다. 인간 배아 복제 연구를 원칙적으로 금지한다고 하면서도 난치병 치료 등 특별한 목적을 위해서는 허용하는 데 대한 윤리적 정당화가 이루어진 것이다. 또한 입법이 지연되는 동안 국제기구 가입이나 수출입과 관련한 실질적인 필요 때문에 윤리와 특히 안전을 생각해야 하는 GMO, 유전자 변형 생물체 등과 관련된 규제는 다른 방식으로 먼저 제도화되었다.

시민사회의 규제 참여 의지 역시 실현되지 못했다. 종교단체, 여성단체, 연대모임이나 참여연대 과학기술 민주화를 위한 모임 등은 생명윤리 입법 운동에서 활발한 활동을 보였다. 입법을 요구하고 직접 청원 입법을 하고 해당 이슈와 관련된 토론을 활성화했다. 그리고 일부 소속 인물들은 나중에 과학자와 비과학자가 모여 과학기술 규제에 대한 입법안을 만드는 실험을 했던 생명윤리자문회의에도 참여했다. 그럼에도 불구하고 최종적으로 금지 대상 연구에 대한 규제와 허용 여부를 심의하는 국가생명윤리심의위원회에서 동수를 확보하는 데 실패했다. 사실 이러한 전문 영역의 국가 위원회에 과학 이외 분야를 대표하는 인물들이 참여하는 것 자체가 새로운 시도이므로 이 점은 높이 평가되어야 한다. 그리고 생명공학에서는 이러한 시도가 필요하고 중요하다는 점을 사회 전반에 어느 정도 설득하는 데에는 성공했다. 해당 위원회의 권한이 크든 작든 생명공학 윤리와 안전을 다루는 위원회를 구성할 때 절반 정도의 비중으로 인문·사회학계와 시민사회가 참여하도록 되어 있었다. 그렇게 만들어진 법안이 최종적으로 정부관료 당연직이 7명이나 포함되면서 시민사회의 비중은 1/2에서 1/3로 축소되었다. 성과, 부처 간 권한, 국가경쟁력을 중시하는 부처 장관들이 국가생명윤리심의위원회에서 생명 윤리와 안전을 위해 연구를 규제하거나 금지하자는 의견에 동조할 것으로 기대하기 어렵다.[56] 2000년 이후 황우석의 연구가 보여주듯 복제 연구는 단순히 생명공학을 넘어 의료, 농업, 과학, 산업 등 거의 모든 분야를 획기적으로 이끌고 나가줄 것이라는 믿음을 주었다. 그래서 생명윤리 입법 과정에서 아무런 역할을 하지 않았던 다른 부처들이 보건복지부와 과학기술부가 주도하는 국가생명윤리심의위원회에 적극 참여하고자 한 것이다. 실제 이 법에 따라 구성된 1기 국가생명윤리심의위원회 운영에서는 시민사회의 목소리에 따른 의사결정이 거의 이루어지지 못했다는 평가도 있다.[57]

4. 〈생명윤리법〉의 함의

생명공학은 과학기술발전에 따른 장밋빛 기대와 과학기술이 가져다줄지도 모르는 재앙에 대한 윤리적 걱정과 공포가 시민들의 일상생활에서 혼재하는 대표적인 과학 분야다. 유전자 재조합 기술이 세상에 처음 등장했을 때 이미 인간 복제 또는 생명 존엄성 파괴에 대한 우려가 나타났고, 아직 이런 기술이 없었던 한국에서도 이같은 우려가 전달되었다. 그러나 1980년대 유전공학 붐을 거치면서 유전공학은 식량 문제를 일거에 해결할 수 있는 마법의 일종으로 대중에게 인식되면서 이러한 우려는 잦아들고 대신 막연한 형태의 기대감이 형성되었다.

유전공학에 대한 우려는 미국 다국적 식량 기업의 GMO 상업 판매가 허용되면서 대중 차원에서 다시 촉발되었다. 이 현상은 단순히 생명공학이나 GMO에 대한 공포에 더해 식량, 식품 수입에 따른 농업 기반 붕괴를 걱정하는 시민운동과 결합하면서 대중적으로 확산되었다. 복제양 돌리는 1970년대 이래로 구체적인 과학 내용에서는 다르지만 인간 복제의 가능성에 대한 오랜 걱정을 극적으로 대중화했다. 인간 복제 문제는 곧 생명공학 전반의 모든 이슈를 대표하는 상징이 되었다.

그러나 다른 한편에서 국가경쟁력으로서 생명공학의 발전에 대한 기대와 그러므로 생명공학을 적극 지원해야 한다는 인식이 강력했다. 1980년대 유전공학 붐이 상상 속의 기대였던 반면 1990년대에 간염백신 등 생명공학 기술을 활용한 성과들이 나타나기 시작하면서 생명공학에 대해 실질적인 기대가 생겼다. 뿐만 아니라 돌리 탄생 이후 한국에서 쏟아져 나온 복제 연구 및 유전자 재조합 연구 성과들 때문에 한국의 과학계와 정부의 기술관료들, 그리고 과학기술 경쟁력 신화에 동조하는 대중들 사이에서 한국이 선두 그룹에 포함될 수 있는 이 새로운 연구개발 분야를 지원해야 한다는 목소리 또한 높았다.

그리하여 1997년 이래 2003년 말 〈생명윤리법〉이 제정될 때까지 생명공학에 대한 규제 입법 과정에서 규제와 육성 지원 입장의 대립이 계속되었다. 시민사회는 생명공학의 윤리 문제와 안전 문제를 내세워 시민사회에 의한 규제가 필요하다고 주장했다. 반면 과학기술계와 기술관료들은 이러한 규제가 과학의 자율성을 저해하고 발전을 가로막아서는 안 된다는 입장이었다. 이러한 대립은 생명윤리 관련 입법 노력이 시작되었을 때부터 존재했으며 이후 생명공학에서 벌어지는 이벤트와 연구 성과의 내용과 그것이 사회에 소개되는 방식에 따라 밀고 당기는 과정을 겪었다. 수년간에 걸친 입법 과정은 시간이 갈수록 규제의 범위가 좁아지고 규제의 정도가 완화되거나 예외 규정을 통해 유보적인 형태로 전개되었다. 그 결과 최종 통과된 〈생명윤리법〉은 체세포 복제, 인간 배아 연구, 이종 간 핵이식 등을 제한적으로나마 공식 인정하는 조항을 두었다. 그러나 정부 관료, 과학계, 산업계가 과반 이상이 되도록 심의기구를 구성하여 현실적으로 심의기구를 통한 규제 강화는 어렵게 되었다. 인간 복제, GMO, 유전자 검사에 대한 윤리 문제 제기나 공포보다는 한국이 이 분야에서 잘해나갈 수 있다는 전망이 결국 승리한 것이다.

물론 〈생명윤리법〉 입법 과정에서 처음 시도된 시민사회의 과학 규제를 위한 노력은 정당하게 평가되어야 한다. 첫째, 과학자들과 기술관료들이 일방적으로 제시한 생명공학에 대한 전망을 비판하고 그에 대한 시민사회의 규제가 필요함을 역설했다. 이를 위해 이전까지 서로 배경과 활동 영역이 다른 시민단체들이 연대모임을 결성하여 목소리를 합치고 사안마다 비판 성명을 내고 입법청원을 포함하여 규제 입법을 요구했다. 둘째, 이렇게 목소리를 낸 결과 과학기술부가 운영한 생명윤리자문회의와 국가생명윤리심의위원회에 인문·사회 연구자들과 시민단체 출신들이 참여하여 시민사회를 대변했다. 이전에 과학기술 관련 정책 결정, 특히 규제 정책 결정에 과학계 밖에서 참여한 경우는 많지 않았으며, 특히 종교, 여성, 환경 등 다양한 관심사를 가진 집단이 참여한 것은 처음이었다. 이는 시민사회의 의사를 제시하지만 수많은 여론 중 하나로 간주되는 합의회의 같은 시민 참여 프로그램과는 달랐다. 훨씬 공식적이고 제도적인 참여였다.

그럼에도 불구하고 시민사회에 의한 과학기술 규제의 첫 시도라는 점을 제외하면 이 입법이 성공적이었다고 보기는 어렵다. 과학기술자들 중 일부는 생명공학에 대한 사회적 우려에 대해 적절한 지침을 통해 윤리적 문제에 대비하거나 윤리적 문제가 발생하지 않도록 해야 한다는 주장에 동의했다. 그러나 과학기술계 대부분은 막 시작된 생명윤리 논의와 관련 입법이 막 시작된 전도유망한 과학기술발전의 발목을 잡아서는 안 된다는 주장을 강력하게 펼쳤다.[58] 정부 부처, 특히 과학기술 주관 부처였던 과학기술부와 국회는 규제의 필요성을 인정하면서도 최소화하고 관련된 위원회의 운영을 과학기술부 산하에 두려고 했다. 생명윤리 관련 입법 발의가 계속되는 과정에서 이들의 주장은 점점 힘을 얻었고 결국 최종 통과된 법안은 가장 좁은 범위에서 가장 완화된 정도의 규제만 담았다.

1기 국가생명윤리심의위원회(이하 심의위원회)의 운영에 대한 평가를 보면 이러한 금지 연구 허용 여부를 결정할 권한을 가진 이 위원회의 구성의 한계가 분명하게 드러난다. 1기 심의위원회가 2005년에 구성된 후 첫 2년간 가장 중요한 논의점은 황우석의 연구에서 사용된 난자와 관련된 연구윤리__데이터 조작이나 연구비 관련이 아닌__에 관한 부분이었다. 심의위원회는 2005년 11월, MBC PD수첩이 〈황우석 신화, 난자의혹〉이 방영된 직후 이 문제를 조사하기로 결정했다. 부처의 당연직 위원들은 이 심의위원회에 형식적으로 참여하거나 대리출석하는 등 수동적이었다.

왜냐하면 황우석 연구팀에 과학기술부 외에도 교육부, 농림부 등이 거액의 연구비를 지원했고 2004, 2005년 『사이언스』에 논문이 게재된 후 정부 모든 부처가 황우석 연구팀을 지원하고 싶어 했기 때문이다. 민간 위원들 중에는 황우석 연구와 이해관계가 있는 2명의 위원이 포함되어 있어서 논의에서 배제되었다. 중간보고서는 황우석의 연구원 및 다른 여성들로부터의 난자 확보 과정에 윤리적 문제가 있음을 지적했고 최종보고서 초안은 인간 배아 연구를 잠시 중지하고 동물 연구 등을 통해 안전을 확인한 후 승인한다는 내용을 담았다. 그러나 최종 안에서는 제한적으로 연구를 허용하는 것으로 수정되었고 이에 반발한 위원장과 민간 위원들이 참여하지 않은 가운데 나머지 위원 13명이 최종안 의결에 참여하여 12명 찬성으로 최종 결정되었다. 심의위원회는 이러한 운영 과정상의 문제를 지적했고 향후 법 개정안 심의위원회의 구성에서 정부 위원은 과학기술부와 보건복지부만 참여하는 안을 제출했다. 이 안은 국무회의를 통과했음에도 불구하고 최종 통과된 법에서는 원안이 고수되었다. 단 과학기술부와 정보통신부가 통합됨에 따라 과학기술정보통신부 정부 위원이 6인으로 축소되었을 뿐이다. 따라서 민간 위원들의 윤리, 안전 문제에 대한 전문성의 문제는 차치하더라도 위원 구성상의 문제가 가지는 한계는 남았다.[59]

생명공학에 대한 시민사회의 규제 요구가 비전문가들이 과학기술발전의 발목을 잡는 것인지, 기술위험을 사전에 대비하고 사회발전 수준에 맞는 과학기술 민주화와 과학기술 거버넌스를 촉진하는 것인지는 확신하기 어렵다. 다만 과학기술 경쟁력 우선주의와 전문가 중심의 거버넌스는 일제강점기 이후 여러 사회적, 정치적 배경 아래 강화된 과학기술 국가주의에 기반을 두고 있는 것이며 절대적인 가치는 아니다. 특히 과학기술 국가주의는 개발독재 시절에 확립되고 강하게 뿌리내린 가치다. 과학기술에 대한 시민사회의 규제 요구와 참여형 과학기술 거버넌스를 촉구하는 목소리는 이제 적어도 과학기술 국가주의를 성찰적으로 비판할 필요가 있음을 주장하는 것으로 이해되어야 한다.

과학기술에서 여성의 참여 확대[60]

젠더정치(gender politics)는 성을 주요 변수로 하여 성, 계급, 인종 간의 평등과 참여를 보장하도록 변화시키는 정치 활동이다. 한국에서 젠더정치는 주로 과소 대표성 문제 해결을 위한 참여 확대의 제도화, 여성 복지정책 강화, 그리고 성주류화 도입을 중심으로 추진되었다. 구체적으로는 고용평등 관련법, 제도 정비, 정치/공공부문 여성할당제 도입, 여성(가족)부 설치, 정책의 성인지 분석 도입 등이 대표적인 성과이다.[61]

과학기술 영역의 성평등 문제 해결 활동, 즉 과학기술 젠더정치는 젠더정치 일반의 흐름과 직접 연계 없이 여성 과학기술자들 사이에서 추진되었다. 1990년대 이래 소수의 선각 여성 과학기술자들은 과학기술에서 성평등의 문제를 제기하기 시작했다. 이들은 조직화와 네트워크 구축, 의제형성, 다양한 사회문화적 자원 동원, 정책 기회 포착 등의 전략적 행위를 통해 젠더정치 구현을 시도했다. 그 결과 2000년대 이후 한국에서 과학기술과 여성에 대한 문제 제기와 주장은 정책 이슈화, 지원의 제도화, 여성 과학기술자들의 조직화와 고위직 진출 등으로 실현되었다. 한국은 여성 과학기술자에 대한 지원을 제도적으로 보장하는 법령, 기본계획, 전담 조직을 동아시아 어떤 나라보다 빨리 구축하게 되었다.

이러한 변화는 1990년대 말과 2020년 현재를 비교하면 분명하게 드러난다. 여성 과학기술자 지원을 목적으로 독립 법률이 제정되었고 그에 바탕한 5개년 기본계획이 수립 운영됨으로써 각종 지원정책이 과학기술정책 분야 내에 제도적으로 정착했다. 또 개별 여성 과학기술자 단체의 성장 외에 "여성과학기술자단체총연합회(이하 여과총)"가 조직되어 과학기술 내에서 여성의 대표성이 높아지고 네트워크가 강화되었다. 과학기술 관련 기관장에 선임되거나 국회에 진출하는 여성 과학기술자의 비율이 증가하여 과학기술 의사결정 참여가 높아지고 사회적 존재감도 강화되었다.

과학기술의 여성 참여 문제와 관련한 지금까지의 연구는 크게 3부류로 나눌 수 있다. 첫째, 과학기술에서 여성의 비중에 대한 정량 분석을 기반으로 성 불평등을 입증하는 연구, 둘째, 주로 서구 선진국의 정책을 벤치마킹하고 이를 기반으로 적절한 방안을 제시하는 정책 연구, 셋째, 국내에서 추진된 정책의 형성 과정과 주요 성과를 소개하고 평가하는 연구가 있다.

기존 연구와 달리 이 절에서는 그동안 상대적으로 주목받지 못했던 과학기술 젠더정치의 주체로서 여성 과학기술자들의 특성과 역할에 주목할 것이다. 구체적으로는 과학기술의 젠더정치가 전개되고 일정한 성과를 거둔 지난 20여 년간 여성 과학자들의 역할, 전략, 주요 의제에서 어떤 변화가 일어났고 그 배경 요인은 무엇인지, 그리고 그 변화를 관통하는 특징은 무엇인지 살펴볼 것이다. 이를 위해서 여성 과학기술지 단체의 성장과 역할 변화, 전략적 의제 변화와 그에 따른 동맹 관계의 변화를 분석할 것이다. 이를 통해 한국에서 과학기술 젠더정치는 성주류화라는 젠더정

치의 가장 대표적인 전략과는 별개로 추진되었고 국가경쟁력으로서 과학
기술이라는 국가 주도, 관료 중심의 과학기술정책 구도에 적응하는 방식
으로 전개되었음을 보일 것이다.

1. 과학기술 젠더정치 요구와 여성 과학기술자들의 조직화

과학기술에서 성 불평등에 대한 문제는 1990년대 초부터 등장하기 시작
했다. 대학교에 재직 중이던 여성 과학자들은 주로 정책 연구를 통해 대
학교와 연구기관에서 학생, 교수, 연구원의 성비 불균형의 문제를 지적
하고 개선을 위한 정책 지원이 필요하다고 역설했다. 대표적으로는 숙명
여자대학교의 박영자(화학, 1983 & 1991)와 김명자(화학, 1995), 이화여자대
학교의 모혜정(물리학, 1995), 서울대학교의 노정혜(생명과학, 2000) 등이 있
다.[62] 이들은 공통으로 대학과 연구소에서 여성의 비율이 낮음을 지적하
고, 이를 해소하기 위해 여자대학교에 공과대학 설립, 여성 과학기술자의
첨단과학기술 분야 진출 촉진, 할당제 도입, 연구지원 프로그램 도입 등
다양한 정책 방안을 제시했다. 이화여자대학교 공과대학 설립이나 한국
연구재단의 여성 과학기술인 연구지원 사업은 이러한 정책 연구에서 제
시된 방안이 구현된 예이다. 그러나 대부분의 경우 이러한 현황 분석과
정책 제안은 과학기술의 성비 불균형에 대한 문제를 제기하는 역할을 했
을 뿐 당장의 반응을 얻지는 못했다. 그리고 이들의 활동은 서로 연결되
어 있다기보다 같은 문제의식을 가진 개인들의 활동이었다.

다른 한편에서는 과학기술에서 성 불평등 문제를 제기하는 조직적인
활동이 등장했다. 1993년에 설립된 대한여성과학기술인회는 당시로서는
과학기술 전 분야를 아우르는 유일한 전국 규모의 여성 과학기술자 단체

〈그림 29〉 대한여성과학기술인회 창립총회. (출처: 국가기록원)

였다. 2020년 현재 여과총의 회원 단체 중 1993년 이전에 이미 설립되었던 단체들은 주로 대한여자치과의사회 같은 전문직 직능단체이거나 여성들이 주도하는 분야의 학회였다.[63] 이 단체들은 같은 직종에 속한 여성들의 친목과 이익 수호 또는 학술 교류를 주된 목적으로 했다. 반면 대한여성과학기술인회는 "과학기술에서 여성 참여"를 확대하고 "여성 과학기술자의 권리" 보호를 설립 목적으로 내세울 정도로 과학기술에서의 성 불평등의 문제 해결을 강조했고 이와 관련된 대외 활동을 설립 초기부터 활발하게 추진했다. 여성 과학기술자 단체의 이름으로 이같은 활동을 전개한 것은 대한여성과학기술인회가 처음이었다(〈그림 29〉 참조).

대한여성과학기술인회는 과학기술에서 성 불평등 문제를 제기하고 이를 개선하기 위해 다양한 활동을 벌였다. 첫째, 여성정책에 관련 있는 정책 결정자들에게 여성 과학기술자의 진입 장벽의 문제를 알리고 이를 해결 또는 개선하는 방안을 촉구하는 자리를 만들었다.[64] 둘째, 여성의 과학기술 참여 촉진을 주제로 하는 토론의 장을 마련했다. 이러한 행사들은 여성 과학기술자들끼리 공유하는 성 불평등의 문제의식을 확인하고 해결을 위한 토론의 기회를 제공했고 더 나아가 다수의 여성 과학기술자들에게 문제의식을 확산하는 계기가 되었다. 참여자들 중에는 김명자, 나도선 등 나중에 과학기술의 젠더정치를 주도하는 몇몇 인물을 확인할 수 있다.[65] 셋째, 과학기술에서 성 불평등 해결 방안을 제안하기 위해 필요한 조사 및 정책 연구 사업을 했다. 예를 들어 과학기술 연구기관의 여성 연구원 현황 조사와 대덕연구단지의 보육시설 설립을 위한 기초 조사를 자체적으로 추진했다.[66]

대한여성과학기술인회가 이처럼 설립 초기부터 활발한 젠더정치 활동을 할 수 있었던 조직력의 배경에는 대덕연구단지의 지리적, 제도적 특성이 자리하고 있었다. 대한여성과학기술인회는 대덕에 위치한 출연연의 여성 과학자들이 설립과 초기 운영에서 주도적인 역할을 했다. 대덕연구단지는 많은 출연연들이 밀집한 지리적 특징을 가지고 있다. 1980년대 초반 출연연은 대학 못지않게 여성 과학기술자의 진입 장벽이 높았다. 예를 들어 1983년 기준으로 공과대학에는 여성 교수가 거의 없었고 자연과학대학에서도 여성 교수는 5.4% 수준이었다. 출연연의 여성 연구원 비율은 이보다 더 낮았다. 그러나 출연연의 여성 과학기술자들은 비록 소수지만 지리적으로 인접해 있어 관심사를 공유한 사람들이 집단을 형성하기에는 유리했다. 교통망과 통신 네트워크가 열악한 상태였음을 감안하면 더욱 그렇다. 1990년대까지 대한여성과학기술인회의 역대 회장이 모두 출연연의 중견 여성 과학기술자들이었고, 주요 활동 무대는 대전, 대덕 지역이 중심이었던 사실이 이를 입증한다. 대한여성과학기술인회는 1990년대를 통해 과학기술에서 성평등의 문제를 공식적이고 집단적으로 제기하는 거의 유일한 조직이었다.

2. 젠더정치의 제도화와 새로운 주체의 부상

2000년대 초반이 되면 대한여성과학기술인회 외에도 과학기술의 젠더정치 필요성에 관심을 가진 여성 과학기술자 조직이 증가했다. 김대중 정부 이후 젠더정치의 확대에 따라 정부 고위직, 주요 정부위원회, 국회 등에서 여성할당제를 도입한 것은 각 분야 전문 여성들이 조직화를 시도하는 동기가 되었다. 과학기술 분야에서는 기존 의료 분야 외에 전문 분야 직능단체 성격의 단체로 건설, 원자력, IT, 생명공학 분야에서 여성들의 단체가 새로 결성되었고[67] 일부 과학기술 분야의 학회에 여성위원회가 설치되었다. 그에 따라 대한여성과학기술인회는 더 이상 과학기술에서 젠더정치의 필요성을 주장하는 유일한 단체가 아니었지만 정책의 제도화 과정에서 여전히 중심축을 이루었다.

2001년 과학기술부는 여성할당제에 해당하는 여성 과학기술인 채용목표제를 도입하겠다는 원칙적인 입장을 발표했고, 이는 앞서 언급한 개인들 및 대한여성과학기술인회가 주장해오던 여러 방안들이 공식 정책으로 제도화되는 계기가 되었다. 여성 과학기술인 채용목표제의 법적 근거를 마련하는 과정의 여러 활동은 〈여성과학기술인 육성 및 지원에 관한 법률〉과 제1차 여성과학기술인 육성·지원 기본계획으로 이어졌다. 이 과정에서 여성 과학기술자 지원정책은 여성 과학기술자들이 제기해온 불평등 문제의 해결책으로서가 아니라 '이공계 기피 현상'으로 촉발된 인력 부족에 대응하고 과학기술 국가경쟁력을 위한 수단으로서의 여성 과학기술자 활용으로 변형되었다. 이는 실효성 있는 지원정책을 요구해온 여성 과학기술자와 과학기술부의 통상적인 과학기술정책의 틀 안에 여성할당제를 포함하기 위해 타협한 결과였다.[68]

2001년 여성 과학기술자 채용목표제 도입 발표 이후 관련 법률 제정과 2003년 말 제1차 기본계획이 확정되는 과정에서 여성 과학기술자들과 과학기술부 담당자들은 일종의 동맹 관계를 유지했고 타협을 통해 양자의 의도를 정책에 반영했다. 대한여성과학기술인회는 과학기술부의 정책 담당자들이 추진한 법률과 기본계획 확정 과정에서 여성 과학기술자 집단의 의사 수렴 및 공감대 형성을 위해 필요한 역할을 담당했다. 과학기술부는 2002년 4월 관련 법률 제정을 위한 공청회를 한국연구재단과 함께 주관·주최했다. 또한 지원정책을 제안하는 과정에서 여성정책 전문기관인 한국여성개발원과 공동으로 2003년 6월 대전에서 "여성과학기술인 지원 정책연구 공청회"를 개최했다. 이 공청회에서는 여성 과학기술자 지원 사업을 실질적으로 수행할 여성 과학기술인지원센터의 설치·운영, 여성 과학기술인 네트워크 구축을 위한 (가칭)여성과학기술인클럽 설립을 제안했다.[69] 대한여성과학기술인회를 중심으로 여성 과학기술자들은 정책 형성 과정에서 정부를 최대한 도우면서 그동안 주장해왔던 여러 사업들을 실현할 수 있었다.

제1차 기본계획 추진기간 동안 두드러진 변화 중 하나는 여성 과학기술자들의 조직화와 네트워크가 활발해졌다는 점이다. 2003년 10월에 여과총이 설립되었다. 여과총은 법률에 포함된 "여성과학기술단체 육성 및 지원"과 관련해 정부와 여성 과학기술자사회의 연결 역할을 자임하며 여성생명과학포럼을 비롯한 4개 단체로 시작했다. 이 단체들은 대한여성과학기술인회가 주관한 법률 공청회에 후원 단체로 참여한 바 있다.[70]

여성 과학기술인 지원정책이 제도화된 후 중요한 역할을 했던 조직 중에는 전국여성과학기술인지원센터(NIS-WIST)[71]가 있다. 2004년 12월에 이화여자대학교에 설립된 NIS-WIST는 여성 과학기술자를 지원하는 사업을 지역 기반으로 담당할 지역 여성 과학기술센터들을 총괄하고 서울·경기 지역의 지원 사업을 수행했다. NIS-WIST는 동시에 통계 작성, 정책 연구 등의 정책 기반 연구활동을 수행했다. 즉, 초기 한국의 과학기술 젠더정치에서 NIS-WIST는 기획, 예산, 실행을 모두 담당하는 상징적이 자 실질적인 중심 조직이었다. 정부의 위탁식 사업 추진 방식 덕분에 신 설된 사업을 추진할 주체로서 지역 기반의 여러 여성 과학기술인 단체 결성이 촉진되었다.[72]

2000년대 중반이 되면 여성 과학기술인 지원정책에서 NIS-WIST의 역할이 상대적으로 커졌다. 일단 여성 과학기술자 지원정책이 제도적으 로 안정되자 이 문제에서 대한여성과학기술인회의 역할은 이전에 비해 상대적으로 축소되었다. 이미 수십 년의 역사를 가진 과총의 전례로 볼 때, 그리고 명칭이나 조직 구성 방식에서 여과총은 전체 여성 과학기술인 을 대변하는 조직이 될 수 있었다. 그러나 초기에는 몇 가지 한계가 있었 다. 첫째, 신설 조직인 데다 다양한 성격을 가진 여성 과학기술인단체들 의 느슨한 연합이었기 때문에 예산, 실무 인력 등 모든 면에서 한계가 있 었다. 그에 따라 대표 기관으로서의 조직적인 활동을 기대하기 어려웠다. 게다가 여성 과학기술인 지원정책 형성 과정에서 주도적인 역할을 했던 대한여성과학기술인회는 여과총에 가입하지 않았다. 과학기술 연구개발 전 분야에서 가장 오래되었고 가장 많은 회원을 보유한 전국 조직이 가 입하지 않았다는 점은 여과총의 초기 구심점이 형성되기 어려웠던 이유 중 하나로 볼 수 있다. 반면 NIS-WIST의 역할과 위상은 빠르게 성장했 다. 법적 기반을 가진 조직으로서 예산과 인력 충원이 가능했다. 의사결 정과 구체적인 사업 추진은 과학기술부 정책 담당자가 주도했지만, 실제 다양한 지원 사업을 기획하고 예산과 자원을 배분하는 등의 사업 수행 실무를 NIS-WIST가 담당했다. NIS-WIST는 지원 사업 수행 외에 적극 적인 기관 홍보, 사업 홍보를 추진했고 실태 조사, 정책연구 보고서 등 다 양한 출판물을 발간하는 등 초기 과학기술 젠더정치의 중심이 되었다.

3. 과학기술 젠더정치의 외연 확대

1) 성평등 의제 도입: 보육, 일-가정 양립, 생애주기적 지원, 젠더의식, 젠더혁신

보육 또는 일-가정 양립 문제는 여성 과학기술자들에게 전공 선택이나 취업의 진입 장벽 못지않게 중요한 이슈였고 대한여성과학기술인회는 일찍부터 이 문제에 관심을 기울였다. 대한여성과학기술인회는 1995년에 최초의 직장 공동보육시설인 대덕특구 어린이집을 설립하는 과정에서 정책 연구를 수행하는 등의 방식으로 참여했다. 그리고 여성 과학기술인 지원정책이 형성되는 중이었던 2003년에도 여성 과학기술자 지원 사업에서 보육시설 확충의 필요성, 특히 연구개발 활동의 특성을 반영하여 심야보육, 24시간 영유아 보육의 필요성을 주장했다.

그러나 이러한 문제 제기는 제1차 기본계획에서 거의 반영되지 않았다. 여성 과학기술자들 사이에서도 보육 정책이 여성 과학기술자 지원정책에서 우선성이 높은가의 문제, 과학기술부에 요구할 만한 성격의 문제인가에 대한 의견 일치가 이루어지지 않았다. 그리고 무엇보다 과학기술부가 여성 과학기술자 지원정책임에도 불구하고 성평등과 같은 젠더정치의 요소를 부각시키지 않고 과학기술인력의 효과적 육성과 활용 차원에서 접근하려는 경향을 강하게 지녔기 때문이다.[73]

대한여성과학기술인회는 제1차 기본계획에는 포함시키지 못한 여성 과학기술자를 위한 어린이집을 설립하는 프로젝트를 독자적으로 추진했다. 대덕연구단지는 우리나라에서 여성 과학기술자 인구밀도가 가장 높은 곳 중 하나이므로 출연연의 연구개발 생산성 제고와 여성 과학기술인 지원정책으로 보육시설 설립이 타당하다는 논리가 제시되었다. 그러나 보육은 여성부 소관이라는 인식을 극복하지 못했고 예산 확보도 어려웠기 때문에 과학기술부는 이 제안에 소극적인 반응을 보였다. 그래서 대한

〈그림 30〉 대덕특구 사이언스 신성 어린이집. (출처: 『오마이뉴스』, 2008. 03. 11.)

여성과학기술인회는 직접 사업 예산을 신청했고 국회의원과 대덕연구단지 관리본부와의 동맹이라는 전략을 택했다. 여성정책 전문가이면서 17대 국회에서 과학기술정보통신위원회 소속이었던 유승희 의원을 설득했고 그 결과 2005년에 과학기술부는 어린이집 예산을 확보할 수 있었다. 2008년에 대덕연구특구에 2번째 어린이집이 개원했다(〈그림 30〉 참조).

2009년부터 시행되는 제2차 기본계획에는 일-가정 양립과 생애주기 지원이 여성 과학기술자의 경력 단절을 예방하고 경력 복귀를 촉진하기 위한 방안으로 도입되었다. 이것은 고령화 사회, 보육 문제의 사회화 등의 이슈가 부각된 젠더정치의 영향을 받은 것으로 보인다. 구체적으로는 보육·수유시설 확충과 경력단절 후 복귀자(Returner) 지원 방안이 제시되었다. 그러나 기본계획의 전체 구도는 여전히 여성 과학기술자의 양적 성장과 연구활동 지원 사업을 중심으로 작성되었다. 제3차 기본계획 수립 방안에서 제시된 제2차 기본계획의 성과에 따르면 일-가정 양립 관련 정책 성과 지표는 "보육지원 법적제도 운영률"과 "과학기술 연구기관 탄력 재택근무제 운영률"이었는데 구체적인 사업 성과 및 제도 운영의 내용에 대한 평가는 미흡했다. 일-가정 양립 의제는 여성 과학기술자들의 가장 현실적인 요구임에도 불구하고 과학기술 젠더정치 안에서는 여전히 주변부에 위치했고 그 성과는 제한적이었다.

제3차 기본계획에서는 성평등 의제가 보육과 일-가정 양립에서 한 발 더 나아가 "성별특성인식(gender awareness)" 제고, 연구개발의 젠더분석(gender analysis) 및 젠더혁신(gendered innovation) 확산을 위한 지표 개발 등의 지원 사업을 포함했다. 10여 년 만에 적어도 과학기술 젠더정치의 주요 의제에 여성 과학기술자의 양적 불균형 해소를 넘어 과학기술 현장의 문화와 지식에 젠더 접근이 도입된 것이다. 2002년에 (가칭)〈과학기술남녀평등법(안)〉이 〈여성과학기술인 육성 및 지원에 관한 법률〉로 이름이 바뀐 것과 매우 대조적이다. 이러한 변화의 배경에는 분명 젠더정치 성장의 영향이 있을 것이다. 그러나 흥미롭게도 한국의 과학기술 젠더정치는 여성운동이나 젠더정치 진영과의 별다른 연계 없이 확대되고 있다. 여성 과학기술자(단체)들은 과학기술 현장에서의 경험, 지난 10여 년의 과학기술 젠더정치의 경험과 외국 사례에 대한 학습을 통해 이를 이루어냈다. 이에 대해서는 다음에서 자세히 살펴보겠다.

2) 과학기술 젠더정치 핵심 그룹의 성장

이전에 비해 여성 과학기술자 지원정책과 관련해 여러 정책 형성 과정에 참여하거나 사업을 실제로 추진하는 주체로서 여성 과학기술자 단체의 수와 규모가 지속적으로 증가했다. 전통적인 대한여성과학기술인회 외에도 여러 단체가 결성되었다. 이 단체들은 각각의 설립 목적에 맞는 활동을 추진했고 정부의 여성 과학기술인 단체 지원 사업 또는 여성의 과학기술 참여 촉진을 위한 사업을 수행했다. 이러한 활동을 통해 지도자 여성 과학기술자들은 조직 관리, 행정, 대중사업, 정책 의사결정 참여 등 고립된 개인 연구자로서 얻기 힘든 경험을 얻었다. 특히 여성 과학기술자 지원정책과 관련해서는 대한여성과학기술인회, 여성생명과학기술포럼, 대한여성공학기술인협회, 여성과학기술인지원센터(WISET)의 주요 인물들이 개별 단체 차원으로 또는 여과총과 연대하여 다양한 활동을 했다.

그 결과 얻게 된 가시적 성과 중 하나는 여성 과학기술자들의 고위직 또는 의사결정 직위로의 진출이다. 2000년대 초반에는 이 문제에 관심을 가지고 공적 활동을 했던 여성 과학기술자 개인 또는 단체가 극히 소수였다. 그러나 2000년대 중반을 지나면서 많은 여성 과학기술자들의 단체 결성과 활발한 활동을 볼 수 있었다. 이러한 단체들을 결성하고 주도한 소수의 지도적 여성 과학기술자들은 정책 형성 과정 참여, 정부위원회 참여, 그리고 연구개발 활동을 넘어서 중앙정부, 지방정부, 과학기술기관의 정책 종사자들과 함께 공적 업무를 수행했다. 그리고 그 과정을 통해 이들은 과학기술관료-정책 네트워크에 포함되었다. 예를 들어 한국표준연구원의 정광화는 1999년부터 2003년까지 국가과학기술위원회 민간위원을 역임하면서 같은 기간에 대한여성과학기술인회 회장으로서 여성 과학기술인 지원정책 형성에 참여했다. 그리고 2006년에는 최초의 출연연 여성 기관장이 되었고 2013년에는 다시 기초과학지원연구원 원장이 되었다.

2000년대 이후 여성 과학기술자로서 공공 과학기술기관의 기관장, 또는 장관이나 국회위원이 된 여성들은 공직 취임 이전 또는 이후에 주요 여성 과학기술자 단체 회장 또는 부회장으로서 활동한 경력을 가지고 있다. 연구자로서의 성과, 단체 조직 및 관리 경험, 기관장으로서 과학기술 행정 및 정책 경험은 지도적인 여성 과학기술자 그룹이 성장하는 데 주요 배경이 되었다. 그리고 최고위직 수행을 통해 얻은 명성, 영향력, 네트워크는 이들이 주요 이슈를 다시 과학기술정책에 반영할 수 있게 하는 선순환을 이루었다. 여성 과학기술자 단체는 과학기술 젠더정치의 활동가를 배출하는 인큐베이터 역할을 했다고 볼 수 있다.[74]

4. 새로운 의제 발굴과 구현 전략: 젠더혁신

1) 제도화의 역설

여성 과학기술자 지원정책이 제도적으로 안정된 후 역설적으로 정책 기획과 의사결정 과정에서 여성 과학기술자(단체)들의 능동적 역할은 상대적으로 축소되었다. 앞에서 언급한 대로 대한여성과학기술인회는 2000년대 초에 여성 과학기술자 지원정책을 구현하기 위해 법률 제정, 정책 연구와 방안 제안, 공청회를 통한 여론 수렴 등 능동적이고 적극적인 역할을 했다. 그러나 일단 지원정책의 제도가 구축되자 전담부처 관료들을 중심으로 규정에 따라, 정부 부처 산하기관들에 의해 사업들이 추진되었다. 제1차 기본계획 공청회는 대한여성과학기술인회가 주관했지만, 제2차 기본계획 공청회는 계획(안)을 작성한 한국과학기술기획평가원이, 제3차 기본계획 공청회는 역시 계획(안)을 작성한 과학기술정책연구원이 주관했다. 제4차 기본계획(안) 역시 한국과학기술기획평가원이 주축이 되어 수립되었으나 한국여성과학기술인지원센터(WISET)도 공청회 주관 기관에 포함되었다. 이 과정에서 여과총을 비롯한 여성 과학기술자 단체들은 토론자 또는 방청객 역할에 머물렀다.

물론 여성 과학기술자 단체들은 여성 과학기술자 지원정책이 실질적인 성과를 낼 수 있도록 하기 위해 정책을 모니터링하고 개선 방안을 제시하는 등의 활동을 계속했다. 구체적으로 대한여성과학기술인회는 여성 과학기술자 출신 국회의원과 공동으로 국회에서 여성 과학기술자 지원정책의 확대 필요성 및 승진목표제, 보육 확충 같은 이슈를 제기했다.[75] 한국여성공학기술인협회는 산업자원부의 지원을 받아 공학 전공 초중등 및 대학(원) 여학생들을 지원하는 사업을 새롭게 만들었다.[76] NIS-WIST는 전담 인력을 활용해 외국 정책 동향 조사 분석, 새로운 지원 사업 기획 및 수행 등의 활동을 수행했다. 여과총은 세부적인 여성 과학기술자 지원정책보다는 여성 과학기술자의 국제 연대와 교류, 여과총이 기여할 수 있는 과학기술정책 이슈를 발굴하고 구현하기 위한 사업을 추진했다. 또한 과학기술정책 전반에 대한 모니터링과 정책 제안 및 여과총이 기여할 수 있는 과학기술정책 이슈를 발굴하고 확산하는 활동을 했다.[77]

그러나 이러한 활동들은 이미 안정적으로 추진되고 있는 지원정책의 틀 안에서 신규 사업 제안이나 보완에 그쳤다. 과학기술인력 육성 정책의 측면에서는 교육, 연구개발 지원, 경력개발 지원, 취업과 승진 관련 목표제 운영 등이 체계적으로 구성되어 있었기 때문에 이 틀을 바꾸거나 이 틀 안에서 완전히 새로운 정책 방안을 제시하기는 쉽지 않았다. 다만 5년에 한 번씩 새롭게 기본계획이 수립될 때 새로운 의제와 신규 사업, 예를 들어 보육 강화, 일-가정 양립 의제, 젠더혁신 등을 제안할 수 있었다. 그러나 의제 수용 여부 또는 관련 사업 내용에 반영되는 정도는 정책 전문가들과 해당 부처의 동의 여부에 달려 있었다.

2) 새로운 의제로서 젠더혁신과 새로운 전략적 동맹

2014년 젠더혁신은 한국의 여성 과학기술자사회에 조금은 갑작스럽게 새로운 의제로 등장했다. 2014년 여과총은 주요 지원 사업 항목 중 하나로 "과학기술연구의 젠더혁신사업"을 설정했다. 이 지원 사업은 분야별 연구에 적합한 젠더혁신 방법 도출, 주요 연구 주제별 젠더 분석 현황 파악을 위한 기초연구, 젠더혁신 연구 활성화를 위한 네트워킹, 젠더혁신 사례 발굴을 위한 연구자 육성 및 지원 방안 도출을 주된 내용으로 한다. 2014년에는 WISET과 한국과학기술기획평가원이 공동으로 과학기술 젠더혁신 포럼을 창립했고 2015년 8월에 개최되는 국제행사인 "젠더서밋(Gender Summit)"을 한국에 유치했다. 젠더서밋은 과학·기술·공학·수학·의학(STEMM) 분야에서 젠더 결함이 없는 모두를 위한 연구개발을 위하여 연구 혁신에서 젠더 이슈를 제시하여 연구의 수월성을 높이고 새로운 부가가치를 만들어내기 위해 과학자, 고위 정책 입안자, 연구개발 혁신 전문가, 젠더 전문가 등이 모이는 회담의 장으로 2011년 유럽에서 시작되었다. 흥미로운 점은 2013년 말까지 위의 세 단체를 포함, 어떤 여성 과학기술자 단체나 개인도 젠더는 물론 젠더혁신에 대해 공식 언급한 적이 거의 없었다는 것이다.

젠더혁신은 "성·젠더 분석을 하나의 도구로 활용해 새로운 지식을 창출하고 혁신 기술을 개발하는 과정"이다. 스탠포드대학의 과학사학자, 론다 쉬빈저(Londa Schiebinger)는 과학지식 생산 과정과 그 결과물에 대한 젠더 분석을 통해 이 개념을 제안하고, 젠더혁신을 위한 방법론 개발과 이를 적용하여 줄기세포, 자동차 충돌 테스트 장치 등 23개의 사례 연구를 추진했다.[78] 그리고 현재 유럽연합과 미국국립과학재단이 공동 지원하는 "과학·약학·기술·환경에서의 젠더혁신" 프로젝트를 맡아 수행하고 있다. 젠더혁신에 관한 그녀의 연구를 담은 *Gendered Innovations*(2008)은 2010년에 이미 우리나라에서 번역·출판되었지만 여성 과학기술자들의 관심을 끌지는 못했던 것으로 보인다.[79]

여성 과학기술자들이 젠더혁신 논의를 접한 것은 2013년 9월 대만 타이페이에서 개최된 "과학기술 분야의 여성에 관한 국제 컨퍼런스(International Conference on Women in Science and Technology, IConWiST)"였을 것이다. 이 컨퍼런스에는 WISET의 이혜숙 소장이 참가했다. 그리고 바로 전날

〈그림 31〉 2014 과학기술젠더혁신포럼 창립총회. (출처: 한국여성과학기술인지원센터)

"3차 아시아 태평양 국가 네트워크 Asian and Pacific Nation Network(AP-NN)" 모임을 위해 한국에서 온 여성 과학기술자들도 이 컨퍼런스에 참석했다.[80] 젠더혁신에서 연구개발과 젠더 이슈의 생산적인 결합 가능성을 인지한 이들은 컨퍼런스 현장에서 쉬빈저에게 한국 초청을 제안했다. 그리고 빠르게 그녀의 방한을 추진했다. 그 결과 쉬빈저는 불과 3달 후인 2013년 12월 17일에 여과총과 WISET이 공동주최한 여성리더스포럼에서 한국의 지도급 여성 과학기술자들에게 젠더혁신에 관해 강연했다.

이후 젠더혁신과 관련된 일들이 2014년 한 해 동안 빠르게 추진되었다. 여과총의 신임 백희영 회장은 취임식에서 젠더혁신 강연을 포함하여 회원 단체들에게 이 개념을 홍보했다. 그리고 임기 동안 젠더혁신을 기틀로 한 '여성과학기술계 중장기 정책 로드맵'을 짜겠다는 계획을 발표했고, 실제로 젠더혁신 연구 프로젝트를 맡아서 추진했다. 그리고 2015년 6차 대회가 한국에 유치되었고 WISET과 한국과학기술기획평가원이 공동주관하는 과학기술젠더혁신포럼이 6월 17일에 창립행사를 가졌다.(〈그림 31〉 참조) 민병주 의원 등이 중심이 되어 11월 26일 국회에서 "과학기술의료

센더혁신" 토론회가 개최되었는데 이 토론회에 쉬빈저가 다시 한 번 초대되었다. 이 행사는 여과총과 질병관리본부가 주관했다. 그리고 새롭게 수립된 제3차 기본계획에도 젠더혁신 관련 내용이 포함되었다. 여과총은 2016년 부설 젠더혁신연구센터를 개소해 운영하기 시작했다.

여성 과학기술자들이 젠더혁신에 이토록 관심을 가지고 신속하게 추진한 배경에는 젠더혁신이 과학기술 젠더정치에 새로운 국면을 열어줄 것이라는 기대가 있었다. 여성 과학기술자 지원정책 확대 요구는 10여 년간 되풀이된 의제이고 여성 과학기술자 단체들은 이미 안정적으로 관련 사업을 수행하고 있는 상황이었다. 그러나 여성 과학기술자 단체들이 수행하는 지원 사업은 인력 양성, 정책, 각종 포럼 등 인식 제고 및 연대 강화 성격이 강했다.

반면 젠더혁신은 여성 과학자들이 완전히 새롭게 제시하고 주도할 수 있는 의제였다. 첫째, 젠더혁신은 과학기술 연구개발과 밀접하게 관련되어 있기 때문에 여성 과학기술자들에게 새로운 연구 사업의 가능성과 여성이 주도하는 과학기술 혁신의 근거를 주었다. 둘째, 젠더혁신은 연구개발의 '실패'를 예방할 수 있는 실용적인 장점을 가지고 있었고 이는 과학기술정책에서 익숙한 국가경쟁력 프레임과 쉽게 결합될 수 있었다. 셋째, 젠더혁신을 주도함으로써 향후 관련 연구개발 정책 또는 혁신연구 정책에서 영향력을 행사할 수 있었다. 넷째, 미국과학재단이 참여하는 등 젠더혁신은 선진국에서 자리잡은, 권위 있고 검증된 정책 의제였다. 1년도 안되는 짧은 기간 동안 쉬빈저를 두 번이나 초청하여 강연을 진행한 것은 그녀의 권위에 기대 젠더혁신이라는 낯선 개념을 정당화하고 확산하려는 시도였다.

따라서 관련된 주요 단체들의 전략은 처음 지원정책을 제도화하던 시기와는 매우 달랐다. 여성 과학기술자 내부에서는 3개의 주요 단체가 역할분담 체제를 이루었다. 여과총은 회원 단체 산하에 많은 여성 과학기술 연구자가 있으므로 실질적인 젠더혁신 연구 수행이 가능한 반면 행사 개최 등을 위한 재원은 충분하지 않았다. WISET은 정책 지원 상근 인력과 예산을 가지고 있기 때문에 정책 의제로서 젠더혁신에 대한 연구와 주요 행사를 담당할 수 있다. 한국과학기술기획평가원은 전직 국회의원 출신 여성 기관장의 의지에 따라 새로운 정책 사업 기획과 지원이 가능했다.

여성 과학기술자사회 밖에서는 담당 부처 공무원이나 관료가 아니라 연구개발 정책 관련 인물, 연구 지원기관 등과 동맹을 맺는 전략을 썼다. 과학기술 젠더혁신 포럼 창립행사에는 한국연구재단, 과학기술심의회, 과학기술정책연구원 수장이 참석했고 과학기술자 출신 전직 장관, 국회의원 등 다수가 초대되었다. 그중 한국연구재단의 한민근 이사장은 축사에서 "연구 평가지표에 성별(sex)·젠더(gender) 요소 반영을 검토하겠다."고 말했다.[81]

정리하면 한국의 과학기술 젠더정치는 여성 과학기술자 단체의 지속적인 문제 제기와 젠더정치의 성장을 배경으로 등장했다. 주된 문제는 과학기술에서 여성의 수의 불균형과 남성 주도의 과학기술 조직 문화와 관습으로 인한 불평등이었다. 대표적인 여성 과학기술자 단체 중 하나인 대한여성과학기술인회는 정책 제도화 과정에서 정부 담당 관료들과 협력 관계를 구축하여 이러한 문제를 해결할 수 있는 구체적인 정책 방안을 제도화하는 데 성공했다. 과학교육, 채용목표제, 여성 과학기술인 담당관제, 승진목표제 등이 포함되었다. 대신 성평등, 젠더 같은 페미니즘 용어를 포기하고 과학기술 젠더정치의 내용을 과학기술인력정책의 틀 속에서 구현하는 데 동의했다.

이후 여성 과학기술자 지원정책이 제도적으로 안정되어 행정의 특성이 강해졌다. 여성 과학기술자 단체의 수는 증가했지만 역할은 분화되었고 각 단체의 과학기술 젠더정치 참여도는 줄어들었다. 보육 문제, 일-가정 양립 문제는 여성 과학기술자 지원정책의 외연을 넓히는 효과가 있었지만 현실에서는 대덕연구단지에 새롭게 직장공동 어린이집이 추가로 설립된 것 외에는 이렇다 할 성과를 보이지 못했다. 대신 단체 활동을 통해 다양한 경험을 쌓은 소수의 여성 과학기술자들이 고위직에 진출하는 등 명망 있고 경험 많고 영향력 있는 그룹으로 성장했다.

과학기술 젠더정치에서 주요 단체들의 정책 개선 발전 노력은 성과를 거두지 못한 채였다. 이런 상황에서 젠더혁신은 과학기술 젠더정치에서 여성을 약자, 또는 불평등한 대접을 받는 존재에서 벗어나 과학지식을 창출하는 존재로 인식을 바꾸게 만들었다. 그래서 지도급 여성 과학기술자들은 과학기술정책에서 생소한 개념인 젠더혁신을 적극 수용했고 그들의 네트워크와 영향력을 동원하여 젠더혁신을 새로운 정책 의제로 확립하려는 전략을 보여주었다. 주요 여성 과학기술단체와 지도자들이 과학기술 지식 정치의 단계에 들어선 것이다.

10절

기술위험의 수용과 관리:
〈중·저준위 방폐장 특별법〉과 그 후[82]

2000년대 초반에는 과학기술정책에서 시민사회의 참여와 시민사회에 의한 규제를 제도화하기 위한 여러 시도가 입법의 형태로 이루어졌다. 앞에서 다룬 기술영향평가와 생명윤리 강화 등의 사례는 과학기술 국가주의에 입각해 기술관료와 전문가들이 독점하던 과학기술정책의 의사결정과 자원 배분에 시민사회 주체들이 더 많이 참여할 수 있도록 제도적으로 보장하려 했다는 공통점을 가진다. 이 절에서 살펴볼 방사성폐기물 처분장(이하 방폐장) 입지 선정 사례에서는 해당 지역 주민들이 주민투표를 통해 기술위험 수용 여부를 직접 최종 결정했다는 점에서 앞의 사례들과 다르다. 또한 이전에는 기술위험 수용 문제에서 기술관료들이 일방적으로 의사결정한 뒤에 이를 지역 주민들에게 수용하도록 설득 또는 종용했던 것과도 차이를 보인다.

2005년에 경주는 중·저준위 방폐장 입지로 확정되었다. 정부는 방폐장의 필요성을 인식하고 1986년부터 입지 선정을 여러 차례 추진했으나 지역 주민들의 반대에 부딪혀 모두 실패했다. 2005년 이전의 모든 정책 실패의 원인으로 정부의 일방적인 입지 선정, 정부에 대한 불신, 방폐장에 대한 지역 주민들의 이해 부족, 반핵운동단체들의 활동, 해당 지역 주민들을 설득하려는 노력 부족 및 적절한 보상 부족 등이 지적되었다. 정부는 기술위험 수용에 대한 지역 주민들의 선택권을 넓히는 여러 조치와 제도를 도입한 후에야 최종 입지를 선정할 수 있었다.

방폐장 입지가 최종 결정되기까지 20여 년에 걸쳐 지역 주민들의 기술위험 이해와 수용, 그리고 정부의 기술위험 관리 정책은 공진화 과정을 통해 변화했다. 이 과정은 4단계로 구분할 수 있는데, 첫째 단계는 1986년에서 1991년에 이르는 시기다. 이 시기에 정부는 일방적으로 사업 추진을 시도하다가 지역 주민들의 반발로 무산되었다. 안면도 사태가 대표적이다. 둘째 단계는 1991년에서 1995년까지의 시기다. 이 시기에 정부는 입지 지역 주민들의 수용성과 선택이 중요함을 인식하고 지역 주민의 동의 절차와 적절한 보상, 사업의 공개적 추진 방식을 도입했다. 그에 따라 공모 형식을 통해 지역 주민들의 동의에 기반한 자발적 유치 신청 형태로 추진되었다. 첫째 단계에 비해 정책 추진의 형식면에서는 민주적 절차가 도입되었다. 그럼에도 불구하고 해당 지자체가 공모 신청을 하기 위해 주민들의 동의를 구하는 과정이 적절했는지의 문제, 공모 전후에 의견이 엇갈린 지역 주민들 간의 갈등과 대립의 문제 등이 있었다. 굴업도에서는 상당히 사업이 진척되었음에도 불구하고 결국 주민 갈등과 대립만 남기고 입지 선정이 실패로 끝났다.

셋째 단계는 굴업도 사태 이후 2003년까지 기간이다. 이 기간에는 기술위험의 수용성을 높이기 위해 보상금 3,000억 원을 비롯해 보상 규모를 대폭 확대하고, 지역 주민들의 민주적 동의 절차를 확보하기 위해 지역 의회를 거치게 하는 등 제도를 보완했다. 그럼에도 불구하고 해당 입지 인근지역 간 위험과 보상의 배분 문제, 지자체와 중앙정부에 대한 지역 주민들의 불신 등의 문제는 여전히 해소되지 못했다. '부안 사태'는 지역 내 갈등 조정과 신뢰 구축의 필요성을 과제로 남겼다.

마지막 단계는 부안 사태 이후부터 최종적으로 경주로 결정되기까지 기간이다. 이때는 지자체의 신청을 통한 공모, 의사결정을 위한 주민투표 방식을 도입하여 절차와 형식에서 민주성을 보강했다. 또한 폐기 대상을 중·저준위 방사성 폐기물로 한정하고, 보상 관련 내용을 〈중·저준위 방폐장 특별법〉에 명시하여 정부에 대한 신뢰를 높이고 추가 갈등 발생을 막았다. 그리고 주민투표를 통해 경주가 최종 입지로 결정되었다.

경주의 방폐장 입지 선정에 대한 평가는 복합적이다. 한편에서는 그 이전의 정책 집행 방식에 비해 지역 주민들의 의사 존중, 지역 주민들의 의사결정의 민주성, 자발성 등이 강화되는 정책으로 진화하는 과정으로 파악한다. 그러나 다른 편에서는 막대한 보상을 제시하여 결국 기술위험의 사회적 수용을 숙의 과정 없이 이익 경쟁 또는 이익 정치로 만들었다는 점, 그에 따라 기술위험에 대한 충분한 논의와 이해가 의사결정 근거의 우선순위에서 밀려났다는 점, 그리고 주민투표에서 부적절한 행위가 발생했을 가능성 등이 지적되었다.

이에 더해 경주 방폐장 입지 선정 사례는 기술위험 수용의 문제가 이익 정치가 되었을 때 나타날 수 있는 또 다른 문제점들을 시사해주었다. 첫째는 주민투표와 같은 의사결정 방식이 가장 안전한 선택이 아닐 수 있다는 문제다. 둘째, 막대한 보상을 약속함으로써 기술위험 의사결정이 지나치게 정치화될 가능성이다. 이 절에서는 부안 사태 이후 방폐장 입지가 경주로 결정되기까지의 과정을 통해 이러한 문제들을 살펴본다. 그리고 방폐장 입지 선정이 이후 기술위험 관리, 기술위험의 사회적 수용 관련 제도와 정책에 어떤 영향을 남겼는지 생각해본다.

1. 위험 감소, 확실한 보상 그리고 민주적 절차

2005년에 제정된 〈중·저준위 방폐장 특별법〉의 주요 내용은 다음과 같다. 지역 선정 과정 절차와 관련해서는 첫째, 공모 계획 수립 및 추진 주체로서 민간인들로 구성된 부지선정위원회를 구성한다. 둘째, 유치 지역 선정과 관련하여 주민 설명회 또는 토론회를 개최해야 하고, 주민투표를 거쳐 유치 지역을 최종 결정한다. 셋째, 사용후핵연료 처분시설은 중·저준위 방폐장과 다른 지역에 건설한다.

유치 지역 지원과 관련해서는 첫째, 유치 지역 특별지원금은 3,000억 원으로 하고 처분시설 운영기간 개시일 전일까지 지원을 끝내야 한다. 둘째, 처분시설 운영기간 중 반입수수료의 일정 비율을 유치 지역에서 징수한다. 셋째, 방폐장 입지 특별 지원은 반경 5km 이내인 행정구역이 다른 인접 지역을 포함한다. 넷째, 한수원은 유치 확정 1년 이내에 이전 계획을 세우고 처분시설 실시계획 3년 이내에 유치 지역으로 이전을 마쳐야 한다.[83]

이처럼 제도를 보완한 뒤 곧 새로운 공모 사업이 추진되었다. 3월에 17명의 민간 위원으로 부지선정위원회가 구성되었다. 여기에는 원자력 전문가 외에 인문사회, 언론, 법, 사회단체 대표들이 각각 포함되었다. 부지선정위원회의 임무는 〈중·저준위 방폐장 특별법〉에 따라 부지 선정 절차 심의, 부지 적합성 검증, 주민투표 대상 지역 선정(필요 시 여론조사 관리), 최종 후보부지 선정 등 제반 절차를 관리감독하는 것이다.

부지선정위원회는 6월 16일에 새로운 사업 추진 절차를 명시한 부지공모를 실시했다. 이에 따르면 유치 청원과 예비신청 → 주민투표와 본신청 → 확정의 단계를 거치도록 되어 있었다. 자세히 살펴보면 1단계는 주민의 유치 청원과 지방의회의 동의를 거쳐 지자체장이 8월 31일까지 유치 신청서를 제출하는 예비신청이다. 2단계는 부지선정위원회가 적합 판정을 내린 예비신청 지역에 대해 산업자원부 장관이 주민투표 실시를 요구하는 적합성 평가 단계다. 3단계는 지자체가 주민투표를 발의하고 실시하는 부지 확정 단계다. 주민투표 대상 지역이 3곳 이상이면 주민투표를 실시하고, 2곳 이하이면 여론조사소위원회를 통해 대상 지역을 추가로 지정할 수 있게 했다. 주민투표 결과는 유권자의 1/3이 투표에 참가하고 과반수 이상이 찬성할 때에만 유효하다. 4단계는 주민투표 결과에 따라 확정된 후보 지역에서 양성자가속기 사업신청서를 첨부하여 산업자원부 장관에 방폐장 사업 유치를 신청하는 본신청 단계다.[84] 사업 추진 절차는 무엇보다도 지역 주민들의 확실한 기술위험 수용성을 확보하는 데 중점을 두었음을 알 수 있다.

〈중·저준위 방폐장 특별법〉이 제정되자 부지 공모가 공식화되기 이전에 이미 여러 지역에서 유치 활동이 시작되었다. 위험은 줄어들었고 지원은 증가했기 때문에 유치 찬성자들이 유치의 타당성을 설득하기 쉬워졌고 최종적으로는 주민투표에 의해 결정되므로 결과에 대한 책임 부담은 줄었다. 포항에서는 시장이 3월 29일 유치 선언을 했고 5월에 죽장면 주민들이 "원자력 발전소수거물유치추진위원회"를 결성했다. 울진에서도 군수가 3월 30일에 반대에서 조건부 유치로 입장을 바꾸었고 4월 14일 북면 주민들과 울진발전포럼이 유치 청원을 했다. 경주에서는 5월에 "국책사업유치위원회"를 결성하고 활동에 들어갔다. 군산에서도 5월에 "원자력을 바로 알고 사랑하는 군산시청 공무원 모임"(원사모)이 발족되어 유치 활동을 펼치기 시작했다. 삼척과 부안에서도 유치 활동이 이루어지는 등 경주를 제외하면 방폐장 관련 경험이 있거나 자주 후보지로 거론된 지역들을 중심으로 유치 활동이 이루어지기 시작했다.

이들 중 군산, 경주, 영덕, 포항, 4개 지역만이 예비신청 지역 자격을 얻

있다.85 고창, 울진 등에서도 유치 활동 움직임이 있었으나 지방의회에서 부결되어 결국 유치 신청서를 제출하지 못했다. 예비신청 지역에서도 유치 신청서를 제출하기까지의 과정이 복잡했다. 영덕에서는 지지율이 높게 나타나 비교적 순탄하게 추진되었다. 군산에서는 공무원을 포함한 지방정부에서 유치 활동을 주도적으로 시작했고 지지율도 가장 높게 나타나는 등 일찍부터 분위기가 달아올랐지만 의회가 의결한 이후에는 시위 등 반대 운동이 커졌다. 포항에서는 죽장면 주민들의 유치 청원을 시의회가 부결했지만 이후에 대학 총학생회와 인접 지역 주민들이 반대에서 찬성으로 입장을 바꾸면서 전체 분위기가 반전되었다. 경주는 방폐장과 관련된 경험이 없었지만 지방정부의 적극적인 노력에 힘입어 여론을 형성하고 가장 먼저 유치 신청서를 제출했다.

부지 적합성 조사 결과 4개 지역은 모두 주민투표 실시 대상 지역 자격을 얻었고 이어 11월 2일에 실시된 주민투표에서 가장 높은 찬성률(89.5%)을 보인 경주가 부지로 확정되었다. 전체적으로 투표율은 매우 높아서 포항을 제외하면 모두 70% 이상이었고 특히 인구수가 작은 영덕에서는 투표율이 80%나 되었다. 이는 어떤 선거의 투표율보다 높은 수치였다. 찬성률 역시 매우 높아서 부안 사태의 주민투표와 큰 대조를 이루었다. 찬성률은 군산 84.4%, 영덕 79.3%였고, 가장 낮았던 포항의 찬성률도 67.5%나 되었다. 주민투표 결과는 숫자상으로는 더할 수 없이 '바람직한' 정책 집행 결과로 해석될 수 있었고, 주민 수용성과 참여를 기반으로 한 정책 의지의 '승리'였다. 그러나 부재자 비율이 유례없이 높았고, 특히 마지막에 경쟁이 치열했던 경주와 군산의 부재자 투표 비율이 40%에 가까웠기 때문에 부정 선거, 관권 개입이라는 문제 제기를 피할 수 없다.

〈표 2〉 2005년 11월 2일 방폐장 유치 찬반 주민투표 결과

(단위: 명, %)

구분	경주	군산	영덕	포항	계
총선거인수	208,607	196,980	37,536	374,679	817,820
부재자비율	38.1	39.4	27.5	22.0	30.6
투표율	70.8	70.2	80.2	47.7	60.5
찬성률	89.5	84.4	79.3	67.5	

자료: 윤순진(2006), 재구성

2. 경주-군산 유치 경쟁

2005년의 방폐장 공모 상황이 2003년 부안 사태와 확연하게 달라진 것을 설명하기 위해서는 방폐장 정책의 변화 외에도 2000년 이후, 더 길게는 1997년의 외환위기 이후 달라진 경제·사회 환경 변화도 반드시 고려되어야 한다. 먼저 IMF 외환위기 이후 경제 회복의 효과는 지역에 따라 매우 불균형적이었다. 경제를 이끌었던 것은 벤처 열풍, 부동산과 금융 시장 회복, IT 등 첨단 지식기반 분야 산업이었는데 이러한 산업은 수도권이나 기존 대도시에 집중되었기 때문이다. 반면 농업, 어업 등의 분야는 매우 제한적으로 회복을 경험했으나 곧이어 시장 개방 압력에 따라 다시 어려움이 예상되는 상황이었다. 따라서 지역에서는 개발을 위해 중앙정부의 지원을 확대할 수 있는 독자적인 방안을 모색해야 하는 상황이었다.

김대중 정부와 노무현 정부의 지역 지원 관련 정책은 이러한 지방정부의 활동 동기 중 하나였다. 두 정부는 이전 어떤 정부보다 지역 경제 활성화를 위한 다양한 지원정책을 추진했는데, 이를 유치하기 위해 민선 지자

제장과 지방정부는 경쟁해야 했다. 특히 대규모 투자가 집중적으로 이루어지고 장기간 안정적인 경제 효과를 기대할 수 있기 때문에 대규모 국책사업 유치를 위한 지역 간 경쟁은 치열했다. 특히 노무현 정부가 출범부터 국가균형발전을 내세우며 새로운 지역 개발사업_행정도시, 혁신도시, 기업도시 건설, 공공기관 지방 이전, 산업 클러스터 조성 등_의 투자를 확대하면서 이러한 경향은 더욱 강해졌다. 중앙정부 입장에서 수도권 vs. 지방의 균형 발전을 위해 사업을 추진했지만 지방정부의 입장에서는 지역들 간 발전 격차가 오히려 커질 수도 있었기 때문이다. 원자력 기술에 대한 지역 주민들의 불안감을 완전히 극복하지 못했음에도 불구하고 2003년 공모 때 보상 규모가 확대되자 여러 지역에서 어느 때보다 방폐장 유치에 관심을 보였던 것은 이같은 맥락에서 이해할 수 있다.

〈중·저준위 방폐장 특별법〉 제정은 안전과 절차 때문에 갈등이 발생할 소지를 줄여줌으로써 유치 찬성 측이 '개발의 필요성'을 내세워 방폐장 유치 필요성을 공개적으로 주장할 수 있는 환경을 만들었다. 그 결과 각 지역의 유치 찬성자들은 〈방폐장 특별법(안)〉이 알려졌을 때 이미 활동을 시작했고 사업 공고도 나지 않았는데 유치에 관심 있는 지역 언론에서는 "방폐장 유치 전쟁 뜨겁다"는 식의 보도를 내보내 여론을 환기할 정도였다.[86] 주요 후보지가 밀집된 광역지자체인 경북과 전북은 "어느 지역이든 우리 도에 유치해야 한다."는 식으로 여론을 형성했고, 실제로 유치 경쟁 구도가 전북(군산) vs. 경북(경주, 영덕, 포항)이 되자 도 차원에서 경쟁적으로 유치 지원 활동을 펼쳤다. 특히 후보지가 3개나 포함된 경북에서는 도에서 선정 지역에 특별지원금을 지급하겠다고 약속하여 도내 지역의 유치 활동을 촉진하려고 했다.

유치 신청서를 제출한 4개 지역 중 가장 치열하게 경쟁했고 찬성률도 특히 높았던 경주와 군산은 여러 측면에서 흥미로운 비교가 가능하다.

첫째, 경주, 군산은 규모 측면, 즉 인구, 예산, 재정에서 서로 유사한데 다른 두 도시는 이들에 비해 너무 크거나 너무 작은 규모의 지자체였다.[87] 둘째, 군산과 경주 모두 인구 감소, 경제 불황으로 과거에 비해 낙후되고 있으며 정부의 개발 지원에서도 소외되고 있다는 불안감이 있었다. 셋째, 지자체장과 지방정부가 유치 신청에 강한 의지를 보였고 유치 활동을 주도했다. 예를 들어 포항과 영덕은 공식 예산 편성을 하지 않았지만, 경주와 군산 시의회는 공식 편성한 유치 활동 예산만 12억 원과 3억6천만 원이었다.[88] 넷째, 두 지역 모두 정부 용역 연구 결과에서 후보지로 거론된 적이 없었고 따라서 조직화된 방폐장 주민 반대 운동을 경험한 적이 없었다. 반면 경주에서는 월성원전 관련 반핵 정서 또는 불안감이 있었고, 군산에서는 이웃한 부안에서 일어난 부안 사태의 간접 경험을 가지고 있었기 때문에 두 지역 모두 원자력 기술위험 수용과 관련하여 극복해야할 숙제를 안고 있었다.

군산은 노무현 정부 출범 이후 여당 지역이 됨으로써 지역 개발의 기대감을 가졌던 전북의 대표적인 도시 중 하나다. 그러나 2004년에서 2005년 동안 군산은 정부의 지방 육성 정책에서 소외되고 있다는 불안감을 안고 있었다. 먼저 당시 지역의 가장 큰 국책사업이자 특별 지원의 대부분을 차지하는 새만금 사업은 2003년 주민들의 사업무효 소송을 법원이 받아들인 이후 공사가 잠정 중단된 상태였다. 그리고 2004년 6월에는 매년 1,000억 원을 투자하여 기존 국가산업단지를 클러스터로 육성하는 "혁신 클러스터 육성 시범단지" 사업에서 제주도와 전북의 군장 국가산업단지만 제외되었다. 단지가 이미 조성 중이라는 것이 정부의 이유였지만 군산시 입장에서는 매년 1,000억 원의 재정 지원을 '놓친 것'으로 생각했다.[89] 또 정부의 공공기관 이전 계획에 따른 지역 간 유치 활동이 활발할 때에도 군산은 접근성 면에서 우수한 익산과 무주에 비해 공공기관

의 신호도가 뒤지는 것으로 나타나 공공기관 유치 전망도 밝지 않았다.[90]

한편 경주는 우리나라의 대표적인 관광도시 중 하나였지만 그 지위를 점점 잃어가는 상황에서 대안을 찾으려는 노력 중이었다. 멀게는 KTX 역사 유치와 경마장 유치 실패의 경험이 있었다. 경주 경마장은 김영삼 대통령의 공약이었고 문화유적 도시에 유흥시설 입지라는 각계의 비판에도 불구하고 1994년부터 건설이 시작되었다. 그러나 토기 등 문화유산 발굴 때문에 사업이 중단되었고. 결국 2001년에 경마장 예정 입지 지역이 사적지로 지정됨으로써 경마장 건설은 무산되었다. 경주시는 강력하게 반발하고 대체 보상을 요구했지만 실현되지 않았다. 또한 2004년 12월 30일에는 경주가 큰 기대를 걸고 유치하려 했던 태권도공원의 입지가 무주로 결정되었다. 태권도공원은 사업비 1,664억 원 규모의 국책사업으로서 경주는 관광도시라는 점과 신라 화랑을 앞세워 적극적인 유치 활동을 벌였다. 경주는 1차 심사에서 최고 점수를 받았음에도 불구하고 경주, 무주, 춘천으로 압축된 최종 심사에서 탈락했다. 유치위원회에서는 이 결정이 "지역 안배와 정치적 고려의 산물"이라며 행정소송, 시민궐기대회 등을 통해 강력하게 반발했다.[91]

이전에 방폐장에 대한 특별한 관심을 보인 적이 없던 경주가 2005년 초에 빠르게 방폐장 유치를 결정한 것은 무산된 태권도공원의 대안으로 방폐장에 주목했기 때문이다. 방폐장은 위험 시설이지만 태권도공원보다 훨씬 큰 경제적 이익을 기대할 수 있었다. 지역민의 찬성률만 높다면 태권도공원과 달리 정치적 영향 등을 고려하지 않아도 되었다. 시장 및 지방의원들이 대부분 야당 소속인 경주에서는 이 점도 중요한 고려 사항이었다. 경주의 국책사업유치단은 태권도공원 대신 방폐장 유치를 위한 활동을 시작했고 기존 조직을 최대한 활용했다. 국책사업유치단의 최대 과제는 경주 주민들이 태권도공원을 대신할 개발의 '기회'로 방폐장을 인정

〈그림 32〉 경주핵대책시민연대의 폐기장 유치 촉구. (출처: 『조선일보』, 2005. 03. 26.)

하도록 하는 것, 방폐장의 안전에 대한 불안감과 원자력발전소로 인한 기존의 반핵 정서를 극복하는 것이었다.

경주 방폐장 유치 찬성자들이 내놓은 논리는 한마디로 '작은 위험으로 큰 위험을 막고 그 대가로 지역 개발 효과를 누리자'는 것이었다. 사실 경주에서는 이미 "경주핵대책시민연대"를 중심으로 "경주에 전국의 핵폐기물 51.5%가 있다"면서 월성의 원자력발전소 추가 건설 반대 운동을 하고 있었다. 특히 2005년 초에는 태권도공원 유치 무산으로 인한 분노의 지역 정서가 원자력발전소 추가 건설 반대로 이어졌고 여기에는 반핵단체뿐 아니라 경주의 청년단체와 시민단체가 함께 했다.[92] 이런 상황에서 원전보다는 '훨씬 안전한' 중·저준위 방폐장을 유치하면 장기적으로 월성의 원자력발전소에 저장된 고준위 방사성 폐기물을 다른 지역으로 내보낼 수 있게 된다는 논리는 설득의 효과가 있었다(〈그림 32〉 참조). 반핵단체인 핵대책시민연대가 이 논리를 채택하면서 방폐장 유치 찬성으로 입장을 바꾸었고, 태권도공원 선정 결과에 반발하던 지역의 단체와 청년 조직들도 같은 논리를 들어 빠르게 찬성 입장을 표명했다. 그 결과 경주에서는 사전 기반 없이 방폐장 유치 논의가 시작되었으나 유치 신청이 가장 먼저 시의회를 통과할 수 있었다.

반면 군산에서는 이에 상응할 만한 방폐장 유치 논리를 개발하지 못했다. 군산에서는 일찍부터 방폐장을 유치하자는 논의가 있었고, 초기에 어느 지자체보다 주민들의 동의가 높다는 것이 자체 평가였다. 그러나 방폐장을 유치해야 한다는 주장의 논리는 다른 지역의 논리와 다를 바 없었다. 즉, 시설이 중·저준위 방폐장으로 국한되어 부안 사태 때보다 안전성이 높아졌으니 방폐장 유치를 지역 개발의 계기로 삼아야 한다는 것이었다. 유치 반대 진영에서는 유치 운동이 실패할 경우 부안에서 일어난 것 같은 지역 주민의 대립과 갈등, 즉 사회적 갈등 위험성을 내세웠다. 그 결과 출발이 늦었던 경주가 의회에서 시의원 24명 중 22명이 출석하여 만장일치로 유치에 동의하는 등 빠른 속도로 주민 의견을 모아간 반면 군산에서는 의회에서도 반대 의견이 표출되었고(찬성18 : 반대8) 예비신청 이후에도 반대 운동이 계속 이어졌다.

예비신청 이후에는 경주와 군산이 '접전'이라고 할 만큼 주민 찬성 비율이 비슷해졌다. 예비신청 직후 이루어진 정부의 여론조사에 따르면 군산과 경주의 찬성률이 각각 61.2%와 60.0%로 오차 범위 안에서 거의 비슷했다. 경주는 유보 비율이 높고 반대 비율이 낮은 반면 군산은 상대적으로 반대 비율이 높았다.

두 지역의 유치 찬성자들은 중앙정부, 민간단체, 지역 언론 등 다양한 주체가 실시한 여론조사 결과를 계속해서 인용하면서 마치 운동경기처럼 '위기'를 조장하고 감정에 호소하여 찬성률을 높이는 전략을 썼다. 군산은 경북이 도내 유치 성공 지역에 별도로 도 차원의 지원정책을 약속하여 군산이 절대 불리한 상황이고, 경주가 빠른 속도로 추격해 오고 있다는 점을 강조하면서 군산 지역 주민들이 찬성해 줄 것을 촉구했다.[93]

〈그림 33〉 경주, 군산에 걸린 플래카드. (출처: 노컷뉴스)

이에 전북 도지사도 군산의 방폐장 유치를 전제로 300억 원의 도비 지원과 100억 원 장학재단 설립 등 지원 방침을 발표했다.[94] 이러한 경쟁 체제 때문에 방폐장 유치가 기술위험 수용의 문제임에도 불구하고 위험과 안전에 관한 논의는 뒷전으로 밀리고 '지느냐, 이기느냐', '쟁취하느냐, 빼앗기느냐'의 문제가 만들었다. 따라서 유치 활동이 막바지로 갈수록 주민들의 찬성률은 두 지역 사이에 엎치락뒤치락하면서 계속 상승했다. 4개 지역에 대해 주민투표를 하기로 발표된 이후인 9월 29일에 실시한 여론조사에서 친성 비율은 경주 66.2%, 군산 62.1%, 영덕 50.9%였는데, 이는 8월에 조사한 결과와 비교하면 찬성 비율이 적게는 6%, 많게는 9%까지 상승한 것이다.

　방폐장 유치 경쟁은 본질적으로 지역 간 경쟁이었지만 처음부터 드러내놓고 지역감정 싸움을 한 것은 아니었다. 경쟁이 치열해지고 예기치 못한 상황이 발생하자 이를 타개하기 위한 나름의 대응 과정에서 해묵은 지역감정이 결합된 것이다. 처음에 유리한 입장이다가 추격당했다고 판단한 군산에서 먼저 영호남 지역감정을 자극하는 일이 발생했다. 9월 29일에 산업자원부는 5년 동안 미루어오던 신월성 1, 2호기 건설을 승인했는데 이에 따라 이미 지급된 "원자력발전소 건설 특별지원사업비" 697억 원의 주민지원책이 공식 발표된 것이 계기였다. 이 지원금 혜택을 받게 될 원자력발전소 입지 지역이 방폐장 반대가 높은 지역이었기 때문이다. 민감한 시기인 데다, 작은 위험으로 큰 위험을 막고 발전 기회를 얻자는 경주의 방폐장 찬성 논리에 마땅히 대응하지 못했던 군산에서 일부 단체들이 이 발표를 문제삼아 지역감정을 자극했다.(〈그림 33〉 참조).

　부안 사태에서 보았듯이 공권력을 동원한 시위 진압이나 지역감정 발언 등 감정에 호소하는 '사건'들은 관심의 초점을 원래 문제가 아닌 다른 문제로 옮겨놓는 효과를 낸다. 군산의 지역감정 자극 소식은 곧 경주에 전해졌다. 경주에서는 군산에 걸린 것과 똑같은 취지의 현수막을 내걸어 경주 주민들을 자극했고, 투표를 며칠 앞둔 10월 27일에 경주 시장을 비롯하여 국책사업유치단 대표 등이 삭발과 단식 농성을 시작했다. 경주의 방폐장 유치 반대 운동 진영 대표자에 따르면 70세 노시장의 삭발과 단식은 반대가 심하던 방폐장 입지 예정지 지역 주민들의 감성에 호소하여 찬성률을 높이는 데 큰 역할을 했다.[95] 같은 날 경주의 반핵 진영에서 부재자 투표에 관권이 개입되었음을 항의하는 삼보일배를 시작했지만 이러한 반대 운동은 시장의 삭발 항의에 묻혀 부안에서와 같은 반향을 이끌어내지 못했다.

3. 경주 방폐장 입지 선정 과정의 정책 쟁점

2005년에 중·저준위 방폐장 입지가 경주로 확정되었지만 그 과정과 관련해서 다양한 비판과 문제 제기가 이루어졌다. 기술위험 관리 정책의 관점에서 관련 쟁점들을 살펴보자.

첫째, 기술위험 관리에서 가장 중요한 안전의 문제가 제기되었다. 방폐장 입지인 경주시 양북면 봉길리는 부지 적합성 조사에서 "빗물이 토양층 내부로 침투할 것으로 예상되고 지진 발생 가능성도 있는" 것으로 조사되었다. 그러나 부지선정위원회는 내진 설계를 통해 지진 발생 가능성을 해결할 수 있고, 빗물 침투 가능성은 부지 선정 기준의 제척 사유에 해당하지 않기 때문에 최종적으로 "제척 사유 없음"으로 평가하고 경주를 주민투표 실시 대상으로 인정했다. 다시 말해 문제의 소지가 있지만 기술적으로 대응 가능하므로 이것을 이유로 해당 지역을 배제하지 않는다는 것이다.

문제는 부지 적합성 여부를 판단하고 후보 지역 간 부지 적합성 정도를 비교 평가할 기준이 확립되어 있지 않았다는 점이다. 그래서 부지 적합성 정도가 최종 부지 결정 과정에 반영되지 못했다. 〈중·저준위 방사성 폐기물 처분 시설의 위치에 관한 기술기준〉(이하 기술기준)은 총 9개 항목의 기술기준을 제시하고 이 기준이 충족되지 않는 경우 보완 방안을 설계에 반영할 것을 규정하고 있다. 그러나 기술기준을 제척기준과 권고기준으로 구분하지 않았다. 따라서 특정한 조사 결과가 제척 사항인지 여부를 부지선정위원회가 판단하는데 그 판단의 명확한 기준이 없었다. 또 심사 결과에서 제척기준은 유무(有無)로, 권고기준은 서술 형식이 정량화되지 않은 방식으로 제시되므로 이를 이용한 지역 간 비교가 불가능했다. 이러한 방식으로는 최소한의 부지 적합성만 갖추면 후보 지역으로서 '동일한 자격'을 가지고 다른 지역과 경쟁할 수 있게 된다.[96] 이 때문에 경주는 이전의 다른 후보지, 즉 안면도와 위도에 비해 지질공학적으로 유리한 점은 없으나 사회적 수용성에서 더 합리적인 선택이었다고 평가된다.[97]

기술적으로 최적지가 아닌 부지에 방폐장을 건설하게 되면 설계와 시공에 어려움이 있고 시공과 운영에서 사고 예방에 더 많은 시간과 비용이 필요하다. 안전에 대한 불안을 여전히 가지고 있는 지역 주민들에게는 사업이 계획대로 추진되지 못하는 것 자체가 향후 건설과 운영 과정에 대한 불신을 낳을 수도 있다. 실제로 경주의 중·저준위 방폐장 건설 도중에 "지반이 예상보다 좋지 않아 2년 6개월 지연이 불가피하고" 공사비도 애초보다 700억 원 정도 더 들 것으로 예상되었다. 이 사실이 밝혀지자 안전에 대한 문제가 주민들 사이에 새롭게 제기되었다.[98]

둘째, 보상의 규모와 방식을 둘러싸고 지역 내 형평성이 제도적으로 보장되지 않았다. 애초에 3,000억 원 특별지원금이나 양성자가속기 사업 유치는 동일부지 안을 상정하고 계상된 것인데 실제 사업 범위가 중·저준위 방폐장으로 축소된 후에도 이 보상 규모가 유지되었다.[99] 이 보상 규모가 적절한지 여부와는 별개로 경주 주민들이 방폐장 유치를 찬성하게 만드는 데 효과를 발휘한 것은 사실이다. 방폐장에서 거리가 가까울수록 유치에 찬성하는 비율이 낮기 때문에 유치 활동 과정에서 경주시는 방폐장 설치 지역 주민들의 찬성률을 높이기 위해 한수원 본사의 입지를 양북면으로 하겠다는 등 여러 가지 특별 보상을 양북면 주민들에게 약속했다. 그러나 양성자가속기는 타 지역과의 지리적 근접성을 고려하여 경주시 건천읍에 건설하기로 최종 결정되었다. 양북면에 이전하기로 한 한수원 본사 역시 한수원의 입장과 경제 파급 효과를 고려하여 방폐장에서 30km 떨어진 도심에 이전하기로 정해졌다가 방폐장 설치 지역 주민들의 강한 저항에 부딪혀 3일 만에 중간 지점으로 변경되었다.[100]

이러한 결과는 당시의 정책이나 제도가 입지 지역 내에서 위험을 감수하는 정도에 따른 보상의 형평성을 고려하지 않았기 때문이다. 행정 구역이 다르더라도 반경 5km 이내 지역에 대해서는 특별지원금을 지원한다고만 명시할 뿐 지역 내에서는 거리에 따른 보상의 차등에 대한 명확한 기준이 없었다. 일회성인 특별지원금은 제외하더라도 지속적이고 안정적인 재원이자 방폐장으로 인한 위험 정도에 직접 영향을 주는 폐기물 반입 수수료에 대해서는 제도적 보완이 필요하다. 그렇지 않으면 시설 설치 지역 주민들에게 위험을 떠넘긴다는 비판을 피하기 어렵다.

셋째, 기술 수용성 확보에서 주민 참여 방식의 문제가 있다. 주민투표 방식을 채택함으로써 제도에서 형식적, 절차적 민주성을 갖추었으나 실제로 지역 주민들이 결정할 수 있는 것은 정책 결정자가 '확정한' 조건을 받아들일 것인가 말 것인가에 국한되었다. 가령 경주 지역 주민들이 지역 특성이나 기존 산업과 연계가 불투명한 양성자가속기 대신 다른 국책사업을 유치하도록 정부와 협상한다든지, 건설될 방폐장 규모나 관리기술 같은 기술적인 부분에 대한 수정을 요구할 수 있다든지 하는 주도적 참여의 여지는 없었다.

일반적으로 당사자의 자기결정 방식은 결과에 상관없이 만족도를 높게 만들기 때문에 정책을 지지할 가능성이 크다. 게다가 2005년의 경우처럼 기술위험에 대한 막대한 보상을 놓고 지역들이 경쟁할 경우에는 원자력 위험에 대한 개인의 불안과 동요를 선택으로 바꾸고, 좀 덜 위험한 결정을 하기 위해 조사하고 대화하고 숙의하는 긴 과정을 불필요하게 만든다. 그 결과 방폐장 유치 활동 기간 중에 방폐장의 안전성 여부, 안전성 담보 방안, 방사성 폐기물 관련 행정체제 개선 등의 논의가 이루어지지 못했던 것이다.[101] 입지가 결정된 이후인 2009년에 이명박 정부는 유치지역지원위원회의 위원장을 총리에서 지식경제부 장관으로, 당연직 위원을 각부 장관에서 차관으로 하는 내용을 포함하여 〈중·저준위 방폐장 특별법〉을 일부 개정했다. 〈중·저준위 방폐장 특별법〉은 경주 주민들의 기술위험 수용의 가장 중요한 근거였기 때문에 지역민의 동의 없는 이러한 법 개정은 사소한 것이라 하더라도 정책 추진에서 정부의 신뢰도를 손상할 수 있다.

넷째, 관련 제도의 보완이 필요하다. 2005년의 방폐장 유치에 대한 주민투표에서 부당한 선거운동이나 공무원 개입, 그리고 부재자 신고 과정에서의 비리 등이 있었다. 그런데 부정한 방법을 동원해서라도 일단 방폐장 유치에 성공한 뒤에는 관련자 조사나 투표 결과에 대한 다른 해석 등 사후 대책이 미흡하다. 주민투표를 지자체 간 경쟁의 도구로 사용하는 것의 법리적 문제를 차치하더라도 이러한 심각한 부정 비리를 방치하거나 용인해서는 안 된다. 중·저준위 방폐장 입지의 성공으로 정부는 앞으로 다른 기술위험 관리 정책에서도 주민투표를 통한 선정 방식을 선호할 가능성이 높기 때문이다.

방폐장 부지 선정을 위한 정부의 시도는 1986년부터 20여 년간 여러 정부를 거치면서 실패를 거듭하다가 2005년 11월에야 경주로 최종 결정되었다. 불과 2년 전인 2003년에 위도에 방폐장을 건설하려던 정부의 시도가 지역 주민들의 격렬한 반대를 낳았던 "부안 사태"와 달리 2005년에는 경주, 군산, 영덕, 포항이 치열한 '유치 경쟁'을 벌인 결과 지역 주민의 압도적인 찬성에 의해 부지가 최종 확정되었다(〈그림 34〉 참조). 당시 산업

〈그림 34〉 경주, 방폐장 유치 확정. (출처: ⓒ 『연합뉴스』)

자원부 장관은 "19년간 표류해온 사회갈등 과제"를 "헌정 사상 최초로 주민투표를 통해 결정"함으로써 "진정한 풀뿌리 민주주의 실현 및 갈등 해결의 선례"라고 평가했다. '참여'를 전면에 내세운 정부가 주민투표를 통해 '참여 방식'으로 해결했다는 점도 강조했다.

이러한 평가가 오랜 숙제를 원활하게 해결한 정부의 자화자찬이라고 만 폄하할 수는 없다. 왜냐하면 〈중·저준위 방폐장 특별법〉을 통해 정부 보상, 지원의 내용과 범위, 중·저준위와 고준위 폐기물 처분의 분리 등 을 확실하게 보장했고, 주민들의 유치 신청이 있는 지역에 한해 주민투 표를 실시하여 최종 결정하는 방식을 취했기 때문이다. 이러한 조치들은 수차례의 정책 실패에 대한 수많은 비판과 평가를 통해 학습된 문제점 들—정부의 일방적인 선정 또는 비밀 추진, 주민 반대를 무시한 밀어붙이 기식 추진, 주민 의사 존중, 적절한 보상, 정부의 신뢰 구축 등—을 제도 적, 형식적으로 보완한 결과이기 때문이다. 이 방식은 이후 기술위험 관 리 정책, 특히 위험 기술의 입지와 관련해서 기본적인 제도로 활용될 전 망이다.

4. 에필로그: 사용후핵연료 공론화

일정한 성과에도 불구하고 2005년의 방폐장 부지 선정 과정에 대한 여러 가지 문제가 제기되었다. 경제적 보상의 적정성 여부, 경쟁적 주민투표의 문제, 위험 수용에 따른 보상의 형평성 있는 분배, 향후 안전성 확보 방안 미흡, 제공된 정보의 불균형성, 선정 후 지역간/지역내 갈등 해소 방안 등이 대표적이다.

2020년 현재 한국은 중·저준위 방폐장보다 훨씬 고위험 기술인 사용후핵연료 처리 정책 수립이라는 과제를 안고 있다. 정부가 원전 정책을 유지하든, 탈원전 정책을 선택하든 상관없이, 이미 발생한 사용후핵연료와 현재 운전 중인 원전에서 앞으로 발생할 사용후핵연료를 처리해야 하기 때문이다. 2005년의 〈중·저준위 방폐장 특별법〉은 경주가 아닌 지역을 대상으로 사용후핵연료 처분장 부지를 선정하도록 명시했다. 사용후핵연료 처분장은 고준위 방사성 폐기물을 다루기 때문에 중·저준위 방폐장보다 훨씬 위험한 것으로 국민들에게 인식되고 있다. 이전에는 중·저준위 방사성 폐기물 처분장이란 용어를 썼는데, 이 경우 고준위 방사성 폐기물 처분장이 아니라 사용후핵연료 처분장이란 용어를 쓰는 것은 덜 위험해 보이는 효과를 위한 것이라고 볼 수 있다. 사용후핵연료는 처분 대상의 정체성을, 고준위 방사성 폐기물은 처분 대상의 기술위험 특성을 나타내기 때문이다.[102]

2004년 12월 원자력위원회는 중·저준위 방폐장을 먼저 건설하고 반대와 거부감이 심한 사용후핵연료 관리 방식은 별도로 논의하기로 했다. 이전까지는 같은 부지 안에 중·저준위 방폐장과 사용후핵연료 중간저장 시설을 순차적으로 건설하기로 했으나, 사용후핵연료 처분 방식은 원점에서 재검토하기로 한 것이다. 이명박 정부는 "국민적 공감대 위에서 사용후핵연료 종합 관리 방안"을 마련하기 위해 '공론화' 정책을 추진하기로 결정했다. 공론화란 "특정한 공공정책 사안이 초래하는 혹은 초래할 사회적 갈등에 대한 해결책을 모색하는 과정에서 이해관계자들과 전문가들의 다양한 의견을 민주적으로 수렴함으로써 정책 결정에 대한 사회적 수용성을 확보하고자 하는 일련의 절차"이다.[103] 중·저준위 방폐장 정책처럼 거듭된 실패를 통해 학습한 결과 사전에 충분한 논의를 거쳐 숙고된 의견에 바탕하여 사업을 추진하겠다는 것이다.

공론화를 통한 정책 입안의 취지는 각계의 의견을 수렴하고 반영하며 중요한 방안을 마련하기 전에 충분한 숙고의 시간을 가짐으로써 사업 추진 과정에서 갈등의 소지를 최소화하는 것이다. 공론화의 대상은 관련 제도, 중간저장 방식, 최종 처분장 건설 계획, 부지 선정, 운영 방안 등 사용후핵연료 처분의 전 과정이다. 사용후핵연료는 중·저준위 방사성 폐기물보다 훨씬 위험하고 기술 불확실성이 높기 때문에 공론화 과정에는 오랜 시간이 필요하다. 그럼에도 불구하고 원활한 사업 추진을 위해서 공론화가 꼭 필요하기 때문에 핀란드, 스웨덴, 프랑스, 독일 등 사용후핵연료 처분장을 운영하는 나라들은 대부분 이 과정을 거쳤다. 영국은 1990년대에 기존 원자력 클러스터인 셀라필드에 사용후핵연료 처분 시설 건설 계획을 세웠다가 지역 주민들의 반대로 무산된 뒤 2003년부터 환경단체까지 포함하는 위원회를 구성하여 공론화를 진행했다.[104]

공론화 결정에 따라 사용후핵연료 처분 방식에 대한 논의는 처음부터 다시 시작하게 되었다. 사용후핵연료는 중간저장 시설에 보관한 후 최종 처분하는 단계를 거친다. 중간저장 단계가 필요한 것은 원자로에서 수거한 직후의 사용후핵연료에서 많은 열이 발생하므로 적절한 온도로 내려갈 때까지 40-50년 정도 임시 보관해야 하기 때문이다. 사용후핵연료가 충분히 식으면 영구 처분하게 된다. 사용후핵연료를 재처리하는 나라에서는 재처리 후 최종 고준위 방사성 폐기물을 영구 처분하지만, 우리나라는 사용후핵연료를 재처리하지 않기로 결정했기 때문에 중간저장 이후 영구 처분하게 된다. 애초에 중·저준위 방폐장과 함께 건설하려 한 것은 중간저장 시설이었다. 그러나 저장 시설을 따로 건설할 것인지 아니면 현재처럼 각 원자력발전소에서 보관하면서 임시 저장 시설을 확충할 것인지, 임시저장 시설을 건설한다면 어디에 어떤 규모로 언제까지 건설할 것인지, 그 과정에서 어떻게 안전을 확보할 것인지 등을 모두 공론화 과정을 통해 새롭게 결정하기로 했다.

이 결정 이후 사용후핵연료 처분 공론화 활동은 두 번 있었고 2020년 5월 현재 세 번째 시도가 진행 중이다. 최초의 사용후핵연료 처분 공론화는 2007년에 시작되었으나 공론화 위원회의 정식 출범 없이 흐지부지되었다. 처음 해보는 공론화 실험에서 위원회 구성 원칙에 대해 사회가 합의하지 못했기 때문이다. 참여정부 시기였던 2007년 4월에 조직된 "공론화 작업반"은 각계 의견을 수렴한 공론화 방안 보고서를 2008년 4월에 제출했다. 새로 출범한 이명박 정부는 이를 바탕으로 2009년 7월에 "사용후핵연료 관리 방안에 대한 공론화 지침"을 발표하고 각계의 대표로 구성된 "공론화 위원회"를 7월 29일에 임명할 예정이라고 밝혔다. 당시 발표된 공론화 추진 일정에 따르면, 공론화 위원회는 2010년 5월까지 사용후핵연료 관리 방안을 마련하고 이 방안이 원자력위원회의 승인을 얻으면 2010년-2011년에 부지를 선정해 착공하고 2016년에 완공할 예정이었다.[105] 그러나 정부는 2009년 7월 출범 직전의 공론화 위원회를 무기 연기했다. "사용후핵연료 관리 문제는 기술적·전문적 사항으로서 과학적·기술적 검토 없이 일반 국민을 상대로 공론화가 추진될 경우, 불필요한 논란이 증폭될 우려"가 있기 때문에 먼저 "공론화의 법적 근거"를 마련하고, 전문가 중심으로 사용후핵연료 관리 문제를 논의한 후에 공론화로

〈그림 35〉 사용후핵연료 공론화위원회 전문가그룹 의견 제출. (출처: 『아시아경제』, 2014. 08. 11.)

간다는 계획이었다.[106] 실제로는 계획대로 추진되지 않았다.

두 번째 공론화 시도는 2013년 박근혜 정부 때였다. 2013년 말부터 2015년 6월까지 공론화 위원회가 활동하고 제언을 담은 보고서를 제출했다. 주된 제안은 〈사용후핵연료 특별법〉(가칭)을 제정할 것, 지하 처분을 전제로 실증연구 단계를 거쳐 2051년까지 사용후핵연료 처분 시설을 건설하여 운영할 것, 정부, 민간사업자, 국민이 지분을 공유하는 형태의 전담 관리기구 설립, 지역 주민이 참여하는 환경감시센터(가칭) 설치 등이었다(〈그림 35〉 참조). 정부는 이러한 내용에 기반하여 2016년 7월에 〈고준위 방사성 폐기물 기본계획〉을 수립하고 관련 법률을 발의했다. 그러나 국정농단 사태가 터지면서 이 계획은 실행에 옮겨지지 못했다. 그런데 실행에 옮기기 위한 과정이 계속되었다면 많은 비판이 터져 나왔을 가능성이 높다. 왜냐하면 공론화 위원회 활동 기간 내내 위원회에 친원전 인사가 다수 포함되었다는 비판, 공론화 과정에서 형식적인 시민 참여, 공론조사 결과 비공개 등에 대한 시민사회의 문제 제기 등 공론화 위원회 활동과 보고서의 정당성, 투명성이 확보되지 못했기 때문이다.[107]

문재인 정부는 2018년 사용후핵연료 관리정책 재검토 위원회를 구성해 재공론화를 추진했다. 이미 신고리 5, 6호기 건설 공사 재개라는 공론화의 결론을 수용한 정부는 공론화에 앞서 "고준위 방사성 폐기물 관리정책 재검토준비단"을 설치해 공론화 가이드라인을 만들었다. 재검토준비단은 공론화 과정에서 의제별 성격에 따라 의견 수렴 대상을 전 국민, 지역 주민, 전문가로 구분해 진행할 것을 권고했다. 권고에 따라 사용후핵연료 관리 정책 재검토는 15명의 민간인 전문가로 구성되었다. 시민 참여의 길은 원칙적으로 열려 있지만 전 국민 중심으로 추진되었던 신고리 5, 6호기 공론화와는 다른 방식이다. 시민사회와 환경단체는 위원 구성의 문제, 법적 문제, 시민 참여 배제 등의 문제를 계속 제기했다.[108] 그런 가운데 2020년 3월부터 사용후핵연료 관리정책 재검토 위원회는 공론화에 착수하겠다고 발표했다.[109] 사용후핵연료 재공론화는 기술위험 관리 정책에서 시민 참여 확대가 앞으로 어떤 식으로 전개될지 가늠하게 해줄 것이다.

과학조선, 과학입국, 전국민 과학화, 과학한국, 선진국 진입, 과학기술중심사회, 글로벌 국가경쟁력 같은 어휘는 한국의 과학기술 국가주의의 핵심 아이디어다. 과학기술정책에서 인류 문명의 발전, 인류 사회의 복지 증진같이 보편적이고 사회문화적인 목표는 듣기 좋은 말로만 존재하고 실제로는 한국에 귀속되는 경제적 가치가 중요시된다. 한국에서만 이런 경향이 있는 것은 아니다. 시장지향적이고 국가 이익에 봉사하는 과학기술을 강조하는 것은 세계적인 추세다. 그러나 식민지, 해방, 분단, 전쟁, 체제경쟁을 겪은 한국에서는 오랜 과학기술 전통을 가진 서구 선진국에 비해 좀더 실용적인 과학기술을 강조하고 과학기술과 정치·사회·문화를 분리하는 경향이 더 강하다.

　또한 개발독재 시기에 과학기술 국가주의가 확고해지는 과정을 통해 '개발'을 위한 과학기술이 육성되었고 '독재'와 과학기술이 분리되었다. 이는 '개발'에 직접 기여하지 않는 과학기술은 무가치한 것으로, 과학기술을 비정치적인 것으로 만들었다. 과학자들과 국민들은 전국민 과학화 사업에 동원되거나 전략적으로 참여했고 그 지속적인 참여를 통해 과학기술 국가주의를 내면화했다. 이를 통해 과학기술자사회는 정치 중립 지대에서 국가발전에 기여하는 주요 전문가 집단이라는 정체성을 얻었고 그에 맞는 사회적 위상과 경제적 보상을 누렸다. KIST를 비롯한 정부출연 연구소의 과학기술자들, 특히 조국 발전에 힘을 보태고 싶은 마음에서 귀국한 유치 과학기술자들은 이러한 과학기술자 정체성의 모델이자 상징이 되었다. 이 시기에 과학기술자들이 기술관료로서 활동한 경우 경제 '개발'에 기여하는 존재로 평가되었지만 정치적 '독재'의 일원으로 비판받는 경우는 거의 없었다. 반면 반공해운동처럼 과학기술로 인한 문제를 제기하면 국가발전을 저해하는 행위로 이해되었고 정치 행위로 간주되었다.

과학기술 국가주의의 영향과 시급한 정치 민주화 과제 때문에 1980년대 민주화 시기에 과학기술의 문제는 그다지 큰 관심을 받지 못했다. 반공해운동과 민중을 위한 과학기술을 주장하던 소수의 청년 과학기술자들의 움직임이 전부였다. 그러나 이러한 과학기술 운동이 확산될 수 있는 배경은 만들어지고 있었다. 첫째, 반공해운동과 반핵운동을 조직하면서 만들어진 과학기술 전공자들의 네트워크는 다음 시기 과학기술 시민운동의 핵심 활동가를 배출했다. 이들은 1990년대 시민운동으로서 환경운동을 이끌어간 인적 기반이었다. 둘째, 1980년대에 대기업 성장이 두드러졌고 대졸 이상의 과학기술자 절대 다수가 기업에 고용되었다. 이들은 1970년대의 선배들처럼 특별 대우를 받는 과학기술자라기보다는 전문성 높은 노동을 하는 화이트칼라 노동자에 가까웠다. 이들은 한편으로는 자신들의 전문 분야에서 노동, 환경 등 여러 분야의 사회적 의제를 위한 과학기술 개발을 주장하는 활동을 했다. 이는 과학기술 국가주의와는 다른 맥락의 과학기술을 지향하는 운동이었다. 다른 한편으로는 1987년 노동자 대투쟁 이후 과기노조 결성과 같이 노동운동과 과학기술의 결합을 꾀하는 활동을 벌였다.

1990년대 시민사회의 성장은 사회 각 분야의 시민운동의 조직화로 이어졌다. 이 시기에 다수의 전문가들이 시민운동에 합류하여 각종 사회문제에 대한 제도적 개혁과 대안 제시를 활발하게 수행했다. 과학기술 분야에서도 몇몇 시민단체들이 만들어져 시민과학, 과학기술 시민 참여 제도 연구, 정부위원회 참여 및 과학기술의 사회적 문제에 대한 비판 등의 활동을 펼쳤다. 또한 이 시기에 환경운동, 생명운동같이 넓은 의미의 과학기술 시민단체들은 대중적 기반을 탄탄히 했고 쓰레기 문제 같은 생활운동과 함께 방폐장 입지 선정 취소나 영월댐 건설 계획 취소와 같은 전국 차원의 활동을 했다. 이러한 시민단체들은 GMO 표시제, 〈생명윤리 및 안전에 대한 법률〉 제정의 예에서 보듯이 중요한 과학기술 의제에 대해서는 다른 과학기술 시민단체와 연대 활동을 벌였다.

2000년대 이후 이러한 과학기술 시민운동단체들은 법 제정을 통해 자신들이 주장하는 정책 의제의 제도적 기반을 만들고자 했다. 이 법들은 각각 과학기술정책 의사결정에서 시민 참여의 제도화, 과학기술에서 이전에 무시되었던 성별 차이 같은 사회적 문제 해결 방안의 제도화, 생명윤리와 안전이라는 새로운 가치를 반영한 과학기술 규제 방안의 제도화, 기술위험의 수용에서 지역 주민들의 의사를 반영할 방안의 제도화를 위한 노력이 반영된 결과다. 이 법들은 분명 과학기술 국가주의가 가치를 두는 국가경쟁력, 시장가치 등과는 다른 사회적 가치를 제도화했다는 점에서 의의를 가진다. 수십 년에 걸쳐 강고하게 유지된 과학기술 국가주의에 균열의 가능성을 만들었다.

그러나 3장에서 본 대로 이러한 의의에도 불구하고 이 법들이 과학기술 국가주의에 큰 변화를 이끌어냈다고 보기는 어렵다. 법 제정 과정에서 과학기술정책 의사결정 기구와 위원회에 참여한 시민사회 대표들의 역할과 영향은 제한적이었다. 〈생명윤리 및 안전에 관한 법률〉은 과학기술자들과 관계 부처의 국가경쟁력이 떨어질 것에 대한 우려가 반영되어 최초 안보다 규제 정도가 완화되었다. 기술영향평가는 도입 취지에도 불구하고 시행 과정에서 시민사회의 의제가 충분히 반영되거나 기술영향평가 결과가 정책에 충분히 반영되기 어려운 구조적 한계가 있다. 여성 과학기술자 지원을 위한 법 제정 과정에서는 여성 과학기술자들이 겪는 불평등의 구조적 해결 필요성보다 우수 여성 과학기술자가 과학기술계에서 제대로 능력을 발휘하여 궁극적으로는 과학기술 국가경쟁력에 기여할 수 있다는 논리가 앞섰다. 중·저준위 방폐장 입지 선정에서는 주민투표 형식을 채택하여 형식적, 절차적 민주주의를 이루었음에도 불구하고 투표의 공정성과 경제적 보상을 둘러싼 지역 간 과열 경쟁이 비판받았다.

이 책에서는 과학기술 국가주의의 주요 행위자인 정부/관료, 과학기술자, 시민사회가 만나는 지점에서 일어났던 일들 중 과학기술자사회의 문제, 대중의 관심을 폭넓게 받았던 환경과 생명공학 문제, 과학기술에서는 새로운 가치인 성평등과 젠더의 문제를 사례로 골랐다. 과학기술자사회는 대체로 정부/관료의 동맹 또는 협력과 보상 관계를 보여왔다. 시민사회가 과학기술을 규제하는 방안을 법제화하려는 사례에서 이들의 관계가 잘 드러났다. 그러나 시민사회가 성장하면서 과학기술자들은 환경운동이나 생명운동에서 대항전문가로서 역할을 하거나 성평등과 같이 과학기술에서 생소한 시민사회의 가치를 제도화하는 등 역할과 활동 범위를 확대하기도 했다.

제도 도입이나 법 제정 활동을 통해 시민사회의 과학기술 규제와 참여 활동을 살펴본 것은 정부가 대변하는 과학기술 국가주의와 시민사회의 대립을 잘 볼 수 있기 때문이다. 시민사회는 과학기술 지식과 동원가능한 자원에서 과학기술자에 비해 매우 취약하다. 이러한 불균형을 극복하려면 규제 제도 도입을 통해 정부 또는 과학기술자사회가 스스로 규제하도록 하는 방안이 효과적이다. 그러나 이런 제도 도입과 입법 과정은 시민사회와 정부, 시민사회와 과학기술자들의 끝없는 밀고 당김이었다. 뿐만 아니라 기술관료, 정치인, 과학기술자, 각 부처와 관계 기관들 사이에도 이해관계의 대립과 갈등이 있었다. 정부의 성격에 따라 시민사회의 비판과 요구를 수용하는 정도에 차이가 있으나 어떤 정부도 과학기술 국가주의의 21세기 이름인 국가경쟁력 담론에서 멀리 벗어나지는 못했다.

그럼에도 불구하고 이 책에서 다룬 사례들을 '많은 노력에도 불구하고 작은 제도적 성과를 거둔 것 외에는 과학기술 국가주의와 기술관료주의 벽을 넘지 못했다'는 식으로 보려는 것은 아니다. 오히려 정부/관료, 시민사회, 과학기술자들이 연합하고 대립하면서 대결과 타협을 통해 시민사회의 가치를 점진적으로 구현해가는 과정으로 보아야 한다. 법과 제도는 당장 유명무실하더라도 언젠가 시민사회가 적절한 비판과 요구를 할 수 있는 근거로 작동할 수 있기 때문이다.

과학기술 민주화와 과학기술에서 시민사회의 역할 확대를 위해서 관심을 두어야 할 것은 대항전문가의 존재와 연대의 중요성이다. 과학기술 문제에서 제도 도입이나 법 제정을 위해서는 정치적 활동이 필요하고 중요하다. 그러나 그에 못지않게 중요한 것이 해당 문제와 관련된 전문지식과 정보 활용 능력이다. 시민사회가 맞닥뜨리는 상대 행위자는 정부, 기술관료, 과학기술 외에 기업도 있다. 시민사회와 이 행위자들은 지식, 정보, 자본, 권력의 모든 면에서 불균형 상태에 있다. 그러므로 이 불균형을 돌파하기 위해서는 대항전문가의 육성, 발굴과 연대를 통한 세력의 확장이 중요하다. 반공해운동에서 이공계 전공자들이 공해 피해를 정량화하여 입증한 것은 제한적이나마 대항전문가의 존재와 활동이 과학기술 시민운동에서 얼마나 중요한지 보여준다.

또한 6, 7, 8절에서 다룬 제도 도입과 입법 과정에서 한국의 시민단체들은 '연대모임' 형태로 뜻과 힘을 모아 규모의 불리함을 극복해왔다는 점도 중요하다. 개별 시민단체의 평소 주된 관심사가 무엇이든 시민사회의 가치를 실현하는 사회 활동에서 연대는 가장 강력한 무기 중 하나다. 삼성 백혈병 사례는 시민 개개인의 학습, 대항전문가의 존재와 연대의 힘을 잘 보여준다. 시민사회는 과학기술의 문제에서 점점 더 기업과 마주할 가능성이 높아지고 있다. 가습기 살균제 참사에서 보듯 기업과 관련된 과학기술 문제는 접근과 해결 모두 어렵다. 공공 연구개발에 대한 규제의 제도화보다 훨씬 복잡하고 풀기 어렵다. 더 많은 대항전문가와 더 많은 시민사회 구성원의 연대를 통해서만 이같은 지식, 자본, 권력의 불균형에 대응할 수 있다.

그러므로 시민사회가 대항전문가를 키우고 보호할 수 있는 사회·경제적 환경이 필요하다. 과학기술의 문제에서 전문성은 중요하지만 전문성이 곧 지식의 정도만 말하는 것이 아니다. 과학기술의 사회문제에서 필요한 데이터와 정보를 얻는 능력은 중요하다. 그러나 더 중요한 것은 데이터를 분석하고 이를 현실 문제로 해석하는 능력이다. 정책 결정에서 필요한 과학기술의 전문성은 해당 데이터 및 관련 변수를 종합하고 그로부터 안전, 효율, 용량 등을 판단하거나 결정하는 능력이기 때문이다. 동강댐 건설이나 4대강 사업 같은 대형 국책사업에서 사업 타당성이나 안전을 두고 전문가들 사이에 의견이 엇갈리는 것은 그들이 분석에서 어떤 변수와 가치를 중요하게 보는가와 관련이 깊다. 과학기술 전문가이면서 시민사회의 가치에 공감하고 대항전문가로서 활동하더라도 개인이 직업 안정성에 위기를 느끼지 않는 환경을 만드는 것이 시민사회의 숙제 중 하나다.

시민과학의 성장 역시 중요하다. 시민과학은 시민이 주도적인 역할을 하는 과학기술을 말한다. 시민과학은 시민에 의한 과학과 시민을 위한 과학을 모두 뜻하지만, 시민을 위한 과학은 대항전문가의 영역에 가깝다. 시민에 의한 과학은 과학기술 시민 참여보다 넓은 개념으로 볼 수 있다. 과학기술 시민 참여는 개별 시민이 과학기술 시민운동, 예를 들어 합의회의 같은 운동에 참여하거나 시민단체 활동을 주로 가리켰다. 이것을 시민의 자발적인 과학기술 학습이나 과학기술 지식 생산 참여로 확장할 수 있다. 시민들의 다양한 과학기술 학습은 과학기술 소양과 과학기술 사회문제에 대한 감수성을 높일 수 있다. 더 나아가 주변의 사회문제를 과학기술을 통해 해결하는 리빙랩(Living Lab) 같은 프로그램을 통해 시민이 스스로 과학기술 지식 생산에 참여할 수도 있다. 이러한 활동은 과학기술과 관련해 전문가 vs. 비전문가 틀을 벗어나 시민사회의 과학기술 참여와 연대의 기초가 된다.

마지막으로 과학기술로 인한 사회문제의 글로벌화 역시 과학기술 국가주의를 벗어나 시민사회의 적극적인 역할이 필요한 영역이다. 기후문제, 미세먼지, 대규모 감염병 등은 전 지구적 개발의 결과이며 그로 인한 피해와 해결 방안 역시 국가 단위를 뛰어넘는 문제다. 과학기술 국가주의 틀에 갇혀서는 이러한 문제에 적절히 대응하기 어렵고, 정부와 기업의 자발적인 해결 노력도 기대하기 어렵다. 한국의 시민사회는 우리 정부가 적절한 조치를 취하도록 역할을 하면서 동시에 세계의 시민사회와 연대하면서 나아갈 것으로 전망된다.

들어가는 말

1. 대표적으로 한국과학문명학 연구소에서 발간한 〈한국의 과학과 문명〉 총서가 있다. 그중 김연희,『한국 근대과학의 형성사』(들녘, 2016), 김근배,『한국 과학기술혁명의 구조』(들녘, 2016), 김태호,『근현대 한국 쌀의 사회사』(들녘, 2017), 문만용,『한국 과학기술 연구체제의 진화』(들녘, 2017), 송위진·홍성주,『한국 현대의 과학기술정책』(들녘, 2017), 박윤재,『한국현대의료사』(들녘, 2021) 등은 해당 주제들에 대한 기존 연구들을 종합 정리했다.

2. 과학기술 국가주의, 기술관료주의를 한국 과학기술정책의 특징으로 보는 관점은 김근배, 문만용, 홍성주, 송위진 등의 연구자들도 채택했다. 이같은 내용에 대해서는 〈한국의 과학과 문명〉 총서 시리즈의 김근배, 앞의 책; 문만용, 앞의 책; 홍성주·송위진, 앞의 책; 문만용·강미화, "박정희 시대 과학기술 '제도 구축자'": 최형섭·오원철",『한국과학사학회지』35(1) (2013), 225-243쪽 참조.

3. 1990년대 초까지의 논쟁을 정리한 서규환, "'시민사회와 민주주의'에 관한 최근 논쟁",『이론』(1993. 7), 228-262쪽.

4. 송호근,『시민의 탄생』(문학동네, 2015), 355-369쪽; "한국의 시민과 시민사회의 형성: 시민성 결핍과 과잉 '국민'",『지식의 지평』20 (2016. 5), 1-18쪽.

5. 임혁백, "민주화 이후 한국 시민사회의 부활과 지속적 발전 — 동원적 시민사회에서 제도적 시민사회로의 전환과 신유목적 시민사회의 등장",『한국국제정치학회 학술대회 발표논문집』(2008. 8), 99-126쪽.

6. 정태석·김호기·유팔무, "한국의 시민사회와 민주주의 전망", 유팔무·김호기 편,『시민사회와 시민운동』(한울, 1995), 263-297쪽.

7. 조효제, "한국 시민사회의 개념과 현실",『창작과 비평』(2004. 3), 93-107쪽, 특히

95-96쪽.

8. 연구자 중에는 시민운동 중심으로 시민사회를 보는 시각을 비판하고 사회운동형 시민사회를 벗어나야 한다고 주장한다. 대표적으로 박형준, "'참여'의 의미찾기: 성찰적 시민사회론의 관점에서", 『당대비평』 (2003. 6), 43-56쪽이 있다. 이 글에서는 과학기술 국가주의가 비판되고 과학기술 민주화의 요구가 부상하고 이를 달성하기 위한 제도화 노력에 관심을 두고 있기 때문에 시민운동 중심으로 시민사회를 이해한다.

9. 조효제 (2004), 97-99쪽.

10. 경실련과 참여연대의 성립과 초기 활동에 대해서는 이홍균, "시민운동의 현주소: 경실련과 참여연대", 『동향과 전망』 (1997. 9) 80-97쪽, 조직 및 활동에 대한 비판적인 평가에 대해서는 신율, "한국 시민운동의 개념적 위상과 문제점: 경실련과 참여연대를 중심으로", 『한국정치학회보』 35(2) (2001), 159-180쪽을 참조.

11. 환경운동연합의 설립 당시 분위기에 대해서는 신동호, "환경운동연합 출범과 환경운동 신노선", 『월간말』 (1993. 5), 212-217쪽; 1990년대 초 환경운동 현황에 대해서는 김근배, "한국사회에서 환경운동의 현황과 과제", 『경제와사회』 12 (1991. 12), 84-101쪽; 환경운동연합을 포함한 1990년대의 환경운동에 대해서는 구도완, "한국의 새로운 환경운동", 『한국사회학』 29, (1995 여름), 347-371쪽 참조.

12. 임혁백 (2008), 106-108쪽.

13. 이행봉, "한국의 시민사회와 민주주의", 『한국민족문화』 15 (2000), 143-182쪽; 송호근 (2016), 19쪽.

14. 정태석, "새로운 운동방식과 시민운동의 미래", 『기억과전망』 7 (2004 여름), 107-114쪽.

15. 임혁백 (2016), 108쪽; 시민운동 전반의 문제에 대한 논의로는 서영표, "기로에 선 한국의 시민사회운동: 환경운동연합을 중심으로", 『진보평론』 53 (2012. 9), 184-209쪽 참조.

16. 정인경, "과학 거버넌스와 과학 시민권: 이론적 검토", 『한국정치연구』 24(2) (2015), 336-361쪽.

17. 박희제, "과학의 상업화와 과학자사회 규범구조의 변화: 공유성과 이해관계의 초월 규범을 중심으로", 『한국사회학』 40(4) (2006), 19-47쪽; 한국의 과학자사회 전반에 대해서는 김동광 외, 『한국의 과학자사회』 (궁리, 2010); 이공계 기피 담론을 이러한 특권적 지위를 상실해가는 데 대한 과학자사회의 문제 제기로 파악하는 주장에 대

해서는 이은경, "이공계 기피를 통해 본 한국 과학기술자 사회의 특성", 『과학기술학연구』 6(2) (2006), 77-102쪽과 한경희, "이공계 위기의 재해석과 엔지니어의 자기성찰", 『한국사회학』 38(4) (2004), 73-99쪽.

18. 1980년대 과학기술 사회운동에 대해서는 박진희, "6월 항쟁과 과학기술계", 『역사비평』 (2007. 2), 146-158쪽.

19. 과학기술 관련 시민사회운동 전반에 대해서는 박진희, "과학기술 관련 시민사회운동의 역사와 그 역할", 『과학기술학연구』 4(1) (2004), 111-140쪽 참조.

20. 과학기술정책의 의사결정 외에 시민의 과학기술 참여에는 시민들이 아마추어 과학자로서 관찰 데이터 수집, 행성 관찰, 개방형 혁신과 같이 과학기술 지식 생산과 혁신 과정에 직접 참여하는 이른바 시민과학(civil science)도 포함된다. 다만 한국에서는 아직 이러한 의미의 시민과학의 존재는 미약하므로 이 책에서는 다루지 않기로 한다.

21. 박희제·김은성·김종영, "한국의 과학기술정치와 거버넌스", 『과학기술학연구』 14(2) (2014), 1-47쪽.

22. 예를 들어 김근배 외, 『'과학대통령 박정희' 신화를 넘어: 과학과 권력, 그리고 국가』 (역사비평사, 2018).

23. 김종영은 『지민의 탄생』 (휴머니스트, 2017)에서 정치엘리트와 지식엘리트의 부당한 동맹에 맞서 싸우는 시민으로서 지적 시민, 즉 지민(知民)의 개념을 제시했다.

1장 과학기술 국가주의 형성

1. 김상현, "박정희 시기 저항세력의 과학기술적 상상", 『역사비평』 120 (2017 가을), 316-346쪽.

2. 김근배, 『한국과학기술혁명의 구조』 (들녘, 2016); 송위진·홍성주, 『현대 한국의 과학기술정책: 추격의 성공과 탈주의 실험』 (들녘, 2017).

3. 과학대통령으로서 박정희에 대한 논의는 김영섭, 『과학대통령 박정희와 리더십』 (MSD미디어, 2010). 새로운 시각으로 재평가를 시도한 연구로는 김태호 엮음, 김근배 외 지음, 『'과학대통령 박정희' 신화를 넘어: 과학과 권력, 그리고 국가』 (역사비평

사, 2019) 참조.

4. 김상현(2017), 임종태, "김용관의 발명학회와 1930년대 과학운동", 『한국과학사학회지』 17(2) (1995), 89-133쪽, 특히 93-101쪽; 황지나, 『"과학조선 건설"을 향하여』 (전북대학교 석사학위논문, 2019) 참조.

5. 비슷한 문제의식을 보여주는 논문으로 김우필, 최혜실, ""식민지 조선의 과학·기술 담론에 나타난 근대성": 인문주의 대 과학주의 합리성 논의를 중심으로", 『한민족문화연구』 34 (2010), 249-280쪽.

6. 두 단체에 대해서는 임종태, "김용관의 발명학회와 1930년대 과학운동", 『한국과학사학회지』 17(2) (1995), 89-133쪽, 특히 93-101쪽.

7. 1930년대 과학운동에 대해서는 황지나 (2019) 참조.

8. 김경희, "식민지 시기 경성지역 어린이 문화의 실상과 활용 방안", 『서울학연구』 74 (2019), 1-32쪽.

9. 황지나 (2019), 22-34쪽.

10. "科學의 노래", 『과학조선』 제3권 4호 (1935), 1쪽.

11. 황지나 (2019), 58-61쪽, 72-74쪽.

12. 홍성주, "해방 초 한국과학기술정책의 형성과 전개", 『한국과학사학회』 32(1) (2010), 1-42쪽. "과학존중, 기술건국"과 관련해서는 3쪽.

13. 홍성주는 이들의 주장이 자신들이 접수한 적산 과학기술기관을 정상 운영하려는 실리적 목적이 포함된 결과로 보았다. 홍성주, "해방 초 한국 과학기술정책의 형성과 전개", 『한국과학사학회지』 32(1) (2010), 1-42쪽. 인용은 12쪽.

14. 김동광, "해방공간과 과학자사회의 이념적 모색", 『과학기술학연구』 6(1) (2006), 89-118쪽.

15. 홍성주 (2010), 32-33쪽.

16. 국가통계포털 기본통계.

17. KIST 설립 및 운영과 관련해서는 문만용, "한국과학기술연구소(KIST)의 변천과 연구활동", 『한국과학사학회지』 28(1) (2006), 81-115쪽.

18. 문만용, "1960년대 '과학기술 붐': 한국의 현대적 과학기술체제의 형성", 『한국과학사학회지』 29(1) (2007), 67-96쪽.

19. 문만용, "'전국민 과학화운동': 과학기술자를 위한 과학기술자의 과학운동", 『역사비

평』(2017. 8), 284-315쪽. 인용은 295쪽.

20. 전국민 과학화운동의 세부 사업 내용과 진행 상황에 대해서는 송성수, ""전(全)국민의 과학화운동"의 출현과 쇠퇴", 『한국과학사학회지』 30(1) (2008), 171-212쪽; 송성수, "한국의 과학기술종합계획에 관한 내용분석: 5개년 계획을 중심으로", 『과학기술학연구』 7(1) (2007), 117-150쪽; 강미화, 『한국 과학자사회와 정부의 관계 변화』(전북대학교 박사학위논문, 2015), 제5장 참조.

21. 1927년에 설립된 은사기념과학관이 해방 후 국립과학박물관, 정부 수립 후 국립과학관으로 이름이 바뀌었다가 한국전쟁으로 소실된 후 1962년에 별관을 다시 지었다. 이후 1972년 9월에 대규모 본관을 짓고 다양한 전시물을 갖춘 상설전시관을 개관했다. 은사기념과학관의 성격에 관해서는 정인경, "은사기념과학관(恩賜記念科學館)과 식민지 과학기술", 『과학기술학연구』 5(2) (2005), 69-95쪽, 국립과학관의 역사 전반에 관해서는 정인경, 『한국 근현대 과학기술문화의 식민지성: 국립과학관사(國立科學館史)를 중심으로』(고려대학교 박사학위논문, 2005), 참조.

22. 전국민 과학화의 세부 사업 추진 내용에 대해서는 송성수, ""전(全)국민의 과학화운동"의 출현과 쇠퇴", 『한국과학사학회지』 30(1) (2008), 171-212쪽.

23. 2005년에 알려진 가사에서 민족중흥은 후에 과학한국으로 개사되었다. 김윤희, "'과학의 노래' 만든다… 과기부 노랫말 공모", 『헬로우DD』, 2005. 10. 18.

24. 송성수 (2008), 182쪽에서 재인용.

25. 김상현 (2017), 322쪽.

26. 일제강점기까지에 대해서는 김근배, 『한국 근대 과학기술인력의 출현』(서남동양학술총서, 2005); 박성래 외, 『한국 과학기술자의 형성 연구: 일본유학편 및 미국유학편』(한국연구재단 1995, 1998) 참조.

27. 조황희 외, 『한국의 과학기술인력정책』(과학기술정책연구원, 2002); 송위진 외, 『한국과학기술자 사회의 특성 분석: 탈추격체제로의 전환을 중심으로』(과학기술정책연구원, 2003).

28. 과학기술자사회의 특성을 분석한 단행본으로는 김환석 외, 『한국의 과학자사회: 역사, 구조, 사회화』(궁리, 2010); 조직화를 다룬 연구로는 강미화 (2015); 규범 특성을 다룬 연구로는 박희제, "한국과학자들의 과학자 사회 규범에 대한 인식과 평가: 물리학, 화학, 생물학을 중심으로", 『과학기술학연구』 7(2) (2007), 91-124쪽과 "과학의

상업화와 과학자 사회 규범 구조의 변화: 공유성과 이해관계의 초월규범을 중심으로", 『한국사회학』 40(4) (2006), 19-47쪽; 엔지니어 집단에 주목한 연구로는 한경희, "이공계 위기의 재해석과 엔지니어의 자기성찰", 『한국사회학』 38(4) (2004), 73-99쪽과 "한국 엔지니어 연구방법론의 고찰", 『과학기술학연구』 18(2) (2018), 181-232쪽 참조.

29. 황지나 (2019), 11-15쪽.

30. 김동광, "해방공간과 과학자사회의 이념적 모색", 『과학기술학연구』 6(1) (2006), 89-118쪽.

31. 월북 과학자들에 대한 연구로는 김근배, "월북 과학기술자와 흥남공업대학의 설립", 『아세아연구』 40(2) (1997), 95-130쪽; "50~60년대 북한 리승기의 비날론 공업화와 주체 확립", 『역사비평』 (2015. 8), 111-131쪽; 강호제, "과학기술 중요성 인식한 北 월북 과학자들 힘으로 빠른 경제성장 이뤄", 『민족21』 (2011. 6), 46-49쪽 참조.

32. 조황희 외, 『한국의 과학기술인력 정책』, 79-83쪽.

33. 1960년대까지 이학 분야 학술단체의 조직과 활동에 대해서는 문만용·김영식, 『한국 근대과학 형성과정 자료』 (서울대학교 출판부, 2004), 255-308쪽.

34. 한국농업과학연구소와 우장춘의 연구에 대해서는 김근배, "우장춘의 한국 귀환과 과학연구", 『한국과학사학회지』 26(2) (2004), 139-164쪽. 임목육종연구소와 현신규의 연구에 대해서는 선유정, "현신규의 리기테다 소나무 연구", 『한국과학사학회지』 27(2) (2005), 27-60쪽; 이문규, "현신규의 임목육종 연구와 제도화", 『한국과학사학회지』 26(2) (2004), 165-196쪽 참조.

35. 1960년대까지 원자력연구소 활동에 대해서는 김성준, 『한국 원자력 기술 체제 형성과 변화, 1953-1980』 (서울대학교 박사학위논문, 2012), 19-146쪽 참조.

36. 1950년대 과학기술활동 전반에 간략한 정리로는 홍성주, "전쟁과 전후 복구, 과학기술의 재건", 『과학기술정책』 22(2) (2012), 148-156쪽. 1960년대 이전까지의 과학기술 정책 형성 전반에 대해서는 홍성주, 『한국 과학기술정책의 형성과 과학기술 행정체제의 등장: 1945-1967』 (서울대학교 박사학위논문, 2010). 원자력 연구소 설립 및 주요 활동에 대해서는 고대승, "한국의 원자력기구 설립과정과 그 배경", 『한국과학사학회지』 14(1) (1992), 62-87쪽 참조.

37. 강미화 (2015), 27-29쪽.

38. 송성수, "한국의 과학기술종합계획에 관한 내용분석: 5개년 계획을 중심으로", 『과학기술학연구』 7(1) (2007), 117-150쪽.

39. "잠 깬 토끼 과학한국", 『경향신문』 1963. 1. 2.

40. 강미화 (2015), 35-45쪽.

41. 홍성주, 『한국 과학기술정책의 형성과 과학기술 행정체제의 등장, 1945-1967』, 84-104쪽. 기술인력 양성을 위한 공업교육의 역사에 대해서는 김동환, 『한국의 공업고등학교 교육의 성격변천연구』 (연세대학교 박사학위논문, 1991) 참조.

42. 1960년대 초반 산업 현장의 과학기술자들의 상황에 대한 논의는 ""특집좌담" 한국기술의 현황과 그 전망", 『불암산』 41 (서울대학교 공과대학, 1964), 12쪽, 88-98쪽; 관련된 학술연구로는 강기천·최형섭, "공업 없는 공학: 1950-60년대 서울대학교 공과대학의 지향과 현실", 『사회와 역사』 119 (2018), 41-73쪽 참조.

43. 『과총20년사』, 83쪽.

44. 『제2차 과학기술진흥5개년계획 1967-1971』 (1966), 76쪽.

45. 강미화, 『한국 과학자사회와 정부의 관계 변화』, 61쪽.

46. 과학기술후원회 설립 과정에 대해서는 한국과학문화재단, 『한국과학문화재단 40년』 (한국과학문화재단, 2007), 1장 참조.

47. 과학기술처 설립 과정 및 과총과의 초기 관계에 대해서는 강미화, 『한국 과학자사회와 정부의 관계 변화』, 55-90쪽 참조.

48. 최형섭의 생각과 역할에 대해서는 문만용·강미화, "박정희 시대 과학기술 '제도 구축자': 최형섭과 오원철", 『한국과학사학회지』 35(1) (2013), 225-243쪽; 최형섭의 과학기술정책에 대한 논의로는 강미화, "최형섭의 과학기술정책론: 『개발도상국의 과학기술개발전략』 분석", 『한국과학사학회지』 28(2) (2006), 297-328쪽과 염재호, "과학기술의 전도사: 최형섭 론", 이종범 편, 『전환시대의 행정가: 한국형 지도자론』 (나남, 1995), 103-134쪽. 임재윤·최형섭, "최형섭과 '한국형 발전 모델'의 기원", 『역사비평』 (2017. 2.), 169-193쪽 참조.

49. 과학기술진흥재단으로 개편 과정과 개편 이후 사업 내용에 대해서는 한국과학문화재단, 『한국과학문화재단 40년』, 2장 참조.

50. 1972년 제5회 전국과학기술자대회, "과학기술자 윤리요강", 『과학과 기술』 5(7) (1972), 40쪽.

51. 강미화, 『한국 과학자사회와 정부의 관계 변화』, 134쪽.

52. 문만용, "'전국민 과학화운동'_과학기술자를 위한 과학기술자의 과학운동", 『역사비평』 (2017. 8), 264-315쪽.

53. 강미화, 『한국 과학자사회와 정부의 관계 변화』, 159쪽.

54. 문만용 (2017), 297쪽.

55. 『과총20년사』, 251쪽.

56. 강미화, 『한국 과학자사회와 정부의 관계 변화』, 172-192쪽.

57. 김동광, "해방공간과 과학자사회의 이념적 모색". 『과학기술학연구』 6(1) (2006), 89-118쪽.

58. 이영미, 『1970년대 과학기술의 "문화적 동원"_새마을기술봉사단의 사업 전개와 성격』 (서울대학교 석사학위 논문, 2009).

59. 강미화, 『한국 과학자사회와 정부의 관계 변화』, 192쪽.

60. 문만용 (2017), 인용은 309쪽.

61. 강미화, 『한국 과학자사회와 정부의 관계 변화』, 193-217쪽.

62. 과총의 이후 정부와의 관계에 대해서는 앞에 언급한 강미화, 문만용의 연구도 이와 같은 평가를 내리고 있다.

63. 이 절은 이은경, "이공계 기피 논의를 통해 본 한국 과학기술자 사회의 특성", 『과학기술학연구』 6(2) (2006), 77-102쪽을 수정 보완했다.

64. 이장무, "理科'기피 이대론 안 된다", 『조선일보』, 2001. 6, 2.; 김태유, "이공계 학문의 위기", 『국민일보』, 2001. 7. 11.

65. 이들 중 김태유 교수는 참여정부에서 신설된 청와대 정보과학기술 보좌관에 임명되었다.

66. 이장무·김태유·허은녕, "자연계열 수능지원자의 지속적인 감소추세, 그 원인과 해결책", 『과학기술정책』 132 (2002), 2-12쪽.

67. 박용, "서울대 미등록사태 파장…"간판보다 실리" 대학선택 달라졌다". 『동아일보』, 2002. 02. 08.

68. "과학기술 진흥에 관심을", 『국민일보』, 2002. 09. 26.

69. 주요 신규 사업으로는 과학영재육성(과학영재학교), 과학교육연구센터, 올해의 과학교사상, 대통령 과학장학생 선발 지원, 해외 석·박사 학위 취득 지원, 출연연 연합대

학원 설립 추진, 이공계 공직 진출 확대, 과학기술자 사기 진작이 있다.

70. "'한국과학기술인연합' 운영 박상욱씨", 『경향신문』, 2002. 04. 14.

71. 최경구·한치민, "한국 기술인의 직업의식과 직업성", 『아세아연구』 88 (1992), 161–184쪽.

72. IMF 이후 전체적으로 상용직의 비중은 1995년의 58%에서 2001년의 48%로 감소한 반면 비정규직의 비중은 1995년의 27%에서 2001년의 34% 수준으로 증가했으므로 평균적으로 이공계 전공자도 비슷한 경험을 했을 것으로 추론할 수 있다: 김범석, "심화되는 실업문제와 대응방향" (삼성경제연구소, 2001).

73. 예를 들어 우리나라 공식 통계 중 하나인 『과학기술연구개발활동조사보고』에는 의약학, 농림수산학이 포함되며, OECD나 UNESCO의 과학기술 관련 통계에도 의약학이 포함된다.

74. 대표적인 초기의 예가 이공계 살리기를 내걸고 『한국경제신문』이 2002년 8월부터 2달 동안 연재한 "스트롱 코리아" 시리즈였다. 이 시리즈는 완전히 새로운 내용이 아니라 당시까지의 이공계 기피와 관련해 등장했던 논의를 대중 수준에서 심층취재하고 종합 정리한 것이었다. 이 시리즈는 2002년에 '이달의 기자상', '대한언론상', '삼성언론상', '대한민국 과학문화상'을 수상함으로써 이공계 살리기 주장에 사회가 전폭적으로 지지하고 있음을 상징적으로 보여준다.

75. 민철구·배영자·이은경, 『과학기술자 사기진작을 위한 정책방안』 (과학기술정책연구원, 2002).

76. 유재명, "홀대받는 과학기술인력 지원을", 『동아일보』, 2002. 12. 20.

77. PBS는 정부출연연구소 연구원의 인건비와 연구비 중 일부를 정부출연금으로 하고, 나머지를 프로젝트 발주처로부터 각 연구소가 직접 조달하는 제도다.

78. 박원훈, "위기의 한국과학, 원인과 진단 모색", 『오마이뉴스』 창간3주년 기념 특별 좌담회.

79. "이공계 사기진작 범정부 대책 마련", 『매일경제』, 2002. 07. 22.

80. 김정흠 외, 『산학연 공조체제 강화방안』 (한국과학재단, 2000); 민철구 외 (2002).

81. 대학원 공동화란 표현은 이공계 대학원이 과거에 비해 상대적으로 침체된 상황을 강조하기 위해 과장된 측면이 없지 않다. 그리고 실제 이공계 대학원의 신입생 진학 현황은 대학과 전공 분야에 따라 다르기 때문에 구체적인 상황에 대해서는 추가 분

석이 필요하다. 이 글에서는 단지 그러한 경향과 분위기가 있음에 동의하고, 그에 대한 대학교수와 대학원생들의 인식의 차이에 주목하고자 한다.

82. 최재천, "이공계 대학원의 슬픈 현실", 『중앙일보』, 2002. 09. 11.

83. "과학기술 진흥에 관심을", 『국민일보』, 2002. 09. 26.

84. 맹성렬, "과학기술계에 시급한 탈권위주의", 『과학재단소식지』, 2003년 8월호. 이 주장은 한국과학기술연합(www.scieng.net)의 설문조사 결과에 근거하고 있으며 조사와 관련된 자료는 http://www.scieng.net/zero/zboard.php?id=pds에서 다운받을 수 있다.

85. 한국산업기술진흥협회, "산업계 연구원 사기진작을 위한 조사연구 및 지원정책 방향" (한국산업기술진흥협회, 2002).

86. 1996년부터 2000년까지 정부는 자본재산업 육성방안의 일환으로 자본재산업에 해당되는 중소기업의 현장기술인력에 대한 소득세 공제제도를 통해 자본재산업에 해당되는 중소기업의 공장 등 현장에 근무하는 현장인력과 연구인력(기술개발촉진법규에 의한 연구전담요원 및 연구보조원을 일컬음)에 대해 소득공제를 실시했다. 반면 대학, 전문대 및 출연연 등의 소속 연구원에 대한 연구보조비와 연구활동비에 대한 소득공제 제도는 유지되고 있으므로, 산업체 연구원들도 똑같은 수준의 세액공제를 해줄 것을 요구한 것이다.

87. 기술사 제도에 관한 정보는 대한기술사회 www.engineer.or.kr, 한국기술사회 www.kpea.or.kr 홈페이지를 참조. 손방현, "기술자격제 붕괴 이공계 기피 불러", 『오마이뉴스』, 2003. 04. 01.

88. 손방현, 위의 기사에서 재인용.

89. 2003년 7월 24일, 한국기술사회, 대한기술사회, 한국토질및기초기술사회 공동 성명.

2장 시민사회의 도전

1. "산림청, 일제 수탈로 황폐한 산림 항공사진 공개", 『중앙일보』, 2015. 08. 13.

2. 산림녹화 사업의 전개에 대한 간단한 정리는 국가기록원, "산림녹화" 항목 참조.

3. 도시 그린벨트의 간단한 역사에 대해서는 김태복, "우리나라 개발제한구역의 설치

배경과 변천과정", 『도시문제』 28 (1993), 9-19쪽.

4. 임목육종 연구 성과가 산림 애국으로 이어지는 과정을 보여주는 대표 사례에는 현신 규의 임학 연구가 있다. 이와 관련해서는 선유정, 『현신규의 임학 연구 궤적: 과학연 구의 사회적 진화』 (전북대학교 박사학위논문, 2012) 참조.

5. "공해방지법부터 고치라", 『동아일보』, 1970. 06. 08.

6. 언론에는 〈공해방지법〉의 무력함을 지적하는 기사가 자주 보도되었다. 예를 들어 『동 아일보』, 1976. 02. 20. 기사, "공해업소 83%가 방지시설 미비". 이 기사는 대한적십자 사연수원이 1975년 서울시 내 공해 업소를 조사한 결과에 바탕하고 있으며, 특히 공 해방지관리인 조항은 유명무실함을 지적했다. 관련한 연구논문으로는 김경재, "현행 공해방지관계법상의 문제점", 『사법행정』 13(6) (1972), 47-49쪽.

7. 〈환경보전법〉 제정과 관련해서는 주재현, "환경보전법 제정 원인에 관한 연구", 『한국 행정학보』 33(1) (1999. 05), 295-310쪽.

8. 구도완, 『한국환경운동의 사회학』 (문학과지성사, 1996), 145-149쪽.

9. "감천화력발전소에 공해방지법 제1호 발동", 『경향신문』, 1965. 06. 15; "28일 준공식 감천 화력집진기", 『매일경제』, 1966. 06. 29.

10. "삼산평야 70만평 울산공해 벼농사 망쳐", 『경향신문』, 1971. 07. 08.; "공해항의에도 딴전만 농민들 울상 10여 공장시설 보완 안 해", 『경향신문』, 1978. 07. 13.; "농작물 피해조사 울산환경보존협, 과기연에 의뢰", 『매일경제』, 1978. 10. 13.

11. 이은상, "자연보호의 기본이념과 그 운동의 방향", 『한국산림과학회지(구 한국임학 회지)』 36권 (1977), 77-84쪽. 이은상은 이숭녕, 이민재 등과 함께 자연보호헌장 기 초 작업에 참여했다.

12. 박정희 대통령이 구미의 금오산을 방문했을 때 등산객들이 버린 쓰레기를 보고 문 제의식을 느껴 자연보호운동을 지시했다고 알려져 있다. 구미시는 이 점을 들어 구 미시가 자연보호운동의 진원지라고 주장한다.

13. 전영국, "자연보호운동 3년의 성과", 『지방행정』 29(324) (1980), 50-63쪽. 쓰레기 안 버리기 구호는 1985년 "쓰레기 되가져오기"로 바뀌었다.

14. 나중에 환경과공해연구회로 이름을 바꾸었다.

15. 공해연구회의 결성과 활동에 대해서는 신동호, "秘錄환경운동25년: 온산병 사태(2) 캠에 '공해'를 몰고 온 4인방", 『뉴스메이커』 667호, http://weekly.khan.co.kr/art_print.

html?artid=11679 2018. 09. 20. 검색.

16. 초대 이사진 명단을 보면 명망 있는 재야인사들로 구성되었다. 즉, 한국공해문제연구소는 공해를 매개로 하는 재야운동단체의 성격을 출범부터 가지고 있었음을 알 수 있다; 초대 이사진 명단. 이사장 함세웅(가톨릭), 이사: 권호경 조승혁 조화순(개신교), 김승훈 김택암(가톨릭), 김병걸 성내운 유인호(학계), 이돈명 한승헌 홍성우(법조계), 오재길 이길재 임채정(사회운동), 감사 김동완(개신교), 정성헌(사회운동).

17. 반공해운동협의회 결성과 한국공해문제연구소와의 관계에 대해서는 신동호, "秘錄 환경운동25년] 공청협(1) 안병옥의 공문연 접수작전", 『뉴스메이커』, 674호(http://weekly.khan.co.kr/art_print.html?artid=11983 2019. 01. 25. 검색); "秘錄환경운동25년] (16)공청협 (2) 학생운동권 '코어' 세상 밖으로", 『뉴스메이커』, 675호 (http://weekly.khan.co.kr/art_print.html?artid=12031 2019. 01. 25. 검색). 반공해운동협의회의 참여자들의 대다수는 서울대, 숙명여대, 연세대 등의 이공계 전공자였으며 전공 분포는 다음과 같다. 황순원(생물학), 최영남(생물학), 이성실(화학), 이수경(물리학), 이덕희(미생물학), 김근배(미생물학), 안병옥(해양학), 고대승(해양학), 윤제용(공업화학). 황상규(공업화학), 이동수·박상철(수학)은 공해추방운동청년협의회 결성 시기에 합류했다.

18. 구도완, 『한국환경운동의 사회학』, 86-87쪽과 144-145쪽.

19. 정유경, "1980년대 한국 반공해운동의 전개와 일본 반공해운동과의 관계__온산병을 둘러싼 한국공해문제연구소의 활동을 중심으로__", 『일본학보』 96(2013), 289-301쪽, 인용은 296-298쪽.

20. 구도완, 『한국환경운동의 사회학』, 245-249쪽.

21. 그러나 조사를 촉구하는 사설과 수출 부진으로 온산공단에 실직이 발생하고 조업단축이 일어난다는 기사가 함께 실렸다. 공해보다는 경제성장을 앞세우던 오랜 인식의 한 면을 볼 수 있다: 예를 들어 "수출부진 여파, 울산, 온산공단 근로자 3천여 명 일자리 잃어", 『동아일보』, 1985. 03. 07.

22. 한상진 외, 『울산의 환경문제와 환경운동』(울산발전연구원, 2008), 30-36쪽. 반공해단체의 증거 수집 시도에 대해서는 신동호, "[秘錄환경운동25년] 온산병 사태(4) 조영래, 비밀 대책위 가동하다", 『뉴스메이커』 669호. (http://weekly.khan.co.kr/art_print.html?artid=11771 2018. 11. 20. 검색).

23. 히라다의 온산 방문과 온산병에 대한 활동에 대해서는 정유경, "1980년대 한국 반공해운동의 전개와 일본 반공해운동과의 관계", 298-299쪽 참조. 히라다는 1985년과 1986년에 각각 온산을 방문한 것으로 알려져 있다.: 최열, "온산부터 새만금까지, 최열의 환경운동 20년 회상기", 『신동아』, 2003. (http://shindonga.donga.com/Library/3/06/13/102187/3 2019. 02. 20. 검색).

24. 신동호 "秘錄환경운동25년: 온산병 사태(5) 영구미제로 봉인된 미스터리극", 『뉴스메이커』 670호. (http://weekly.khan.co.kr/art_print.html?artid=11818 2019. 02. 10. 검색).

25. 최열은 1987년 한국공해문제연구소를 나와 정치운동을 하다가 공해추방운동연합에 합류했다.

26. "공해추방운동연합 창립 선언문", 『생존과 평화』 창간호 (1988. 10. 25), 2쪽.

27. 김덕호, "자연보호단체가 원자력발전소를 만났을 때—시에라 클럽과 디아블로 캐년 논쟁, 1963-1969", 『서양사론』 133 (2017), 9-46쪽; 박진희, "반원전 운동의 전개와 원전 담론의 변화", 『서양사론』 133 (2017), 81-107쪽.

28. 1980년대에 상업 운전을 시작한 원전은 다음과 같다: 고려 1호기(1978), 2호기(1983), 월성1호기(1983), 영광 1호기(1986), 2호기(1987), 울진 1호기(1988), 2호기(1989). 원전 인근 지역의 온배수로 인한 어업 피해에 관련해서는 예를 들어 황보명·윤순진, "원전입지와 온배수로 인한 사회 갈등과 공동체 변화: 한빛원전을 중심으로", 『공간과사회』 24(1) (2014), 46-83쪽 참조.

29. 영광 원전 인근 지역에서는 온배수로 인한 어업 피해와 냉각수 배출 주변 마을에 기형 가축 출산, 어패류 폐사 문제가 제기되었다. "원전 냉각수 배출 주변마을 기형 가축 출산 잦아", 『동아일보』, 1990. 4. 26 기사; "영광원전 열폐수 어장 피해 논란", 『한겨레』, 1993. 5. 11.

30. 체르노빌 사고에 대한 서구 국가의 반응에 대해서는 김덕호·박진희·이내주·이정희, "원전 사고와 원전 체제의 변화: TMI와 체르노빌 사고를 중심으로", 『서양사연구』 55 (2016), 83-120쪽; 이정희, "체르노빌 원전사고에 대한 프랑스의 반응: 1986-1995", 『역사학연구(구 전남사학)』 71 (2018), 253-277쪽.

31. 공해추방운동연합, 『생존과 평화』 창간호 (1988. 10. 25.). 창립선언문은 2쪽, 인용은 23쪽.

32. 선언대회 안내문, 오픈아카이브(분류기호: 민150758). (http://archives.kdemo.or.kr/ isad/view/00167110 2019. 02. 20 검색)

33. 하민철, "정당성 인식, 프레임 변화, 그리고 성장: 환경운동연합의 성장 과정을 중심으로", 『한국조직학회보』 5(2) (2013), 209-254쪽, 인용은 230-235쪽.

34. 경실련 환경개발센터는 1998년 경실련에서 독립하여 환경정의시민연대, 2004년 환경정의로 이름을 바꾸었다. 배달환경연구소는 1993년 배달환경연합, 1994년 다시 배달녹색연합으로 확대 재편되었고 1994년 녹색연합으로 이름을 바꾸었다.

35. 하민철, "정당성 인식, 프레임 변화, 그리고 성장: 환경운동연합의 성장 과정을 중심으로", 235-237쪽. 팔당호 골재 채취 반대 운동과 낙동강 페놀 오염 사태의 전개 과정 및 그 과정에서 지역 주민들과 환경단체의 연대, 환경단체들의 역할에 대해서는 구도완, 『한국환경운동의 사회학』, 제6장 참조.

36. 구도완, 『한국환경운동의 사회학』, 218쪽.

37. 하민철, "정당성 인식, 프레임 변화, 그리고 성장: 환경운동연합의 성장 과정을 중심으로", 『한국행정학회 하계학술발표논문집』 (2008), 1-22쪽.

38. 구도완·홍덕화, "한국 환경운동의 성장과 분화: 제도화 논의를 중심으로," 『ECO』 17(1) (2013), 79-120쪽.

39. 정정화, "환경NGO의 활동방식과 정책참여유형_영월댐과 새만금간척사업 사례 비교분석_", 『한국정책학회보』 14(3) (2005), 57-81쪽.

40. 정정화, "환경NGO의 활동방식과 정책참여유형_영월댐과 새만금간척사업 사례 비교분석_", 63쪽, 69쪽. 환경운동연합의 영월댐 건설 반대 여론 형성 과정에서 의제 설정과 미디어 활용에 관해서는 박성철, "환경이슈에 대한 환경단체의 미디어 의제 설정력에 대한 연구_'환경운동연합'과 동강댐 관련 보도를 중심으로", 『언론문화연구』 17 (2001), 119-153쪽; 환경운동연합의 정부와 협치 실험 사례에 대해서는 홍성만, "정부와 비정부조직(NGO)의 정책경쟁과 합의형성 과정: 영월(동강)댐 건설을 둘러싼 정책조직과 환경운동연합을 중심으로", 『한국행정학보』 36(1) (2002), 21-40쪽 참조.

41. 그 결과 나타난 정책의 내용에 대해서는 시민사회에서는 반환경적이라는 비판이 없지 않다. 그러나 이 글에서는 시민단체와 정부의 협치의 결과 만들어진 정책에 대한 평가를 하지는 않고, 그 과정에서 시민단체가 의사결정 구조에 얼마나 제도적으

로 참여하고 의사를 중시했는지에 집중했다. 대항전문가의 역할에 관한 사례로는 박진영·구도완, "가습기 살균제 참사와 전문가 대응활동", 『환경사회학회연구 ECO』 24(1) (2020. 6), 135-179쪽 참조.

42. 김상현, "박정희 시기 저항세력의 과학기술적 상상", 『역사비평』 120 (2017 가을), 316-346쪽.

43. 이하의 논의는 박진희, "과학기술 관련 시민사회운동의 역사와 그 역할", 『과학기술학연구』 4(1) (2004), 111-140쪽; 이영희, 『과학기술과 시민단체』 (과학기술정책연구원, 1998)의 관련 내용에 기반을 두고 있다.

44. 한국의 해커들에 대한 논의로는 조동원, "해킹의 문화정치에서 해킹문화운동으로", 『문화과학』 59 (2009. 09), 171-206쪽 참조.

45. 전자주민카드 반대 운동과 관련해서는 원낙연, "통합 전자주민카드 반대운동", 『다른과학』 2 (1997), 56-68쪽; 이영희, "정보화와 사회적 논쟁: 전자주민카드 논쟁에 대한 과학기술사회학적 분석", 『경제와사회』 42 (1999. 6), 171-203쪽 참조.

46. 이하의 중심 내용은 박진희, "6월 항쟁과 과학기술계" 『역사비평』 78 (2007. 봄호), 146-158쪽, 특히 147-152쪽을 참조했다.

47. "6·29 이후 노조(노조)결성 하루평균 4곳", 『조선일보』, 1987. 8. 13.

48. 박진희, "6월 항쟁과 과학기술계", 148쪽; "연구원도 엄연한 노동자", 『한겨레』, 1988. 5. 24.

49. KIST 초기 역사와 인력 유치에 관해서는 문만용, "한국의 '두뇌유출' 변화와 한국과학기술연구소(KIST)의 역할", 『한국문화』 37 (2006. 6), 229-261쪽; 박진희, "연구자집단의 성장과 변천", 김환석 외, 『한국의 과학자사회: 역사, 구조, 사회화』 (궁리, 2010), 138-219쪽, 인용은 206쪽.

50. 1971년에 설립된 대학원인 한국과학원(KAIS)은 1981년 한국과학기술연구소(KIST)에 통합되어 한국과학기술원(KAIST)이 되었다. 이후 1989년에 연구기능은 KIST로 분리되었고 대학원은 과학기술대학교와 통합했고 이름은 한국과학기술원을 그대로 쓰고 있다.

51. 정부출연연구소의 전체 성장과정에 대해서는 문만용, "KIST에서 대덕연구단지까지: 박정희 시대 정부출연연구소의 탄생과 재생산", 『역사비평』 85 (2008), 262-289쪽 참조. 숫자 인용은 박진희, "연구자집단의 성장과 변천", 208쪽.

52. 박진희, "연구자집단의 성장과 변천", 207-210쪽.

53. PBS 제도 도입과정과 그 영향에 대해서는 엄수홍, "정부출연연구기관 관리제도의 형성, 1989-1999: 정부부처의 통제문제를 중심으로"(서울대학교 석사학위논문, 2016) 참조.

54. 박진희, "연구자집단의 성장과 변천", 213-214쪽.

55. 박진희, "6월 항쟁과 과학기술계", 151쪽.

56. 과학상점 전반에 대해서는 이영희, "과학지식의 상업화와 그 대안으로서 '과학상점'", 『과학사상』 42 (2002), 38-53쪽.

57. 전북대 과학상점이 언제까지 운영되었는지 정확히 알기는 어렵다. 그러나 대전과학상점 준비팀의 방문기로 보아 2003년 중반까지는 존재했던 것으로 보인다. 전북대 과학상점에 대해서는 김수병, "과학상점에 노크하세요", 『한겨레21』 제504호 (2004). (http://h21.hani.co.kr/arti/special/special_general/10760.html 2019. 09. 11. 검색); "전북대 과학상점 방문" 대전과학상점 뉴스레터 1호 (2003. 07. 25.) (http://www.scienceshop.or.kr/newsletter/20030725/article2.html 2019. 09. 10. 검색)

58. 강양구, "과학을 파는 상점이 아닙니다", 『프레시안』, 2004. 07. 01.

59. 이영희, 『한국형 과학상점 제도구축 방안 연구』(한국과학창의재단, 2002).

60. 박진희, "6월 항쟁과 과학기술계", 155쪽.

61. 시민과학센터는 2017년에 자진 해산했다. 관련 경과에 대해서는 강양구, "시민과학센터, 너의 이름을 기억할게," 『주간동아』 2018. 1. 2.

62. 참여연대 시민과학센터의 과학기술 민주화 논의에 대해서는 김환석, "참여연대 시민과학센터와 과학기술민주화운동" 『다른과학』 10 (2001), 19-25쪽 참조. 출판한 책으로는 예를 들어 참여연대 시민과학센터, 『과학기술, 환경, 시민참여』(한울, 2002), 시민과학센터, 『시민의 과학』(사이언스북스, 2011) 등이 있다.

63. GMO의 한국어 표기는 유전자 조작 생물, 유전자 변형 생물, 유전자 재조합 생물 등 입장과 평가에 따라 다르다. 이 글에서는 각각의 단어에 담긴 함의를 드러내야 할 경우를 제외하고 일반적으로 지칭할 때는 GMO를 사용한다.

64. 1980년대 유전공학 제도화 전반에 대해서는 신향숙, 『1980년대 한국에서 유전공학의 등장과 제도화』(전북대학교 박사학위논문, 2013), 인용은 55쪽.

65. 〈유전공학육성법〉 제정 과정에 대해서는 신향숙, "1980년대 유전공학육성법의 출현:

과학정치가와 다양한 행위자들의 피드백", 『한국과학사학회지』 31(2) (2009), 475-504쪽 참조. 한편 이 과정에서 한문희의 역할에 좀더 비중을 둔 연구로는 김훈기, "한국 생명공학정책의 형성과 과학자집단의 정책활동: 유전공학 육성법 제정에서 '바이오텍 2000' 수립까지", 『한국과학사학회지』 32(2) (2010), 187-220쪽 참조. 1994년에 발표된 생명공학육성기본계획이 원래 이름보다 바이오텍 2000으로 더 잘 알려진 것은 이 계획이 〈유전공학육성법〉에 의거한 데 따른 명칭의 문제 때문일 수도 있다. 법 개정 후 2007년에 수립된 계획이 제2차 생명공학육성 기본계획이 되었다.

66. 김훈기 (2010), 211-218쪽.

67. 김훈기 (2010), 211-216쪽.

68. 신향숙 (2009), 480쪽에서 재인용.

69. "유전자조작 생산한 과일 "먹어도 안전", 『동아일보』, 1996. 6. 22.

70. "'슈퍼쌀' 식량안보 파수꾼", 『한겨레』, 1996. 11. 4.

71. "유전자 조작으로 바이러스병 막는다". 『동아일보』, 1996. 12. 17.

72. "유전자조작 변종 유입 민간단체서 거부 운동", 『경향신문』, 1998. 12. 2.

73. "푸스타이 박사 유전자조작 위험 공개경고 뒤 면직" 『한겨레』, 1999. 2. 14.

74. 상업화된 GMO의 역사에 대해서는 정혜경, "GMO: 논란을 넘은 성장의 역사, 1994-2000", 『담론201』 8(2) (2005), 283-318쪽.

75. "유전자 조작 식용작물 녹색혁명인가 생태계 교란인가", 『한겨레』, 1996. 11. 11.

76. "유전자조작콩 반대 전유럽 확산", 『한겨레』, 1996. 11. 13.; "일 유전자조작 수입식품 불매운동", 『한겨레』, 1996. 11. 26.

77. "유전자조작식품 우리식탁 '넘실'" 『한겨레』, 1998. 8. 24., 1면.

78. "농약 미생물 '현실적' 기준 마련", 『한겨레』, 1998. 9. 8.

79. GMO 표시제가 결정되기 전의 전체 사회상을 다룬 연구로 이병량·박기묵, "유전자변형작물(GMO) 규제정책의 형성과정에 관한 연구", 『한국거버넌스학회보』 13(3) (2006). 141-164쪽. 특히 152-155쪽.

80. 이병량·박기묵 (2006), 147-149쪽.

81. 1998년 9월 결의할 때는 참여 단체가 9개였으나 곧 10개로 늘었고, 나중에는 17개가 되었다. 참여 단체는 경실련 환경개발센터, 그린훼밀리운동연합, 기독교환경운동연대, 녹색소비자연대, 녹색연합, 소비자문제를연구하는시민의모임, 참여연대 과학기

술민주화를위한모임, 환경운동연합, 한국여성민우회, 불교인권위원회, 서울YMCA, 세민재단, 지속가능개발네트워크한국본부(KSDN), 청년생태주의자(KEY), 한국농어촌사회연구소, 한국여성환경운동본부, 한국종교인평화회의 인권환경위원회, 환경정의시민연대이다.

82. 참여연대 과학기술민주화를 위한 모임은 1997년 결성되었고 나중에 참여연대에서 시민과학센터로 독립했고 2017년에 활동을 중지했다. 강양구, "시민과학센터, 너의 이름을 기억할게!", 『주간동아』 1120 (2018), 68-69쪽.

83. 합의회의 일반과 한국의 경우에 대해서는 이영희, "과학기술 민주화 기획으로서의 합의회의: 한국의 경험", 『동향과 전망』, 2008. 6, 294-324쪽 참조.

84. 박병상 생명안전·윤리 연대모임 사무국장, 박해경 소비자문제를 연구하는 시민의 모임 기획실장.

85. 유네스코 한국위원회, 『유전자조작식품의 안전과 생명윤리에 관한 합의회의 시민패널보고서』, (1998), 첫 합의회의에 대한 평가는 참여연대 과학기술 민주화를 위한 모임 소식지 『시민과학』 2호(1998. 12)-5호(1999. 3)에서 특집으로 다루어졌다.

86. 서이종, "식품의 과학화와 튀김원료 논쟁", 『과학사회논쟁과 한국사회』 (집문당, 2005), 101-135쪽.

87. 식약처, 1999. 8. 20부터 제정 운용했으나 법적 구속력 없는 임의 지침이었다.

88. 오미영·최진명·김학수, "위험을 수반한 과학기술의 낙인효과: 원자력에 대한 위험인식이 방사선기술 이용 생산물에 대한 위험인식과 수용에 미치는 영향", 『한국언론학보』 52(1) (2008), 467-500쪽.

89. 『시민과학』 4 (1999. 2), 40쪽.

90. 『시민과학』 4, 44쪽.

91. 『시민과학』 8 (1999. 7/8), 3쪽.

92. 『시민과학』 5 (1999. 3), 3쪽, 36쪽.

93. 『시민과학』 7 (1999. 5/6), 자료 1.

94. 『시민과학』 8 (1999), 14쪽.

95. "시판 두부 82% 유전자 변형 콩 섞여", 『연합뉴스』, 1999. 11. 3.

96. "식품업체들, 'GM콩 두부' 판매격감에 전전긍긍, 『연합뉴스』, 1999. 11. 9.

97. "GM 두부 환경단체-제조업체 논란", 『매일경제』, 1999. 11. 6.

98. "'유전자 조작 콩 두부' 법정에 선다",『연합뉴스』, 1999. 11. 9.; "풀무원 'GM 두부' 소보원에 106억원 손배소",『연합뉴스』, 1999. 11. 19.

99. 하정철·최수전·권영태·문태화, "유전자 재조합식품 안전성과 표시에 대한 소비자 인식조사",『식품영양과학회지』32(8) (2003), 1401-1407쪽.

100. 이러한 주장은 여러 시민단체에 의해 지속적으로 제기되었는데, 2010년대 이후 개정안을 논의할 때 이 중 일부만 반영되었다. 소비자안전센터,『유전자변형식품 (GMO) 표시제도 개선방안 연구』(2014).

101. "식용 GMO 수입 세계 1위… GMO 표기 가공식품은 '0'",『한겨레』, 2015. 01. 11.(01. 12 수정).

102. "GMO 농산물 수입현황 실태조사 결과", 경실련 보도자료(2018. 07. 05.)와 보고서.

3장 참여의 제도화

1. 송종국·오준근·정상호,『과학기술법제의 현황과 정비방안』(한국법제연구원, 2004), 23-25쪽.

2. 송성수, "한국 과학기술정책에 대한 시론적 고찰",『과학기술학연구』2(1) (2002), 63-83쪽, 특히 67-69쪽.

3. 송성수,『과학기술 종합계획에 관한 내용 분석: 5개년 계획을 중심으로』(과학기술정책연구원, 2005), 특히 88-107쪽.

4. 송종국, "〈과학기술혁신을 위한 특별법〉의 의의",『과학기술정책』88 (1996. 7), 30-31쪽; 김인수, "〈과학기술혁신을 위한 특별법〉의 제정 방향과 내용",『과학기술정책』88 (1996. 7), 32-37쪽; 함철훈, "〈과학기술혁신을 위한 특별법〉의 제정",『과학기술정책』, 100 (1997. 7), 57-69쪽.

5. 시행령에 따르면 과학기술 장관회의는 재정경제원 장관·외무부 장관·내무부 장관·국방부 장관·교육부 장관·농림부 장관·통상산업부 장관·정보통신부 장관·환경부 장관·보건복지부장 장관·노동부 장관·건설교통부 장관·해양수산부 장관 및 과학기술처 장관을 위원으로 구성하여 사실상 거의 모든 부처 장관이 참여한다. 이는 정부 정책 전반에 걸쳐 혁신을 위한 연구개발 사업이 수행되기 시작했음을 말해준다.

6. 이경희, "과학기술기본법 입법추진 경위 및 주요 쟁점",『과학기술법연구』7(1) (2001), 283-297쪽, 인용은 286쪽. 이 논문은 〈과학기술기본법〉이 제정되기 전인 2000년 11월에 작성되었다.

7. 허귀식, "세제개혁 등⋯ 김대중 당선자 공약",『한국경제』, 1997. 12. 19.

8. 이강원, "여, 과학기술기본법안 공청회",『연합뉴스』, 1999. 9. 8.

9. 이경희 (2001), 286-288쪽.

10. 과학기술부 정책총괄과, "〈과학기술기본법〉 제정 추진: 21세기 과학기술 선진국 진입의 제도적 기틀 마련" (2000. 5).

11. 예를 들어 김환석, "네덜란드의 TA",『과학기술정책』60 (1994), 29-36쪽; 김환석·이영희,『선진국의 기술영향평가 제도』(과학기술정책관리연구소, 1994); 이영희,『과학기술과 사회의 상호관계』(과학기술정책관리연구소, 1995); 이영희, "시민참여적 과학기술 대중화의 모델: 유럽의 '합의회의(Consensus Conference)'의 성과와 교훈",『과학기술정책』97 (1997), 38-49쪽이 있다.

12. 참여연대의 과학기술 민주화를 위한 모임은 1997년에 창립되었고 이후 시민과학센터로 이름을 바꾸었다.

13. 추진 경위에 대해서는 김환석, "우리나라 합의회의의 추진경과 및 발전방향",『과학기술정책』122 (2000), 37-44쪽 참조.

14. 김남웅, "〈과학기술기본법〉 부처 이기에 멍든다",『국민일보』, 2000. 06. 06.

15. 국가과학기술자문회의 월례 정책자문보고, "과학기술기본법 제정 추진동향" (2000. 7).

16. 경제정의실천시민연합 외, "과학기술기본법(안)에 관한 시민사회단체 공동의견서", 2000. 6. 19.

17. 경제정의실천시민연합 외, "과학기술부의 〈과학기술기본법(안)〉 개악을 강력히 규탄한다", 2000. 10. 10.

18. 조현석, "우리나라 과학기술정책의 이념: 국가, 기업, 시민사회",『과학기술학연구』2(1) (2003), 85-105쪽, 특히 87쪽.

19. 장회익·최영락·송성수 외,『세계과학회의 후속조치를 위한 국내 과학활동의 점검』(과학기술정책연구원/유네스코 한국위원회, 2001).

20. 유상운, "분열된 규정, 일관된 방향: 과학기술기본법의 제정과 그 결과, 1998-2015",

『과학기술학연구』 19(2) (2019), 41-83쪽.

21. 기술영향평가 보고서는 kistep.re.kr이나 https://techinfo.ntis.go.kr/rpt/ OrgnEfevReport.do에서 볼 수 있다.

22. 예를 들어 권성훈, 『기술영향평가제도의 현황과 개선과제』 (국회입법조사처, 2014); 서지영, "'책임 있는 연구와 혁신'을 위한 기술영향평가 개선방안", 『STEPI Insight』 157 (2015); 이상현, 『해외 기술영향평가 사례 심층 분석을 통한 사업적정성 검토 등 다양한 활용방안 모색』 (한국과학기술기획평가원, 2016).

23. 아실로마 회의에 대해서는 25주년 기념 『사이언스』 기사를 참조할 것. http://www. biotech-info.net/asilomar_revisited.html.

24. 신향숙, "1980년대 초 한국에서 언론과 과학계의 유전공학 담론", 『한국과학사학회 지』 35(1) (2013), 43-66쪽. 특히 45-51쪽.

25. "항생제에 이은 "기적의 약" 「인터페론」 생산단계", 『중앙일보』, 1980. 02. 14.

26. 신향숙 (2013), 57쪽.

27. 신향숙, "1980년대 유전공학 육성법의 출현: 과학정치가와 다양한 행위자들의 피드 백", 『한국과학사학회지』 31(2) (2009), 475-504쪽.

28. "서울대 홍순우 교수 제언 "유전자 조작 안전지침을 만들자"", 『동아일보』, 1983. 4. 5.

29. "遺傳工學(유전공학) 정보 제7집", 『매일경제』, 1983. 5. 13.

30. 이 지침은 1984년 1월 11일 지정 고시된 것으로 보아 법 통과 이전에 이미 논의되고 작성되었던 것으로 보인다; "새로운 질병 등 못 번지게 유전공학 안전지침 마련", 『동 아일보』, 1984. 1. 12.

31. 1984년 1월 13일자 사설, "과학이 요구하는 도덕성—유전공학 국가관리지침에 따른 제언", 『동아일보』, 1984. 1. 12.

32. "유전공학 감독권 행사", 『매일경제』, 1985. 12. 16.; "유전공학 실험지침 마련", 『매일 경제』, 1986. 12. 24.

33. 박은정은 1990년대 들어서도록 정부가 실험지침 제정을 미루었다고 보고 있다. 박 은정, "생명윤리 및 안전 입법정책", 『생명윤리』 4(1) (2003), 91-106쪽, 특히 93쪽. 나 중에 새롭게 지침이 작성될 때, 이 시기에 대해 유전공학을 위축할 가능성이 있다며 과기처 및 관련 연구단체가 반발하여 만들어지지 않았다고 보도한 예도 있다; "유전

공학실험 지침, 빠르면 연내 제정", 『한국경제신문』, 1997. 12. 10.

34. 황상익, "한국 생명윤리의 과거와 현재", 『생명, 윤리와 정책』 1(1) (2014. 7), 31-55쪽.

35. 김상현, "공공 생명윤리와 전문성의 정치", 『경제와사회』 93 (2012), 42-71쪽, 특히 48-49쪽.

36. 이 글은 생명윤리 전체를 다루지 않기 때문에 두 번째 문제는 다루지 않는다. 관련된 논의는 황상익 (2014) 참조.

37. "유전자 주입 양 복제 英서 성공," 『동아일보』, 1997. 2. 25.

38. "〈복제실험〉 금지지침 제정", 『경향신문』, 1997. 3. 8.

39. "〈복제실험〉 금지지침 제정", 『경향신문』, 1997. 3. 8.

40. "인간존엄 훼손 유전자 실험 금지", 『경향신문』, 1997. 4. 22.

41. 유전자 재조합실험지침, 보건복지부고시 제1997-22호.

42. 박은정 (2003), 9쪽 각주 1.

43. "생명공학 안전 윤리지침 제정 시급", 『한겨레』, 1999. 3. 8.

44. "인간복제 실험 국내 성공… 경희의료원 이보연 교수", 『중앙일보』, 1998. 12. 15.

45. "국내 첫 복제 송아지 탄생", 『중앙일보』, 1999. 2. 20.

46. "냉동 인간배아서 간세포 배양… 국내의료진 세계 첫 개가", 『동아일보』, 2000. 8. 30.

47. 검토 과정에 대해서는 김훈기, "한국 생명윤리법 제정 과정에 나타난 특성 연구", 한국정책학회 학술대회 (2004. 4), 357-382쪽을 참조, 특히 358-362쪽.

48. 생명안전·윤리모임, '생명공학 육성법 개정에 관한 국회 전자공청회'에 제출한 "생명공학법 개정에 관한 의견서". 1999년 1월 20일. http://www.peoplepower21.org/Solidarity/728911 (2018년 9월 3일 검색)

49. 자세한 과정에 대해서는 유네스코 한국 위원회, 『생명복제기술 합의회의: 유네스코 한국위원회 합의회의 종합보고서』, 1999. 9. 10. 참조.

50. "황우석교수 배반포단계 배아복제 세계 첫성공", 『동아일보』, 2000. 8. 9.

51. 김훈기 (2004), 363-364쪽.

52. 이인영, "과학기술부 생명윤리자문위원회가 제안한 법률 초안과 현행 법률과의 비교", 『생명윤리』 7(2) (2006), 123-136쪽; 생명윤리자문위원회 운영과 공청회에서 이루어진 토론에 대해서는 김동광, "생명윤리 기본법을 둘러싼 논의: 대중논쟁과 사회적 의제 형성과정을 중심으로", 『과학기술정책』 131 (2001). 9쪽, 33-43쪽; 홍욱희,

"생명윤리자문위원회 활동에 대한 소고", 『과학사상』 38 (2001), 52-103쪽 참조.

53. 생명과학/의과학 연구계 9인 이내, 종교/철학/윤리/법/시민단체/여성계 9인 이내.

54. 김훈기 (2004), 375쪽.

55. 김훈기 (2004), 374쪽.

56. 구성안에 대한 다양한 외부 의견에 대해서는 이동익, "국가생명윤리심의위원회 운영에서 얻은 교훈", 『한국의료윤리교육학회지』 10(2) (2007), 189-202쪽, 인용은 190쪽.

57. 이인영 외, "국가생명윤리심의위원회에 대한 운영평가와 향후 정책제언", 『홍익법학』 9(2) (2008), 1-48쪽.

58. 최종 통과된 법안에 대한 공청회에서 생명공학연구원 선임연구부장 이경광은 "생명윤리 논란이 심해지면 생명과학도 발전하기 어렵습니다. 논란이 정리돼야 과학계도 방향을 잡고 연구에 매진할 수 있으니까요. 될수록 빨리 관련법이 제정돼야 합니다." 라고 했다; "'5년 논쟁' 접점모아 기본법만이라도", 『한겨레』, 2003. 11. 12.

59. 이동익 (2007), 193-200쪽; 이인영 외 (2008). 23-29쪽. 김상현(2012)은 국가생명윤리자문화의 시기부터 이미 민간 대표로 참여하는 인사들이 배아의 지위, 생명에 대한 윤리 문제에 정통한 전문가들이거나 윤리적 논의에 기반해 의견 조정이 이루어진 것이 아니라 생명공학 발전의 필요성과 현실적인 규제 가능성 정도에 기초해 논의가 이루어졌다고 보았다.

60. 이 절은 2015년 한국과학기술학회 춘계학술대회에서 발표된 내용을 바탕으로 작성되었다.

61. 황정미, "여성정책과 젠더정치", 『페미니즘 연구』 1 (2001), 75-113쪽.

62. 김정자, 『여성과학기술인력 개발을 위한 정책과제: 이공계 여대생의 교육 경험 분석에 기초하여』 (한국과학재단, 1998).

63. 현재 한국여성과학기술단체총연합회의 회원 단체 중 대한여성과학기술회 설립 이전 또는 비슷한 시기에는 다음과 같은 학회들이 조직되어 있었다: 대한가정학회 1947, 대한여성건축사회 1994, 대한여자치과의사회 1971, 대한여한의사회 1965, 동아시아식생활학회 1991, 복식문화학회 1993, 한국간호과학회 1970, 한국생활과학회 1983, 한국식생활문화학회 1984, 한국식품조리과학회 1984, 한국여성건축가협회 1982, 한국여성발명협회 1993, 한국여성정보인협회 1992, 한국영양학회 1967.

64. 김영순 정무제2차관 간담회(일자 및 장소: 1994년 5월 17일, 한국화학연구원, 목
적: 첨단기술 분야의 여성 진출 방안 마련); 정무제2장관 초청 조찬회(일자 및 장소:
1995년 2월 24일, 유성호텔, 목적: 21세기 대비를 위한 여성 정책 방향 의견 수렴);
영부인 이희호 여사 간담회(일자 및 장소: 1998년 9월 22일, 과학문화재단, 주요 내
용: 과학기술인 지위 향상 및 국가경쟁력 강화, 출연연구기관 연구원의 연구 환경 안
정화를 통한 생산성 증대, 과학기술정책 일관성 확보 및 지적재산권 확보).

65. 미취업 및 임시취업 여성 과학자를 위한 워크숍(일자 및 장소: 1996년 1월 27일, 한
국화학연구원, 규모: 70여 명, 주요 내용: 고급 여성 과학기술인력 방치로 인해 야기
되는 사회적 문제점 및 극복 사례 발표 & 여성 과학자들의 발전 방안 모색, 정책 제
안); 여성 과학기술인의 효율적 활용을 위한 대토론회(일자 및 장소: 1995년 10월 10
일, 한국화학연구원, 주최: 대한여성과학기술인회, 목적: 여성 과학기술인 고용 확대
관련 장애 요인 조사, 효율적인 여성인력 활용 방안 마련).

66. 대덕연구단지 어린이집 설립 주도('여성 인력의 고용 확대 방안과 현재 연구단지 내
여성 인력의 활용 실태'조사, 여성 고용 문제 정부에 제기, 연구단지 탁아소 설립 설
문조사, 정책 제안 및 자문); 국내 과학기술 연구기관의 여성 과학기술인력 고용 현
황 분석(사업기간: 1999년 05월 01일~06월 30일, 주요 내용: 국공립연구기관, 민간연
구기업(100명 이상 연구원 고용기관) 13개 연구기관 대상으로 여성 과학기술인력 고
용 현황 분석).

67. 예를 들어 여성건설인협회(2002), 한국여성원자력전문인협회(2000), IT여성기업인협
회(2001), 여성생명과학기술포럼(2001), 한국여성공학기술인협회(2004).

68. Lee, E. K., "Boundary Agenda between Gender Equality and Human Resource:
The Establishment of Policy for Women in Science and Technology in Korea", Asian
Women 25:2 (2009), pp. 29-47.

69. "여성과학기술인 지원센터 설치를", 대덕넷 기사(이준기, 2003. 6. 27.). 대한여성과학
기술인회는 2003년에(3월-6월) 한국여성정책연구원에 용역 과제 〈여성과학기술인
지원센터 설립 및 운영방향〉을 발주하여 관련 정책의 내용을 보완했다.

70. 창립발기단체는 여성생명과학포럼, 한국여성발명협회, 한국여성원자력전문인협회,
한국여성정보인협회 4개이며, 다음 해인 2004년에 광주전남여성과학기술인네트워
크를 비롯한 9개 단체가 가입했고, 2015년 현재 48개 단체가 가입되어 있다.

71. 2011년 NIS-WIST가 사단법인으로 재출범하면서 WISET으로 명칭을 바꾸었다. 이 글에서는 2011년을 기준으로 그 이전이면 NIS-WIST, 그 이후이면 WISET으로 표기한다.

72. 대구경북여성과학기술인 네트워크(2004), 광주전남여성과학기술인 네트워크 (2004), 충북여성과학기술인회(2005).

73. 이은경, "한국 여성과학기술인 지원정책의 성과와 한계", 『젠더와문화』 5(2) (2012), 7-36쪽.

74. 2018년까지 기관장이 된 여성 과학기술자들의 사례는 다음과 같다. 정광화(대한여성과학기술인회 회장, 한국표준연구원 원장[2006], 기초과학지원연구원 원장[2015]), 신용현(대한여성과학기술인회 회장, 한국표준연구원 원장[2014], 국회의원[2016]), 이효숙(대한여성공학기술인협회 회장, 한국지질자원연구원 원장[2011]), 나도선(여성생명과학기술포럼 & 여과총 초대 회장, 한국과학문화재단 이사장[2005]), 김명자(환경부 장관[1999-2003], 여과총 회장[2012]), 한선화(대한여성과학기술인회 부회장, 과학기술정보연구원 원장[2015]), 이혜숙(여과총 회장, 국가과학기술자문회의 위원[2005], 여성과학기술인지원센터 소장[2011]), 박영아(국회의원, 한국과학기술기획평가원 원장[2013]), 민병주(대한여성과학기술인회 회장, 국회의원[2012]), 최희윤(한국과학기술정보연구원장[2018]), 조현숙(대한여성과학기술인회 부회장[2001], ETRI 부설 국가보안기술연구소장[2017]) 등.

75. 예를 들어 "여성과학기술인 활용 확대를 위한 인프라 구축 방안 모색 정책토론회"(2011. 6. 23., 국회도서관), 공동주관: 대한여성과학기술인회, 국회의원 박영아, 국회미래과학기술, 방송통신포럼; "여성과학기술인재 활동 강화를 위한 정책토론회"(2012. 6. 28., 국회의원회관), 주최 및 주관: 국회의원 민병주, 대한여성과학기술인회.

76. 2004년부터 이공계 여성기술인력 양성사업(WATCH 21)을 수행, 2012년, WISET으로 사업 이관.

77. 예를 들어 청소년 인터넷 중독, 후쿠시마 사고 이후 원자력 발전 관련 이슈들에 대한 포럼 운영과 자료 발간 등의 사업을 추진.

78. Gendered Innovations(http://genderedinnovations.stanford.edu).

79. 론다 쉬빈저 지음, 김혜련 옮김, 『젠더 분석: 과학과 기술을 바꾼다』 (연세대학교 출

판부, 2010).

80. APNN은 아시아 태평양 국가의 여성 과학기술자들의 국제협력, 연대활동기구로서 각국의 대표적인 여성 과학기술인단체들이 주관하여 개최된다. 한국에서는 대한여성과학기술인회가 참여한다.

81. 주요 참가자들 중에는 이장무(국가과학기술심의회 위원장), 김명자(한국여성과학기술인지원센터 이사장), 민경찬 기초과학진흥협의회 위원장, 민병주 새누리당 국회의원, 송종국 과학기술정책연구원 원장, 성창모 한국녹색기술센터 소장, 오세정 전 기초과학연구원 원장, 이부섭 한국과학기술단체총연합회 회장, 정민근 한국연구재단 이사장, 조완규 전 교육부 장관, 채영복 전 과학기술부 장관 등이 있었다. WISET, "과학기술 젠더혁신 포럼" 창립총회(2014. 6. 17.). (https://www.wiset.or.kr/innovation/sub_view2.jsp?pk_seq=15475, 2020. 5. 10. 검색.) 젠더혁신 정책의 추진 결과에 대한 분석과 향후 방향 제시에 대해서는 이효빈·김혜도, "과학기술의 젠더혁신 정책방향 연구",『한국콘텐츠학회논문지』17(10) (2017), 241-249쪽.

82. 이 절은 이은경,『시민사회의 기술위험 수용과정과 기술위험 관리정책의 공진화』(과학기술정책연구원, 2009)의 내용을 기초로 작성되었다.

83. 양성자가속기 사업은 〈중·저준위 방폐장 특별법〉에는 포함되지 않았다.

84. 양성자가속기 사업은 방폐장 입지 지역이 포함된 광역자치단체장이 신청하고 협의하도록 되어 있다. 〈중·저준위 방사성폐기물 처분시설 부지선정 절차 및 기준〉(2005. 06. 16), 방폐장 부지선정위원회.

85. 부안군에서도 마감 시간 전에 유치 신청서를 제출했지만 서류에 오류가 있어 취소되었다. 이에 부안 군수는 단식 농성을 하는 등 강한 의지를 보였다.

86. "방폐장 유치전쟁 뜨겁다",『전북일보』, 2005. 03. 28.

87.

구분	인구(명)	유권자(명)	'04예산(억원)	재정자립도(%)	예상부지
경주	276,060	209,999	4,148	33.4	양북면 봉길리
군산	266,541	159,519	3,919	27.6	소룡동 비응도
영덕	45,372	37,410	1,713	11.4	축산면 상원리
포항	508,937	375,704	6,383	49.3	죽장면 상옥리
출처: 산업자원부 참고자료(2005) "방폐장 유치신청 치열", 윤순진(2006)에서 재인용					

88. "'방폐장 유치 공무원 동원' 과문", 『경향신문』, 2005. 8. 4.

89. "혁신사업 부진", 『새전북신문』, 2004. 6. 28.

90. "전북도 기업유치 공공기관 관련업체로 방향 전환", 『새전북신문』, 2005. 7. 18.

91. "경주 태권도 공원 탈락, 후폭풍 거세", 『오마이뉴스』, 2005. 1. 2.

92. "핵대책시민연대 서명운동", 『경주신문』, 2005. 1. 6.

93. "군산·경주 '방폐장 접전'", 『전북일보』, 2005. 9. 14; "방폐장 반드시 유치하자", 『경주신문』, 2005. 6. 9.

94. "'군산방폐장' 도비 300억 지원", 『전북일보』, 2005. 9. 14.

95. 차성수·민은주 (2006), 각주 15.

96. 윤순진, "2005년 중·저준위 방사성 폐기물 처분시설 추진과정과 반핵운동의 환경 변화와 반핵담론의 협소화", 『시민사회와 NGO』 4(1) (2006), 277-311쪽. 김경신·윤순진, "중·저준위 방사성 폐기물 처분장 입지선정과정에 나타난 위험, 이익인식과 입지수용성 분석: 부안과 경주의 설치, 유치 지역을 중심으로", 『한국정책회보』 23(1) (2014), 313-343쪽.

97. 정정화, "위험시설 입지정책결정의 합리성: 방폐장 입지선정 사례를 중심으로", 『지방정부연구』 11(2) (2007), 153-175쪽, "환경갈등과 언론—부안 방폐장에 대한 이해집단과 미디어 프레임 비교분석", 『한국정책학회보』 16(3) (2007), 177-209쪽.

98. "경주 방폐장 난항… 공사비 700억 더 든다", 『이데일리』, 2009. 6. 14.

99. 3,000억 원의 보상이 적절한 규모인지에 대해서는 의견이 엇갈린다. 예를 들어 김영종은 "지나치다고 할 수 없다."는 입장이고, 윤순진(2006)은 "과도하게 주어진 측면이 있다."는 입장이다: 김영종, "방폐장입지선정과정의 정책네트워크 분석: 경주지역 유치활동을 중심으로", 『한국정책과학학회보』 9(4) (2005), 287-317쪽.

100. 한수원 본사를 경주 도심으로 이전하기로 하자 양북면 등 동경주 주민들이 대규모 항의 집회를 열고 "한수원 빼앗아 가면 방폐장도 가져가라."고 외쳤다. 반면 경주 도심권 주민들은 "한수원 도심 유치는 30만 시민의 권리"라고 주장하면서 대규모 시위를 벌였다. 결국 법에 명시된 대로 한수원 본사는 방폐장 설치 지역, 사택은 도심에 이전하기로 하여 일단락되었다. 그러나 방폐장 설치 지역 주민들은 사택도 설치 지역에 입지해야 한다고 주장하고 있다. 『경향신문』, 2006. 12. 26.

101. 노진철, "방사성폐기물처분장 입지선정을 둘러싼 위험소통과 자기결정", 『경제와사

회』71 (2006. 9), 102-125쪽.

102. 이원희, "사용후 핵연료 관리 정책의 딜레마와 정책의 표류", 『법과 정책연구』18(2) (2018), 403-446쪽.

103. 지식경제부 고시, 2009. 7. 20.

104. 채종헌·정지범, 『고준위 방사성 폐기물 처리시설 정책의 공론화와 갈등예방에 관한 연구』 (한국행정연구원, 2010); 이영희, "핵폐기물 관리체제의 국제비교: 기술관료적 패러다임 대 과학기술사회론적 패러다임", 『경제와사회』85 (2010. 3), 67-92쪽.

105. "'사용후핵연료' 공론화위 가동", 『아시아경제』, 2009. 7. 17.

106. "'사용후 핵연료 공론화' 갑자기 연기한 배경은", 『동아일보』, 2009. 8. 13.

107. 이영희, "위험기술의 사회적 관리를 향하여: 사용후 핵연료 공론화 위원회 활동의 평가", 『시민사회와 NGO』15(1) (2017), 153-184쪽.

108. 김재광, "고준위방사성폐기물관리시설의 부지선정의 사회적 수용성 제고를 위한 법적 과제", 『서울법학』27(4) (2020), 415-455쪽.

109. "3월부터 사용후 핵연료 공론화 착수… 월성 원전 운영 차질 없을 것", 『조선비즈』, 2020. 2. 12.

⟨표 및 그림 일람⟩

⟨표 일람⟩

⟨그림 일람⟩

〈 단행본 〉

강미화, 『한국 과학자사회와 정부의 관계 변화』(전북대학교 박사학위논문, 2015).

구도완, 『한국환경운동의 사회학』(문학과 지성사, 1996).

권성훈, 『기술영향평가제도의 현황과 개선과제』(국회입법조사처, 2014).

김근배, 『한국 근대 과학기술인력의 출현』(서남동양학술총서, 2005).

김근배, 『한국과학기술혁명의 구조』(들녘, 2016).

김동환, 『한국의 공업고등학교 교육의 성격변천연구』(연세대학교 박사학위논문, 1991).

김영섭, 『과학대통령 박정희와 리더십』(MSD 미디어, 2010).

김정자, 『여성과학기술인력 개발을 위한 정책과제: 이공계 여대생의 교육 경험 분석에
    기초하여』(한국과학재단, 1998).

김종영, 『지민의 탄생』(휴머니스트, 2017).

김태호 엮음, 김근배 외 지음, 『'과학대통령 박정희' 신화를 넘어: 과학과 권력, 그리고 국
    가』(역사비평사, 2019).

김환석 외, 『한국의 과학자사회: 역사, 구조, 사회화』(궁리, 2010).

김환석·이영희, 『선진국의 기술영향평가 제도』(과학기술정책관리연구소, 1994).

문만용·김영식, 『한국 근대과학 형성과정 자료』(서울대학교 출판부, 2004).

박성래 외, 『한국 과학기술자의 형성 연구: 일본유학편 및 미국유학편』(한국연구재단
    1995, 1998).

서지영, "'책임 있는 연구와 혁신'을 위한 기술영향평가 개선방안", 『STEPI Insight』 157
    (2015).

소비자안전센터, 『유전자변형식품(GMO) 표시제도 개선방안 연구』(2014).

송성수, 『과학기술 종합계획에 관한 내용 분석: 5개년 계획을 중심으로』(과학기술정책
    연구원, 2005).

송위진 외, 『한국과학기술자 사회의 특성 분석: 탈추격체제로의 전환을 중심으로』(과학기술정책연구원, 2003).

송위진·홍성주, 『현대 한국의 과학기술정책: 추격의 성공과 탈주의 실험』(들녘, 2017).

송종국·오준근·정상호, 『과학기술법제의 현황과 정비방안』, 과학기술정책관리연구소 (한국법제연구원, 2004).

송호근, 『시민의 탄생』(문학동네, 2015).

쉬빈저, 론다, 김혜련 옮김, 『젠더 분석: 과학과 기술을 바꾼다』(연세대학교 출판부, 2010).

신향숙, 『1980년대 한국에서 유전공학의 등장과 제도화』(전북대학교 박사학위논문, 2013).

엄수홍, "정부출연연구기관 관리제도의 형성, 1989-1999: 정부부처의 통제문제를 중심으로"(서울대 석사학위논문, 2016).

유네스코 한국위원회, 『유전자조작식품의 안전과 생명윤리에 관한 합의회의 시민패널 보고서』(1998).

이상현, 『해외 기술영향평가 사례 심층 분석을 통한 사업적정성 검토 등 다양한 활용방안 모색』(한국과학기술기획평가원, 2016).

이영미, 『1970년대 과학기술의 "문화적 동원"─새마을기술봉사단의 사업 전개와 성격』(서울대학교 석사학위논문, 2009).

이영희, 『과학기술과 사회의 상호관계』(과학기술정책관리연구소, 1995).

이영희, 『과학기술과 시민단체』(과학기술정책연구원, 1998).

이영희, 『한국형 과학상점 제도구축 방안 연구』(한국과학창의재단, 2002).

이은경, 『시민사회의 기술위험 수용과정과 기술위험 관리정책의 공진화』(과학기술정책연구원, 2009).

장회익·최영락·송성수 외, 『세계과학회의 후속조치를 위한 국내 과학활동의 점검』(과학기술정책연구원/유네스코 한국위원회, 2001).

정인경, 『한국 근현대 과학기술문화의 식민지성: 국립과학관, 國立科學館史)를 중심으로』(고려대학교 박사학위논문, 2005).

유팔기·김호기 편, 『시민사회와 시민운동』(한울, 1995).

조황희 외, 『한국의 과학기술인력정책』(과학기술정책연구원, 2002).

참여연대 시민과학센터, 『과학기술, 환경, 시민참여』(한울, 2002).

참여연대 시민과학센터, 『시민의 과학』(사이언스북스, 2011).

채종헌·정지범,『고준위 방사성 폐기물 처리시설 청책의 공론화와 갈등예방에 관한 연구』(한국행정연구원, 2010).

한국과학기술단체총연합,『과총20년사』(한국과학기술단체총연합, 1987).

한국과학문화재단,『한국과학문화재단 40년』(한국과학문화재단, 2007).

한상진 외,『울산의 환경문제와 환경운동』(울산발전연구원, 2008).

홍성주,『한국 과학기술정책의 형성과 과학기술 행정체제의 등장: 1945-1967』(서울대학교 박사학위논문, 2010).

황지나,『"과학조선 건설"을 향하여』(전북대학교 석사학위논문, 2019).

논문

강기천·최형섭, "공업 없는 공학: 1950-60년대 서울대학교 공과대학의 지향과 현실",『사회와 역사』119 (2018), 41-73쪽.

강미화, "최형섭의 과학기술정책론:『개발도상국의 과학기술개발전략』분석",『한국과학사학회지』28(2) (2006), 297-328쪽.

강호제, "과학기술 중요성 인식한 北 월북 과학자들 힘으로 빠른 경제성장 이뤄",『민족21』(2011. 6), 46-49쪽.

고대승, "한국의 원자력기구 설립과정과 그 배경"『한국과학사학회지』14(1) (1992), 62-87쪽.

구도완, "한국의 새로운 환경운동",『한국사회학』29 (1995 여름), 347-371쪽.

구도완·홍덕화, "한국 환경운동의 성장과 분화: 제도화 논의를 중심으로,"『ECO』17(1) (2013), 79-120쪽.

김경신·윤순진, "중·저준위 방사성 폐기물 처분장 입지선정과정에 나타난 위험, 이익인식과 입지수용성 분석: 부안과 경주의 설치, 유치 지역을 중심으로",『한국정책회보』23(1) (2014), 313-343쪽.

김경희, "식민지 시기 경성지역 어린이 문화의 실상과 활용 방안",『서울학연구』74 (2019), 1-32쪽.

김근배, "50~60년대 북한 리승기의 비날론 공업화와 주체 확립",『역사비평』(2015. 08), 111-131쪽

김근배, "우장춘의 한국 귀환과 과학연구"『한국과학사학회지』26(2) (2004), 139-164

쪽.

김근배, "월북 과학기술자와 흥남공업대학의 설립", 『아세아연구』 40(2) (1997), 95-130
　　쪽.

김근배, "한국사회에서 환경운동의 현황과 과제" 『경제와사회』 12 (1991. 12), 84-101쪽.

김덕호, "자연보호단체가 원자력발전소를 만났을 때̶시에라 클럽과 디아블로 캐넌 논
　　쟁, 1963-1969", 『서양사론』 133권 (2017), 9-46쪽.

김덕호·박진희·이내주·이정희, "원전 사고와 원전 체제의 변화: TMI와 체르노빌 사고
　　를 중심으로", 『서양사연구』 55 (2016), 83-120쪽.

김동광, "해방공간과 과학자사회의 이념적 모색", 『과학기술학연구』 6(1) (2006), 89-118
　　쪽.

김동광, "박정희 시대의 과학과 동원된 계몽", 김환석 외, 『한국의 과학자사회: 역사, 구
　　조, 사회화』 (궁리, 2010).

김상현, "박정희 시기 저항세력의 과학기술적 상상", 『역사비평』 120 (2017 가을), 16-
　　346쪽.

김영종, "방폐장입지선정과정의 정책네트워크 분석: 경주지역 유치활동을 중심으로",
　　『한국정책과학학회보』 9(4) (2005), 287-317쪽.

김우필·최혜실, "식민지 조선의 과학·기술 담론에 나타난 근대성: 인문주의 대 과학주
　　의 합리성 논의를 중심으로", 『한민족문화연구』 34 (2010), 249-280쪽.

김인수, "〈과학기술혁신을 위한 특별법〉의 제정 방향과 내용", 『과학기술정책』 88 (1996.
　　7), 32-37쪽.

김재광, "고준위방사성폐기물관리시설의 부지선정의 사회적 수용성 제고를 위한 법적
　　과제", 『서울법학』 27(4) (2020), 415-455쪽.

김태복, "우리나라 개발제한구역의 설치 배경과 변천과정", 『도시문제』 28 (1993), 9-19
　　쪽.

김환석, "네덜란드의 TA", 『과학기술정책』 60 (1994), 29-36쪽.

김환석, "우리나라 합의회의의 추진경과 및 발전방향", 『과학기술정책』 122 (2000),
　　37-44쪽.

김환석, "참여연대 시민과학센터와 과학기술민주화운동", 『다른과학』 10 (2001), 19-25
　　쪽.

김훈기, "한국 생명공학정책의 형성과 과학자집단의 정책활동: 유전공학 육성법 제정에
　　서 〈바이오텍 2000〉 수립까지", 『한국과학사학회지』 32(2) (2010), 187-220쪽.

노진철, "방사성폐기물처분장 입지선정을 둘러싼 위험소통과 자기결정", 『경제와사회』 71 (2006. 9), 102-125쪽.

문만용, "KIST에서 대덕연구단지까지: 박정희 시대 정부출연연구소의 탄생과 재생산", 『역사비평』 85 (2008), 262-289쪽.

문만용, "'전국민 과학화운동': 과학기술자를 위한 과학기술자의 과학운동", 『역사비평』 (2017. 8), 284-315쪽.

문만용, "1960년대 '과학기술 붐': 한국의 현대적 과학기술체제의 형성", 『한국과학사학회지』 29(1) (2007), 67-96쪽.

문만용, "한국과학기술연구소(KIST)의 변천과 연구활동", 『한국과학사학회지』 28(1) (2006), 81-115쪽.

문만용, "한국의 '두뇌유출' 변화와 한국과학기술연구소(KIST)의 역할", 『한국문화』 37 (2006), 229-261쪽.

문만용·강미화, "박정희 시대 과학기술 '제도 구축자': 최형섭과 오원철", 『한국과학사학회지』 35(1) (2013), 225-243쪽.

박성철, "환경이슈에 대한 환경단체의 미디어 의제 설정력에 대한 연구_'환경운동연합'과 동강댐 관련 보도를 중심으로", 『언론문화연구』 17 (2001), 119-153쪽.

박진영·구도완, "가습기 살균제 참사와 전문가 대응활동", 『환경사회학회연구 ECO』 24(1) (2020), 135-179쪽.

박진희, "6월 항쟁과 과학기술계", 『역사비평』 (2007. 2), 146-158쪽.

박진희, "과학기술 관련 시민사회운동의 역사와 그 역할", 『과학기술학연구』 4(1) (2004), 111-140쪽.

박진희, "반원전 운동의 전개와 원전 담론의 변화", 『서양사론』 133 (2017), 81-107쪽.

박진희, "연구자집단의 성장과 변천", 김환석 외, 『한국의 과학자사회: 역사, 구조, 사회화』 (궁리, 2010), 138-219쪽.

박형준, "'참여'의 의미찾기: 성찰적 시민사회론의 관점에서", 『당대비평』 (2003. 6), 43-56쪽.

박희제, "과학의 상업화와 과학자사회 규범구조의 변화: 공유성과 이해관계의 초월규범을 중심으로", 『한국사회학』 40(4) (2006). 19-47쪽.

박희제, "한국과학자들의 과학자 사회 규범에 대한 인식과 평가: 물리학, 화학, 생물학을 중심으로", 『과학기술학연구』 7(2) (2007), 91-124쪽.

박희제·김은성·김종영, "한국의 과학기술정치와 거버넌스", 『과학기술학연구』 14(2)

(2014), 1-47쪽.

서규환, "'시민사회와 민주주의'에 관한 최근 논쟁", 『이론』 (1993. 7), 228-262쪽.

서영표, "기로에 선 한국의 시민사회운동: 환경운동연합을 중심으로", 『진보평론』 53 (2012. 9), 184-209쪽.

서이종, "식품의 과학화와 튀김원료 논쟁", 『과학사회논쟁과 한국사회』 (집문당, 2005), 101-135쪽.

선유정, "현신규의 리기테다 소나무 연구" 『한국과학사학회지』 27(2) (2005), 27-60쪽.

송성수, ""전(全)국민의 과학화운동"의 출현과 쇠퇴", 『한국과학사학회지』 30(1) (2008), 171-212쪽.

송성수, "한국 과학기술정책에 대한 시론적 고찰", 『과학기술학연구』 2(1) (2002), 63-83 쪽.

송성수, "한국의 과학기술종합계획에 관한 내용분석: 5개년 계획을 중심으로", 『과학기술학연구』 7(1) (2007), 117-150쪽.

송종국, "〈과학기술혁신을 위한 특별법〉의 의의", 『과학기술정책』 88 (1996. 7), 30-31쪽.

송호근, "한국의 시민과 시민사회의 형성: 시민성 결핍과 과잉 '국민'", 『지식의 지평』 20 (2016), 1-18쪽.

신동호, "환경운동연합 출범과 환경운동 신노선", 『월간말』 (1993. 5), 212-217쪽.

신율, "한국 시민운동의 개념적 위상과 문제점: 경실련과 참여연대를 중심으로", 『한국정치학회보』 35(2) (2001), 159-180쪽.

신향숙, "1980년대 유전공학육성법의 출현: 과학정치가와 다양한 행위자들의 피드백", 『한국과학사학회지』 31(2) (2010), 475-504쪽.

염재호, "과학기술의 전도사: 최형섭 론", 이종범 편, 『전환시대의 행정가: 한국형 지도자론』 (나남, 1995), 103-134쪽.

오미영·최진명·김학수, "위험을 수반한 과학기술의 낙인효과: 원자력에 대한 위험인식이 방사선기술 이용 생산물에 대한 위험인식과 수용에 미치는 영향", 『한국언론학보』 52(1) (2008), 467-500쪽.

원낙연, "통합 전자주민카드 반대운동", 『다른과학』 2 (1997), 56-68쪽.

유상운, "분열된 규정, 일관된 방향: 과학기술기본법의 제정과 그 결과, 1998-2015", 『과학기술학연구』 19(2) (2019), 41-83쪽.

윤순진, "2005년 중·저준위 방사성 폐기물 처분시설 추진과정과 반핵운동의 환경변화와 반핵담론의 협소화", 『시민사회와 NGO』 4(1) (2006), 277-311쪽.

이경희, "과학기술기본법 입법추진 경위 및 주요 쟁점" 『과학기술법연구』 7 (2002), 283-297쪽.

이문규, "현신규의 임목육종 연구와 제도화", 『한국과학사학회지』 26(2) (2004), 165-196쪽.

이병량·박기묵, "유전자변형작물(GMO) 규제정책의 형성과정에 관한 연구", 『한국거버넌스학회보』 13(3) (2006), 141-164쪽.

이영희, "과학지식의 상업화와 그 대안으로서 '과학상점'", 『과학사상』 42 (2002), 38-53쪽.

이영희, "과학기술 민주화 기획으로서의 합의회의: 한국의 경험", 『동향과 전망』 (2008. 6), 294-324쪽.

이영희, "위험기술의 사회적 관리를 향하여?: 사용후 핵연료 공론화 위원회 활동의 평가", 『시민사회와 NGO』 15(1) (2017), 153-184쪽.

이영희, "정보화와 사회적 논쟁: 전자주민카드 논쟁에 대한 과학기술사회학적 분석", 『경제와 사회』 42 (1999. 6), 171-203쪽.

이영희, "핵폐기물 관리체제의 국제비교: 기술관료적 패러다임 대 과학기술사회론적 패러다임", 『경제와 사회』 85 (2010. 3), 67-92쪽.

이영희, "시민참여적 과학기술 대중화의 모델: 유럽의 '합의회의(Consensus Conference)'의 성과와 교훈", 『과학기술정책』 97 (1997), 38-49쪽.

이원희, "사용후 핵연료 관리 정책의 딜레마와 정책의 표류", 『법과 정책연구』 18(2) (2018. 2), 403-446쪽.

이은경, "이공계 기피를 통해 본 한국 과학기술자 사회의 특성", 『과학기술학연구』 6(2) (2006), 77-102쪽.

이은경, "한국 여성과학기술인 지원정책의 성과와 한계", 『젠더와문화』 5(2) (2012), 7-36쪽.

이은상, "자연보호의 기본이념과 그 운동의 방향", 『한국산림과학회지(구 한국임학회지)』 36 (1977), 77-84쪽.

이정희, "체르노빌 원전사고에 대한 프랑스의 반응: 1986-1995", 『역사학연구(구 전남사학)』 71 (2018), 253-277쪽.

이행봉, "한국의 시민사회와 민주주의", 『한국민족문화』 15 (2000), 143-182쪽.

이홍균, "시민운동의 현주소: 경실련과 참여연대", 『동향과 전망』 (1997. 9), 80-97쪽.

이효빈·김혜도, "과학기술의 젠더혁신 정책방향 연구", 『한국콘텐츠학회논문지』 17(10)

(2017), 241-249쪽.

임동진, "원자력 방폐장 입지갈등의 국제비교 및 정책적 시사점: 한국, 스웨덴 및 핀란드 사례를 중심으로", 『한국지방자치학회보』 28(4) (2016), 25-50쪽.

임재윤·최형섭, "최형섭과 '한국형 발전 모델'의 기원", 『역사비평』 (2017. 2), 169-193쪽.

임종태, "김용관의 발명학회와 1930년대 과학운동", 『한국과학사학회지』 17(2) (1995), 89-133쪽.

임혁백, "민주화 이후 한국 시민사회의 부활과 지속적 발전_동원적 시민사회에서 제도적 시민사회로의 전환과 신유목적 시민사회의 등장", 『한국국제정치학회 학술대회 발표논문집』 (2008. 8), 99-126쪽.

전영국, "자연보호운동 3년의 성과", 『지방행정』 29 (1980), 50-63쪽.

정유경, "1980년대 한국 반공해운동의 전개와 일본 반공해운동과의 관계-온산병을 둘러싼 한국 공해문제연구소의 활동을 중심으로-", 『일본학보』 96 (2013), 289-301쪽.

정인경, "과학 거버넌스와 과학 시민권: 이론적 검토", 『한국정치연구』 24(2) (2015), 336-361쪽.

정인경, "은사기념과학관(恩賜記念科學館)과 식민지 과학기술", 『과학기술학연구』 5(2) (2005), 69-95쪽.

정정화, "위험시설 입지정책결정의 합리성: 방폐장 입지선정 사례를 중심으로", 『지방정부연구』 11(2) (2007), 153-175쪽.

정정화, "환경NGO의 활동방식과 정책참여 유형_영월댐과 새만금간척사업 사례 비교 분석_", 『한국정책학회보』 14(3) (2005), 57-81쪽.

정정화, "환경갈등과 언론_부안 방폐장에 대한 이해집단과 미디어 프레임 비교분석", 『한국정책학회보』 16(3) (2007), 177-209쪽.

정태석, "새로운 운동방식과 시민운동의 미래", 『기억과 전망』 7 (2004 여름), 107-114쪽.

정혜경, "GMO: 논란을 넘은 성장의 역사, 1994-2000", 『담론201』 8(2) (2005), 283-318쪽.

조동원, "해킹의 문화정치에서 해킹문화운동으로", 『문화과학』 59 (2009. 9), 171-206쪽.

조현석, "우리나라 과학기술정책의 이념: 국가, 기업, 시민사회", 『과학기술학연구』 2(1) (2002), 85-105쪽.

조효제, "한국 시민사회의 개념과 현실", 『창작과 비평』 (2004. 3), 93-107쪽.

주재현, "환경보전법 제정 원인에 관한 연구", 『한국행정학보』 33(1) (1999), 295-310쪽.

최열, "온산부터 새만금까지, 최열의 환경운동 20년 회상기", 『신동아』 (2003). http://

shindonga.donga.com/Library/3/06/13/102187/3 2019. 02. 20. 검색.

하민철, "정당성 인식, 프레임 변화, 그리고 성장: 환경운동연합의 성장 과정을 중심으로", 『한국조직학회보』 5(2) (2013), 209-254쪽.

하정철·최수전·권영태·문태화, "유전자 재조합식품 안전성과 표시에 대한 소비자 인식 조사", 『식품영양과학회지』 32(8) (2003), 1401-1407쪽.

한경희, "이공계 위기의 재해석과 엔지니어의 자기성찰", 『한국사회학』 38(4) (2004), 73-99쪽.

한경희, "한국 엔지니어 연구방법론의 고찰", 『과학기술학연구』 18(2) (2018), 181-232쪽.

함철훈, "〈과학기술혁신을 위한 특별법〉의 제정", 『과학기술정책』 100 (1997), 57-69쪽.

홍성만, "정부와 비정부조직(NGO)의 정책경쟁과 합의형성 과정: 영월(동강)댐 건설을 둘러싼 정책조직과 환경운동연합을 중심으로", 『한국행정학보』 36(1) (2002), 21-40쪽.

홍성주, "전쟁과 전후 복구, 과학기술의 재건", 『과학기술정책』 22(2) (2012), 148-156쪽.

홍성주, "해방 초 한국과학기술정책의 형성과 전개", 『한국과학사학회』 32(1) (2010), 1-42쪽.

황정미, "여성정책과 젠더정치", 『페미니즘 연구』 1 (2002), 75-113쪽.

Lee, E. K., "Boundary Agenda between Gender Equality and Human Resource: The Establishment of Policy for Women in Science and Technology in Korea", Asian Women 25(2) (2009), pp. 29-47.

정부/공공기관

『제2차 과학기술진흥 5개년계획 1967-1971』 (1966).

과학기술부 정책총괄과, "〈과학기술기본법〉 제정 추진: 21세기 과학기술 선진국 진입의 제도적 기틀 마련" (2000. 5).

국가과학기술자문회의 월례 정책자문보고, "과학기술기본법 제정 추진동향" (2000. 7).

방폐장 부지선정위원회, 〈중·저준위 방사성폐기물 처분시설 부지선정 절차 및 기준〉, 2005. 6. 16.

지식경제부 고시, 2009. 7. 20

지식경제부 보도자료, 2009. 8. 6.

민간/시민단체 발간 자료

"특집좌담" 한국 기술의 현황과 그 전망", 『불암산』 41 (서울대학교 공과대학, 1964. 12), 88-98쪽.

"창립선언문", 『생존과 평화』(공해운동추방연합) 창간호, 1988. 10. 25.

경제정의실천시민연합 외, "과학기술기본법(안)에 관한 시민사회단체 공동의견서", 2000. 6. 19.

경제정의실천시민연합 외, "과학기술부의 〈과학기술기본법(안)〉 개악을 강력히 규탄한다", 2000. 10. 10.

"여성과학기술인 활용 확대를 위한 인프라 구축 방안 모색 정책토론회"(2011. 6. 23. 국회도서관), 공동주관: 대한여성과학기술인회, 국회의원 박영아, 국회미래과학기술, 방송통신포럼.

"여성과학기술인재 활동 강화를 위한 정책토론회"(2012. 6. 28, 국회의원회관), 주최 및 주관: 국회의원 민병주, 대한여성과학기술인회.

경제정의실천시민연합, "GMO 농산물 수입현환 실태조사 결과", 경실련 보도자료 (2018. 7. 5)와 보고서.

언론매체

"科學의 노래", 『과학조선』 3(4) (1935), 1쪽.

강양구, "시민과학센터, 너의 이름을 기억할게," 『주간동아』 2018. 1. 2

강양구, "과학을 파는 상점이 아닙니다", 『프레시안』, 2004. 7. 1.

김수병, ""과학상점에 노크하세요"", 『한겨레21』 504 (2004).

김윤희, "'과학의 노래' 만든다… 과기부 노랫말 공모", 『헬로우DD』, 2005. 10. 18.

대전과학상점준비팀, "전북대 과학상점 방문", 『대전과학상점 뉴스레터』 1, 2003. 7. 25. (http://www.scienceshop.or.kr/newsletter/20030725/article2.html 2019. 9. 10. 검색)

신동호, "秘錄환경운동25년: 온산병 사태(5) 영구미제로 봉인된 미스터리극", 『뉴스메이커』 670. (http://weekly.khan.co.kr/art_print.html?artid=11818 2019. 2. 10. 검색)

신동호, "[秘錄환경운동25년]온산병 사태(4) 조영래, 비밀 대책위 가동하다", 『뉴스메이커』 669. (http://weekly.khan.co.kr/art_print.html?artid=11771 2018. 11. 20 검색)

신동호, "秘錄환경운동25년: 온산병 사태(2) 캠에 '공해'를 몰고 온 4인방", 『뉴스메이커』 667. (http://weekly.khan.co.kr/art_print.html?artid=11679 2018. 09. 20. 검색)

신동호, "秘錄환경운동25년] 공청협(1) 안병옥의 공문연 접수작전", 『뉴스메이커』 674. (http://weekly.khan.co.kr/art_print.html?artid=11983 2019. 01. 25. 검색)

신동호, "秘錄환경운동25년](16)공청협 (2) 학생운동권 '코어' 세상 밖으로", 『뉴스메이커』 675. (http://weekly.khan.co.kr/art_print.html?artid=12031 2019. 01. 25. 검색)

"잠 깬 토끼 과학한국", 『경향신문』, 1963. 1. 2.

"감천화력발전소에 공해방지법 제1호 발동", 『경향신문』, 1965. 6. 15.

"28일 준공식 감천 화력집진기", 『매일경제』, 1966. 6. 29.

"공해방지법부터 고치라", 『동아일보』, 1970. 6. 8.

"삼산평야 70만평 울산공해 벼농사 망쳐", 『경향신문』, 1971. 7. 8.

"공해업소 83%가 방지시설 미비", 『동아일보』, 1976. 2. 20.

"공해항의에도 딴전만 농민들 울상 10여 공장시설 보완 안해", 『경향신문』, 1978. 7. 13.

"농작물 피해조사 울산환경보존협, 과기연에 의뢰", 『매일경제』, 1978. 10. 13.

"수출부진 여파, 울산, 온산공단 근로자 3천여 명 일자리 잃어, 『동아일보』, 1985. 3. 7.

"6·29 이후 노조(노조)결성 하루평균 4곳", 『조선일보』, 1987. 8. 13.

"연구원도 엄연한 노동자", 『한겨레』, 1988. 5. 24.

"원전 냉각수 배출 주변마을 가형 가축 출산 잦아", 『동아일보』, 1990. 4. 26.

"영광원전 열폐수 어장 피해 논란", 『한겨레』, 1993. 5. 11.

"유전자조작 생산한 과일 "먹어도 안전"", 『동아일보』, 1996. 6. 22.

"'슈퍼쌀' 식량안보 파수꾼", 『한겨레』, 1996. 11. 4.

"유전자 조작 식용작물 녹색혁명인가 생태계 교란인가", 『한겨레』, 1996. 11. 11.

"유전자조작콩 반대 전유럽 확산", 『한겨레』, 1996. 11. 13.

"일 유전자조작 수입식품 불매운동", 『한겨레』, 1996. 11. 26.

"유전자 조작으로 바이러스병 막는다", 『동아일보』, 1996. 12. 17.

"세제개혁 등… 김대중 당선자 공약", 『한국경제』, 1997. 12. 19.

"유전자조작식품 우리식탁 '넘실'", 『한겨레』, 1998. 8. 24.

"농약 미생물 '현실적' 기준 마련", 『한겨레』, 1998. 9. 8.

"유전자조작 변종 유입 민간단체서 거부 운동", 『경향신문』, 1998. 12. 2.

"푸스타이 박사 유전자조작 위험 공개경고 뒤 면직", 『한겨레』, 1999. 2. 14.

"여, 과학기술기본법안 공청회", 『연합뉴스』, 1999. 9. 8.

"시판 두부 82% 유전자 변형 콩 섞어", 『연합뉴스』, 1999. 11. 3.

"식품업체들, 'GM콩 두부' 판매격감에 전전긍긍", 『연합뉴스』, 1999. 11. 9.

"GM 두부 환경단체-제조업체 논란", 『매일경제』, 1999. 11. 6.

"'유전자 조작 콩 두부' 법정에 선다", 『연합뉴스』, 1999. 11. 9.

"풀무원 'GM 두부' 소보원에 106억원 손배소", 『연합뉴스』, 1999. 11. 19.

"〈과학기술기본법〉 부처 이기에 멍든다", 『국민일보』, 2000. 6. 6.

"황우석교수 배반포단계 배아복제 세계 첫성공", 『동아일보』, 2000. 8. 9.

"'한국과학기술인연합' 운영 박상욱씨", 『경향신문』, 2002. 4. 15.

"과학기술 진흥에 관심을", 『국민일보』, 2002. 9. 26.

"여성과학기술인 지원센터 설치를", 『대덕넷』, 2003. 6. 27.

"혁신사업 부진", 『새전북신문』, 2004. 6. 28.

"경주 태권도 공원 탈락, 후폭풍 거세", 『오마이뉴스』, 2005. 1. 2.

"핵대책시민연대 서명운동", 『경주신문』, 2005. 1. 6.

"방폐장 유치전쟁 뜨겁다", 『전북일보』, 2005. 3. 28.

"방폐장 반드시 유치하자", 『경주신문』, 2005. 6. 9.

"전북도 기업유치 공공기관 관련업체로 방향 전환", 『새전북신문』, 2005. 7. 18.

""방폐장 유치 공무원 동원" 파문", 『경향신문』, 2005. 8. 4.

"'군산방폐장' 도비 300억 지원", 『전북일보』, 2005. 9. 14.

"군산·경주 '방폐장 접전'", 『전북일보』, 2005. 9. 14.

"한수원 입지 확정 '경주 갈등' 새 국면", 『경향신문』, 2006. 12 .29.

"경주 방폐장 난항. 공사비 700억 더 든다", 『이데일리』, 2009. 6. 14.

"'사용-후핵연료' 공론화위 가동", 『아시아경제』, 2009. 7. 17.

"'사용-후 핵연료 공론화' 갑자기 연기한 배경은", 『동아일보』, 2009. 8. 13.

"산림청, 일제 수탈로 황폐한 산림 항공사진 공개2", 『중앙일보』, 2015. 8. 13.

"식용 GMO 수입 세계 1위… GMO 표기 가공식품은 '0'", 『한겨레』, 2015. 1. 12.

"3월부터 사용후 핵연료 공론화 착수… 월성 원전 운영 차질 없을 것", 『조선비즈』, 2020. 2. 12.

Contents in English

Science, Technology and the Civil Society in Korea

by Lee, Eunkyoung

Professor

Department of Science Studies, Natural Science College,

Jeonbuk National University

Science Culture Research Center